구성주의 과학철학

구성주의 과학철학

Konstruktive Wissenschaftstheorie

○ ▽ ○

「페터 야니히(Peter Janich) 지음 ● 이기홍 옮김」

철학과현실사

Die Konstruktive Wissenschaftstheorie

▣ 역자 서문

『구성주의 과학철학』이라 이름 붙은 이 책은 페터 야니히(Peter Janich)의 *Die Konstruktive Wissenschaftstheorie*를 완역한 것으로, 이 독일어 원서는 독일 Hagen통신대학의 철학 강좌 코스 북으로 사용된 책이다. 그런 만큼 이 책은 너무 어렵지도 그렇다고 너무 쉽지도 않은 수준에서 구성주의 과학철학(혹은 방법적 구성주의)을 교과서적 수준에서 소개하기 위해 쓰어진 책이라 할 수 있다. 게다가 역자는 이 책을 번역하는 데 일반 독자들이 좀더 쉽게 접근할 수 있게끔 비교적 가벼운 개념들을 선택하려고 노력했고 또한 의미 전달이 모호할 수 있는 부분에서는 풀어쓰기 및 [역자주]를 달았다.

책 내용은 도입부를 제외하고 크게 Ⅰ부와 Ⅱ부로 구성되었다. 도입부에서는 과학철학의 필요성이 논해지고 있으며 이러한 배경에서 이 책이 추구하는 목표가 기술되고 있다. 이 책의 목표는 독자들로 하여금 과학에 대한 비판적 이해 혹은 올바른 과학 이해를 준비시켜주는 데 있다고 천명되고 있다. 그리고 제Ⅰ부에서는 구성주의 과학철학의 핵심 테제가 일반적 수준에서 소개되고 있다. 우선 여기서 소개되고 있는 구성주의 과학철학의 근간은 행위론이다. 이는 구성주의 과학철학이 (비과학적 지식들과 구분되는) 과학을 행위 측면에서 해명하고자 한다는 것을 말하는데, 과학에 대한 이러한 행위론적 언급을 위해 행위론적 언어들이 먼저 소개된다. 이때의 행위론은 그 자체로 주장되는 것이 아니라 과학에 대한 메타 담론, 즉 과학철학적 담론을 펼치기 위해 도입되는 것으로, 행위론은 일종의 개념적 도구다. 그리고나서 "과학성"이 이러한 행위론적 시각에서 그리고 그것도 기술적(descriptive) 시각이 아니라 규범적(precriptive) 시각에서 규정된다. 이러한 일반론적 시각은 제Ⅱ부 구성주의 과학철학 각론에서 좀더 구체화되어 논의된다. 우선 여기서의 주요 내용은, 자연과학이냐 인문 혹은 사회과학이냐를 구분하지 않고, 과학 내에서 중요한 의미를 갖는 논리, 수학, 측정, 실험 등이 행위론적 시각에서 (재구성적으로) 이해될 수 있음이 보인다. 그리고나서 구성주의 과학철학의 핵심 프로그램이기도 한 몇몇 원(原)이론(Prototheorien)들이 소개된다(이것들은 물리학의 원이론, 화학의 원이론 그리고 생물학의 원이론인데, 여기서는 물리학의 원이론이 비교적 자세히 소개되고 있으며, 나머지 이론들은 간단하게만 소개되고 있다). 여기서 이해되는 바의 "원이론"이란 과학 이론들의 방법적 근간 혹은 토대를 이루는 이론을 말하는데, 이러한 이론은 비경험적 성격을 갖는다(이는 칸트에게서의 인식의 선험적 조건에 대한 이론과 유사한 맥락에서 이해될 수 있는데, 구성주의 과학철학은 그러한 과학의 방법적 조건을 여전히 행위론적 시각에서 작업한다). 이러한 논의에서 핵심 테제가 되는 것 중의 하나는, 과학의 방법적 근간은 (기술) 규범적 성격을 갖거나 아니면 그러한 시각에서 재구성되어야 한다는 사실이다. 다른 말로 표현해, 구성주의 과학철학은 다음과 같은 순서로 과학을 이해할 것을 강조한다 :

행위 실천(Pragmatik) → 언어 의미(Semantik) → 과학 이론들의 구문론적 성격(Syntax)

바로 이 점에서 방법적 구성주의의 과학철학은 현대의 자연주의 계열의 (과학)철학들과 대조를 이룬다. 왜냐 하면, 이러한 류의 과학철학은 주로 과학의 결과물들을 근간으로 해서, 즉 위와는 반대의 순서에서 인간의 인식 과정들 혹은 지식 형성 과정들을 설명하려 하기 때문이다(그에 대한 하나의 대표적인 예가 그들의 인과론적 세계관이다). 이 중에서 어느 입장이 더 신빙성 있는지를 판단하는 일은 독자들의 몫이다. 하지만 독자들은 이 책을 읽어가면서 적어도 다음을 상기할 필요가 있다 : 위에서 말한 것과 같은 규범주의적 특징을 가지고 구성주의 과학철학은 영·미권의 자연주의 과학철학에 대해 반(反)자연주의적, 즉 문화주의적 (정확히는, 방법적-문화주의적) 과학 이해의 대안을 제시하고 있다(방법적 구성주의 철학의 몇몇 다른 과학철학들 및 철학적 입장들과의 공통점 및 차이점에 대해서는 이 책 뒤쪽에 "역자 후기"를 첨부했으니 그 부분을 참조하기 바람).

이 책을 번역하는 데에는 많은 시간이 걸렸다. 그러나 무엇보다도 이 책에서 사용되는 몇몇 용어들의 번역은 역자로 하여금 많은 고민을 하게 했다. 왜냐 하면, 그 개념들이 방법적 구성주의에서는 매우 중요한 개념인데도 기존의 다른 과학철학적 서적들에서는 이러한 개념들이 사용되지 않아 도움을 받을 수 없었기 때문이다. 이러한 의미에서라도 이 번역서에서는 몇몇 독일어적 (철학) 개념들의 번역이 시도되었다(그 대표적인 것 중의 하나가 widerfahren 혹은 widerfahrnis라는 개념이다). 이 개념들이, 엄격한 의미에서 제대로 번역된 것인지는 현재로선 단정할 수 없다. 본인은 그것을 우선은 제안으로 이해하고 싶다. 하지만, 독자들의 비판과 제안으로 좀더 나은 개념이 형성될 수 있지 않을까 하는 생각도 해본다.

이 자리를 빌어 이 책의 번역을 흔쾌히 허락해준 독일 Hagen통신대학의 안네마리 게트만-지페르트 교수 및 이 책의 저자이자 또한 역자의 스승이기도 한 페터 야니히 교수에게 감사를 드리며, 그리고 이 책의 출판을 맡아준 <철학과현실사>에도 감사의 말을 전하고 싶다. 그런데 책이 나오는 데만 의미가 있는 것은 아닐 것이다. 책은 또한 궁극적으로 누군가의 손에 들려져 읽힐 때 그 소기의 목적을 성취한다. 하여 이 책을 선택해주신 미지의 독자들에게 심심한 감사의 말을 전하고 싶다.

2004년 1월

이 기 홍

차 례

차 례

들어가기
구성주의 과학철학 기초

1. 테마로 들어가기

20세기 말 현재 자연 세계뿐 아니라 문화 세계 모두가 — 전 세계적으로 — 과학에 의해 혹은 과학이 가져다주는 결과들에 의해 영향을 받지 않는 영역이 거의 없을 정도로, 과학은 인간 삶에 아주 지대한 영향력을 행사하고 있다. 과학을 업(業)으로 하는 전문 과학자든 혹은 과학에 전혀 관련이 없는 문외한이든, 모든 사람들은 누구를 막론하고 태어나는 바로 그 순간부터 이미 과학의 영향권 안에 들어서게 된다. 오늘날의 과학은 이렇게 인간 삶의 모든 생활권역을 규정짓는 지배적 요소가 되었다. 그래서 오늘날의 사람들은 이러한 과학에 대해 일정한 이해 방식 및 행위 방식을 취하지 않을 수 없게 되었다.

과학의 성과나 결과물들을 불평조로만 혹은 달갑지 않은 시선으로만 바라보는 것이 아니라 오히려 다른 사람들과 함께 그러한 문제들에 대해 사려 깊은 논의나 논쟁을 펼쳐본 사람이라면, 그러한 사람들은 그런 논쟁들 속에서 과학이 아주 다양한 방식으로 사람들에 의해 이해되고 있음을 발견하게 될 것이다. 왜냐 하면, 사람들이 과학을 논의 테마로 해서 서로 의견을 개진하고 또 과학과 관련된 일을 진행하고 있는 곳이면 어디서든, 극단적 찬양론이나 극단적 회의론 혹은 그 중간의 어느 입장에서 과학에 대한 나름의 입장들이 표명되고 있는 곳이면 어디서든, 과학에 대한 사람들 나름의 판단 혹은 가치 평가가 내려지는 곳이면 어디서든, 직업 선택과 같은 사람들의 개인적 결정이 내려지는 곳이면 어디서든, 혹은 연구소 설립 문제 같은 공적 결정이 내려지는 곳이면 어디서든, 이 모든 경우들에서 사람들 각자가 과학을 어떤 방식으로 이해하고 있는지가 알게 모르게 드러나게 마련이기 때문이다.

과학에 대한 사람들의 아주 다양한 이해 방식은 또한, 예를 들어 자연과학과 정신(혹은 인문)과학을 서로 비교·판단하는 활동 자체에서, 과학을 등에 업고 발전을 거듭하고 있는 오늘날의 기술에 대해 저주 혹은 찬양하는 입장들을 상호 비교·판단하는 작업들에서, 질병 혹은 역병을 치료할 새로운 기술적 수단이 발견될 필요성이 있다는 견해가 피력되는 곳에서, 혹은 환경 문제가 논의되는 곳 그 어디서든 구성되어 나오게 마련이다. 그리고 과학 이해의 여러 대안들 중 하나의 입장은 또한, 예를 들어 과학을 한편으로는 기술/자연과학 분과들로, 다른 한편으로는 역사/해석학적 분과들로 구분하는 곳에서 나타나기도 한다. 하지만 이러한 과학 분류 방식이 문제가 없는 것은 아니다. 과학에 대한 이런 방식의 이해는 사실 사회과학 분과들을 제대로 고려하지 못한 상태에서 행해진 구분이어서, 그러한 구분법은 사회과학적 방향의 분과들을 자체 내에 수렴하지 못한다는 비판을 받기도 한다. 그래서 과학 분류 작업에서는 기술- / 자연과학 그리고 역사- / 해석과학 같은 분과 외에도 사회과학 분과가 함께 고려되어야 한다는 주장이 제기되기도 한다. 과학 이해 문제를 두고 벌어지는 이러한 갑론을박들은 그러나 그 논쟁의 당사자가 어느 과학 분과에 종사하고 있느냐에 따라 각기 서로 다른 주장들을 하고 있기에 야기되는 것들이다. 다시 말해, 과학의 이해 문제는 각 분야에 종사하는 사람들이 가지고 있는 그들의 전형적인 세계관이나 과학관에 기반해 다루어지는 경향이 짙다는 것이다.

과학을 일정한 방식으로 이해하고자 하는 가운데 벌어지는 이러한 논쟁들에서는 그런 논의 주제 이외에도 사람들의 과학에 대한 이해 방식 그 자체가 다시 논의 대상이 되는 경우들도 종종 있다. 이러한 류의 메타 담론들은 과학을 어떻게 이해할 것인가의 문제를 다루는 것이 아니라 과학에 대한 사람들의 이해 방식 그 자체를 대상으로 한다. 그런데 이러한 부류의 메타 담론들은 단순히 학구적이거나 현학적 사치의 계기에서 발동된 것들이 아니다. 그러한 작업들은 오히려 인간들의 일상 생활의 일부요 인간 공공 생활의 일부요 또한 인간들이 벌이는 정치적, 도덕적 혹은 심리학적 담론의 한 중요한 부분을 이루는 것들이라 할 수 있다. 그러나 이러한 류의 논의는 오래 전 어느 때부터인가 더 이상 찾아보기 힘들게 되었다. 왜냐 하면, 과학에 대한 논의가 다시 "과학 속에 폐쇄되어버렸기" 때문이다. 다시 말해, 과학들이 다시 과학적 연구의 틀 안에서 연구되면서 그 이후 그러한 논의들은 우리 일상에서 더 이상 찾아보기 힘들게 되었기 때문이다. 과학사와 같이 이미 오래 전부터 있어온 학문 분야가 되었든, 지식사회학 혹은 지식심리학 혹은 그 외 여타의 학문 분야와 같은 좀더 최근의 학문 분야가 되었든, 과학은, 그 전체가 되었든 혹은 그 일부분이 되었든, 이미 기존하는 학문들의 연구 방법과 이론적 결과물들을 통해 연구·기술·분석되고 있는 실정이다. 그러한 작업들에서는 예를 들어 어떤 약품이 어떤 과정을 거쳐 개발되었는가에 대한 역사적 기록이 소개되기도 하고, 역사적 연구 가치가 있는 묘(墓)가 어떻게 해서 발견되게 되었는지 혹은 어떠한 노정을 거쳐 나상 성운이 발견될 수 있었는지 진술되기도 하며, 대학과 같은 학술 기관이나 노벨상 제도 등과 같은 것들이 과학에 어떠한 영향력을 행사했는지 설명되기도 하며, 또 과학자 연보나 과학자들의 자가 평가 혹은 연구 활동에 드는 "비용-효과"에 대한 경제론적 이해 타산 등이 진술되기도 한다. 전문적으로든(이를테면, 과학사가의 경우) 아니면 비전문적으로든(이를테면, 어느 생물학자가 자신이 연구하고 있는 분야의 과학적 특성을 기술하는 경우) 과학을 대상으로 연구 작업을 진행하는 학자들은 자신들이 풀어야 할 문제들을 제기하고 또 자신들 스스로가 도달하고자 하는 작업 목표들을 설정하기도 하는데, 이러한 일들을 하는 데 선도적 역할을 하는 그들의 학문 방법, 학문 이론, 학문 이해 방식들을 그들은 보통 그들 자신의 연구 분야 내부로부터 구성해내고 있는 실정이다. 사태가 이쯤 되면, 예를 들어 물리학 같은 학문은 사회학자들의 시선에 물리학자 자신들이 물리학을 보는 방식과는 다른 모습으로 보일 것이고, 또 그 반대로 사회학 역시 그것이 사회학자에게 보이는 것과는 다른 방식으로 물리학자에게 보일 것이다.

그리고 또 자의적이든 타의적이든 과학의 혜택을 입고 있고 또 그러한 방식으로 과학의 영향을 받고 있는 비(非)과학도들에게까지 과학에 대한 자기 나름의 입장들을 표명할 기회가 주어지게 되면, 과학에 대한 그리고 과학의 결과들에 대한 논의는 이제 온갖 다양한 견해들, 이해 관계들 그리고 서로 상이한 목표들이 완전히 뒤엉켜 상호 비방과 상호 평가가 난무하는 혼돈의 도가니가 될 수도 있어, 과학을 어떻게 이해할 것인가를 두고 벌어지는 논의는 경우에 따라 그 방향을 완전히 상실할 수도 있는 것으로 보인다. 그렇다면 우리는 어디서부터, 어떠한 수단을 가지고 과학 이해의 문제를 다루어야 하고, 어떠한 과정을 거쳐 그리고 어떤 주권을 가지고 이 논의의 방향을 제대로 잡아나갈 수 있는 것일까? 누구나 다 알 수 있듯이, 과학에 대한 여러 견해들이 만들어내는 이러한 혼돈 상태는, 여러 가지 중에서도 다음의 사실을 우리에게 상기시킨다 : 자신의 학문 분야를 훤히 꿰뚫고 있고 또 자신의 학문을 연구하며 적용하고 또한 가르치는 교육자로서, 자신의 학문 분야에 대해서 일정한 입장을 가지고 있다고 볼 수 있는 모든 전문 과학자들에 대해 우리는 그들이 자신들의 학문 분야 내에서는 일정한 능력을 소지하고 있다고 말할 수는 있어도, 그렇다고 해서 그들이 그와 동시에 (자신의 학문 분야 바깥에서 혹은 자신의 학문 방식 이외의 시선에서) 자신의 학문 분야에 대해 메타론적으로 언급할 만한 충분한 능력을 (필연적으로) 지니고 있다고 말할 수는 없다. 만약 그렇게 생각하는 사람이 있다고 한다면 그는 뭔가를 한참 착각하고 있다고 할 수 있다.

그것만이 아니다. 게다가 학문을 대상으로 하는 메타론적 판단 문제에서는 문외한들도(각각의 과학자들 또한 자신의 학문 분야

이외의 다른 모든 학문 분야에서는 역시 문외한일 것이다), 그들이 과학의 결과들에 의해 일정 방식으로 영향을 받자마자, "과학의 영향권에 든 사람은 과학에 대해 언급할 자격이 있다"는 식의 신념을 가지고는, 자신도 과학 이론들에 대한 나름의 판단 능력이 있을 거라 생각하는 경향을 종종 보인다. 과학에 대한 이러한 식의 사고 방식은 마치 누군가가 한 번 의학이나 심리학이 실천되고 있는 병원 같은 기관의 환자나 고객이 되고난 후 이러한 과학적 의학이나 심리학에 대해 자기 자신도 나름의 판단을 내릴 수 있다고 생각하는 것과 유사하다. 다시 말해, 위와 같은 사고를 가진 사람들은 유기화학, 인류사, 뇌의 신진 대사 혹은 천체 사건 등과 같은 특수한 과학적 물음들은, 일반적으로 그렇게 이해되고 있듯이, 당연히 특수 전문 지식을 통해 설명되어야 하는 것으로 보는 반면, (과학 바깥에서 제기되는 주제인) 과학을 어떻게 이해할 것인가를 두고 벌어지는 담론에는, 마치 어느 누구라도 그러한 문제에 관한 한 거기서 요구되는 능력들을 충분히 갖추고 있기라도 한 것처럼, 자기 나름의 생각을 가지고 같이 끼여 논쟁할 수 있을 것으로 생각한다. 그러나 일상 삶에서의 아주 간단한 경험이 이 같은 사고 방식에 대해 경종을 울리고 있다 : 우리 삶에는, 한편으로는 그림을 그리고 소나타를 작곡하고 기계를 제작하고, 다른 한편으로는 그림에 대해, 작곡에 대해, 기계 제작에 대해 하나의 이론이나 과학을 발전시키는 인간의 능력들이 있다는 사실에 어느 누구도 이의를 달지 않을 것이다. 우리가 이렇게 과학 활동을 몸소 직접 행하는 것과 과학에 대해 논하는 일이 전적으로 서로 다른 과제라는 사실을 알게 되면, 우리는 즉시 한편으로는 과학 연구 때 사용되는 언어와 다른 한편으로는 과학에 대해 논의할 때 사용되는 언어가 서로 다른 언어들이라는 것을 알 수 있을 것이다. 생물학자가 유기체와 신진 대사에 대해, 사회학자가 사회 집단과 그 발전 관계에 대해, 수학자가 함수와 집합에 대해 논하는 동안, 과학에 대한 (메타적) 논의에서는 "이론"·"방법"·"경험"·"연구"·"적용" 등의 용어(혹은 표현)들이 사용된다. 짧게 말해, 과학에 대한 담론에서는 각 전문 과학 내에서는 찾아볼 수 없는 그 영역 고유의 언어가 사용되고 있는 것이다.

이로써 과학에 대한 아주 다양한 논의들이 난무할 경우 최소한 어떤 경로를 통해 우리의 논의 방향을 잡아나가야 할 것인가에 대해 우리는 처음으로 하나의 힌트를 얻게 되었다 : "비판적"이라는 단어가 원래 그리스어 krinein, 즉 "구별하다"는 말에서 유래했다는 사실을 상기하는 가운데, 우리는 이제 과학에 대해 담론을 할 때는 먼저 언어 비판적 작업이 선행되어야 한다는 것을 강조하고자 한다. 이러한 배경에서 우리는, 예를 들어 과학 내(內)적 개념들로부터 과학 외(外)적 개념들을, 특히 여기서의 경우는 직접적인 과학 활동을 위해서가 아니라 과학을 대상으로 하는 담론에서 사용되는 **초과학적** 개념들을 (그리스어로 meta는 "~에 대하여" 혹은 "~을 넘어서"라는 의미) 명시적으로 구별하고자 한다. 과학자가 과학 문외한과 구분될 수 있는 이유는 과학자들이 자신의 연구 분야에서 거의 자신들만 이해할 수 있는 전문 용어들을 사용하고 있기 때문이다. 이와 마찬가지로 과학에 대해 담론할 때 사용되는 개념들을 우리는 점증하는 명료성과 함께 비판적으로 사용할 필요성이 있다. 그렇게 함으로써 우리는 이제 "과학철학"의 초석이 되는 (각 전문 과학들에서 사용되는 용어가 아닌) 초과학적 전문 용어의 세계로 진입해 들어서게 된다.

사실 위에서 기술한 것과 같은 (과학철학적) 작업은 다음과 같은 동기를 가지고 진행된다 : 우리 인간은 과학적 방법을 사용해 세계를 변화시켜나가고 있다. 그러나 우리 인간은 이를 통해 생겨나는 결과들에 의해 다시 긍정적 혹은 부정적인 영향을 받게 된다. 이를 계기로 우리 인간들은 과학에 대한 이해를 도모하게 되는데, 이를 통해 우리 인간들은 과학철학적 작업을 시작하게 되는 것이다. 하지만 과학에 대한 나름의 이해 시도가 있다고 하더라도 그때 생겨나는 과학 이해 방식들은 무척 다양한 양상을 띠게 된다. 이러한 와중에서 논의에 하나의 올바른 **방향을 잡아야 할** 과제가 우리에게 떨어지게 된다. 이러한 성격의 과제가 바로 여기에 소개되는 과학철학적 작업이 추구하는 지향점이자 목표점이기도 하다. 더 세부적으로 이것이 무엇을 의미하는지는 본서의 학습 목표를 다루는 아래 단원에서 논의하기로 한다.

2. 학습 목표

일반적으로 말해 이 책이 지향하는 학습 목표는 독자들로 하여금 과학에 대한 논의 시 요구되는 능력들을 배양시키게 하는 데 있다. 과학 이해 문제를 둘러싼 모든 논쟁들은 그 자체 초과학적 언어를 필요로 한다. 이 책에서 우리는 이러한 초과학적 담론에서 자주 사용되는 개념들의 전제와 함의를 조망하게 될 것이고 또한 그것들이 타당하게 받아들일 수 있는 것들인지 혹은 그렇지 못한 것들인지 판단하기 위한 목적 하에 그 개념 사용에 전제되어 있는 여러 기초적 구분들을 논할 것인 바, 독자들은 이 책을 통해 이것들을 배우게 될 것이다.

과학에 대한 이러한 초과학적 담론 능력의 한 부분으로는, 과학 철학적 혹은 인식론적 구분 능력의 한 기초적 표현이라 할 수도 있는, 과학을 개별 분야나 (몇몇의) 과학군(群) 혹은 몇몇 타입의 과학들(자연과학 대 인문과학, 설명과학 대 해석과학, 이상과학 대 사실과학 등)로 구분해 기술하고 또 그러한 구분의 옳고 그름을 판단할 수 있는 능력이 거론될 수 있다. 이러한 류의 과학철학적 논의에서는 또 각 과학을 정의하는 과제가 수행될 때, 각 과학이 다루는 연구 대상들이 얼마나 그 각 과학의 연구 방법과 연구 목적 혹은 목표에 의존하고 있는 것인지 판단할 수 있는 능력도 요구된다. 과학철학적 담론에서는 그 외에도 다음과 같은 능력들이 요구된다 : 역사적으로 이미 제도화된 형태로 존재하고 있어 그래서 또한 실제 관찰될 수 있는 여러 형태의 과학들을 각각의 학문 분야나 과학군으로 분류하는 일 자체가 정해진 일정한 목적을 추구하고 있고, 그래서 각기 상이한 목적 하에서는 각기 다양한 방식의 학문 구분 도식들이 수단으로 사용될 수 있는 사실, 그래서 또한 우리가 역사적으로 발견할 수 있는 학문 분야 전체를 아우르는 그리고 학문을 분류하는 모든 목적들을 전부 통일적으로 감싸안는 오직 하나의 일반화된 구분 도식을 찾아내는 일은 무의미하다는 사실을 통찰하는 것, 그리고 이러한 통찰 그 자체를 근거지울 수 있는 능력 등이 그러한 초과학적 담론 능력의 범위에 속한다고 할 수 있다.

이러한 (과학에 대한 메타론적 혹은 초과학적) 논의 맥락에서는 또 다양한 타입의 진리와 타당성들이 구분되어야 할 뿐 아니라 이러한 다양한 형태의 타당성들은 또한 각기 다양한 테스트 방법들이 제시됨으로써 근거지워질 수 있어야 한다. 예를 들어, 이 책의 독자인 당신이 이 책을 끝까지 읽고 그 내용을 모두 잘 소화했다고 한다면, 당신은 왜 수학, 화학 그리고 역사학의 (주요) 정리들이 이 과학들 스스로가 자신의 전문 용어들을 정의할 때 사용하게 되는 방법들에 의존해 그리고 자신의 정리들을 검증할 때 사용하게 되는 통제 방법들에 의존해 구성되는 것인지를 설명할 수 있어야 할 것이다.

이처럼 이 책은 독자들로 하여금 각 학문이나 학문군에 고유한 개념 정의나 이론 구성의 방법들을 원리적으로 이해할 수 있도록 하고 또 그렇게 함으로써 각 학문 분야 내에서 각기 고유한 방식으로 이해되고 있는, 이른바 학문성 혹은 과학성(Wissenschaftlichkeit)이라는 것이 무엇을 의미하는지 독자 스스로 터득할 수 있도록 도움을 주는 데 있다.

과학철학적 논의에서 요구되는 이런 능력들도 일정한 목적 성취 혹은 목표 도달을 위한 수단이라는 차원에서 이해되는 것인 만큼 그것들은 독자들로 하여금 언어로 진술되는 과학 지식이나 이론들을 한편으로는 규제적 혹은 처방적(vorschreibend) 부분으로, 다른 한편으로는 주장적(behauptend) 내지 서술적 부분으로 구분할 수 있게끔 도와주고, 이를 통해 독자 스스로가 철학 전통의 인식론적 문제, 즉 과학 이론들이 자신의 연구 대상인 (자연 그리고 문화) 세계와 맺는 관계의 성격은 어떤 종류의 것인지에 대해 스스로 판단을 내릴 수 있게 해줄 것이며, 더 나아가 과학의 이런 내용 측면과는 달리, 과학 이론들의 용어론적·방법론적 성격의 작업을 통해서는 무엇이 규정될 수 있는지에 대해 통찰할 수 있게 해줄 것이고 그리고 과학 이론들의 내용이라고 하는 것들 대부분이 일차적으로는 과학자들의 행위와 그 결과들을 기술한 것들이라는 사실까지도 스스로 개관할 수 있도록 해줄 것이다.

마지막으로 (이러한) 모든 과학철학적 지식과 초과학적 능력을 직접 동원하고 사용해 독자들이 스스로 깨달아야 할 하나의 사실은, 과학은 삶의 실천 영역과 문화사에 그 뿌리를 두고 있다는 점이다. 과학은 항시 무엇을 위한 수단이었고, 역사적 상황에서는 사회나 그 구성원 각자의 욕구 및 요구들과 연관을 맺고 있었으며, 과학에서 연구, 과학 이론들의 교육, 과학의 응용 각각은 구체적 개인이나 그룹에 의해 수행되었다. 그리고 과학은 과학에 대한 초이론적 반성을 포함해 자신이 추구하는 목적, 즉 "무엇을 위해" 혹은 "뭣하러"라는 물음을 항상 스스로 던져야만 했다. 독자들은 과학이 이렇게 인간 생활 속에 그 뿌리를 두고 있다는 과학철학적 해명을 매개로 과학에 대한 논의를 개진시킴으로써, 종종 근거지워지지 않은 채 단지 원칙론적으로만 개진되고 있는 여러 철학적 논의들이 저지르는 오류들을 스스로 감지해낼 수 있을 것이다. 그리고 독자들은 이 책에 소개되는 과학철학적 입장이 과학에 대한 자연주의적 이해 방식(Naturalismus)와 문화주의적 이해 방식(Kulturalismus) 사이에서 어떻게 해서 하나의 대안으로 떠오를 수 있는 것인지도 스스로 판단할 수 있을 것이다.

제 I 부

구성주의 과학철학 일반론

0. 들어가는 말

과학을 이해하고자 할 때, 우리가 맨 먼저 만나게 되는 문제는 과학을 어떻게 규정할 것인가의 문제다 : "과학(Wissenschaft)", 이 말의 의미는 무엇인가? 과학은 비(非)과학과 어떻게 다른가?

과학에 문외한인 일상 사람들 혹은 전문 과학자들이 사용하고 이해하는 "과학"이라는 말의 의미는 종종 다의적이고 또한 정확치 못한 경우가 있다. 누군가가 "과학(들)"에 대해 말할 때, 이를 규정하기 위해 사용하는 형용사 "과학적"(그리고 다시 여기서 파생된 말인 "과학성")이란 말의 의미가 특수한 지식의 형태를 의미하는 한, 그 말은 종종 과학의 **제도적 현상 형식**을 칭하는 의미에서 사용되기도 한다. 여기서 과학이 일종의 "제도적 현상 형식"이란 말은 다음과 같은 의미에서다 : 과학을 하는 일이 하나의 직업으로 이해될 수 있다는 사실, 누군가가 어떤 특정 분야에서 공적·합법적 인정을 받아 그 분야의 전문가임을 자처할 수 있도록 하기 위해 국가 통제 시스템 하의 시험 제도를 운영하고 있는 전문 대학과 종합 대학 같은 교육 기관들이 존재하고 있다는 사실, 그리고 과학자들간에 통용되는 불문율(不文律)적 활동 규칙에서부터 대학의 운영 법규들에 이르기까지 그리고 또 과학 문헌들이나 과학 잡지의 발행 문제에서부터 노벨상이나 그 밖에 그와 유사한 여타 학술적 포상 제도 및 학술 공적 평가 등에 이르는 과학 운영을 위한 여러 활동들이 벌어지고 있다는 사실, 이 모든 것들은 과학이 일종의 제도적 현상으로 나타나고 있음을 말한다.

과학에 대한 이러한 방식의 규정과는 원리적으로 또 다른 과학 규정 방식이 있다. 이 경우 "과학"이라고 하는 말은 종종 아주 특별한 타당성을 갖는 지식을 의미하거나, 확고한 혹은 안정된 지식이고자 한다거나, 신빙성 있는 지식이고자 한다거나, 검증된 지식이고자 한다거나, 이해 관계 중립적 지식이고자 한다거나, 일반적 타당성을 갖는 지식이고자 한다거나 등의 의미로 이해된다. 다시 말해, 이 경우 "과학"이라고 하는 말은 사람들이 단순히 가지고 있는 생각, 개인적 노하우, 착각, 고해성사 그리고 이데올로기 등과는 달리, 하나의 특별한 방식으로 특별히 가치 평가된 **지식 형식** (Wissensform)으로 이해된다.

이러한 제도로서의 과학과 특수한 지식 형태로서의 과학은 그러나 서로 독립적으로 이해되어서는 안 된다. 예를 들어, 연구를 위한 교육 체제, 시험 제도 그리고 연구 결과를 공공화시키기 위한 출판(발표) 제도 등은 과학적 결과들의 신빙성과 일반성을 공고히 하기 위한 매우 신빙성 있는 수단들이 될 수 있다. 그와는 반대로, 과학 연구 활동을 통한 인간 인식의 발전은 사회가 과학을 고(高) 평가하는 한 이유가 되기도 한다. 과학 규정 문제와 연관해 전통적 언어 용법을 사용하고 있는 이러한 주장들은 그러나 과학과 비과학 간의 구별 문제를 이미 해결된 것으로 전제하고 논의를 펼치고 있다.

과학을 규정하는 일에 많은 전문 과학인들뿐 아니라 많은 과학 철학자들은 **경험적 연구**에 근간한 규정 방식을 선호하는 경향을 보인다. 다시 말해, 주류 과학자들이나 과학철학자들은 과학 규정 문제를 경험주의적으로 해결하려는 경향을 보인다. 이러한 과학 규정 방식은 매우 편리하기는 하다. 하지만 이러한 방식을 통해서 는 과학에 대한 정확한 규정은 이루어질 수 없다. 우선 경험주의적 노선에서의 과학 규정은 다음과 같은 방식으로 이루어진다 : 우리 의 성찰과 연구 대상이라고 하는 과학을 우리가 관심을 갖고 관찰 하게 되면, 과학은 이미 그 과학을 대변하고 있는 사람들이 말해주 고 있는 바로 그 형태로, 그 과학들을 운영하고 있는 기관들이 보 여주고 있는 바로 그 형태로, 그리고 기존의 축적된 지식의 형식이 나타내주는 바로 그 형태로 현현하게 된다. 그래서 "과학자", "전 문가", 예를 들면 "물리학자", "사회학자" 등의 호칭이 누구에게 부 여될 수 있는가의 문제는 실제의 과학자들 스스로에게 맡겨지게 되는 셈이 된다. 좀더 첨예화시켜 말하자면 : 이러한 과학 규정 방 식에서 "과학"이라고 하는 것은 과학자들이 자기 직업에서 하는 모든 것들은 칭하는 것이고 그리고 "과학자"란 자신 스스로를 "과 학자"라 칭하는 사람들을 일컫는 말인 셈이다. 과학에 대한 이러한 방식의 정의는 그러나 매우 자의적 성격의 것이다. 왜냐 하면, 이 경우 "과학자"라는 호칭은 과학자들 스스로가 내거는 호칭이기 때문이다. 그래서 개인적 자의성에 근거한 이러한 과학 규정을 피해 과학에 대한 정의를 내리고자 하는 사람들이 있다. 이 경우의 사람들은 "과학자"를 정의해, "과학자"란 과학과 연관된 기관에서 일하고 있거나 최소한 그러한 기관에서 교육을 받은 사람들로 자신의 연구실 문에 "과학자"라는 이름을 걸고 있는 사람들이라 말한다.

기존 제도 혹은 그러한 현상들을 객관적 (혹은 관찰자적) 시각에서 단지 기술해줌으로써 과학을 규정하고자 하는 이런 시도는 그러나 전혀 문제를 갖지 않는 것이 아니다. 그것은 다음과 같은 문제점을 갖는다 : 이미 "과학적"이라는 형용사를 사용해 호칭되는 제도를 거론함으로써 과학을 정의하게 되면, 이러한 정의 방식은 어떤 한 인간 집단, 예를 들어 미신을 믿는 사이비 집단이 어떤 이유와 목적에서 자신들을 "과학적" 집단이라고 명명하고는 아주 임의적인 것을 만들어내서 그것을 "과학"이라고 주장할 때, 이에 대해 아무런 반박도 할 수 없다는 난점을 갖는다. 만약 어떤 주장들과 작업 결과들을 "과학적"이라 칭하는 문제가 이렇게 단순히 어떤 특정 개인들이나 기관들을 호칭하는 문제로 여겨지게 되면, 아래에서 좀더 보겠지만, 이는 우리가 일상적으로 그리고 이성적으로 이해하고 있는 "과학적"이라는 개념에 반하는, 과학에 대한 잘못된 이해 방식이다. 사실 과학에 문외한인 사람들이나 과학자들이 어떤 지식을 다름아닌 과학적 지식이라고 할 때, 그들은 지식으로부터 검사가능성, 일반성, 신빙성 그리고 그 외 여타의 특성들을 그 조건으로 요구하게 된다. 이는 기존하는 일정 지식들의 질(質)이 그것을 만들어낸 사람들의 직업적 특성에서 도출되는 것이 아님을 말한다. 상황은 오히려 그와 정반대다. 즉, 직업이나 기관에 붙는 이름으로서의 "과학적"이라는 말은 "지식"이라고 하는 것들이 갖추고 있는 일정한 질적 특성들로부터 도출되어야 한다.

지식은 특수한 질을 가져야 한다는 요청을 해소하고 그리고 그에 대한 수단들을 기술 및 근거지우는 작업은 과학철학의 한 중요한 과제에 속한다. 이러한 (과학철학적) 작업은 과학자들이 자신들의 연구 대상을 한정하고 규정지우기 위해서는 이미 그런 것을 필요로 할 수밖에 없다는 의미에서 모든 경험과학적 연구에 "방법적으로" 선행한다.

물론 과학철학이 그러한 과학성의 기준을 허공에서 곧바로 형성해내는 것은 아니다. 사실 모든 과학철학적 작업들도 그것들이 연구 대상으로 삼고 있는 인간 실천의 한 영역, 즉 과학(활동)이란 것이 이미 있을 때라야 비로소 다른 모든 사람들도 구체적으로 따라 잡아 수행할 수 있는 작업이 될 수 있다. 앞서의 소단원 "테마로 들어가기"와 "학습 목표"에서도 논했듯이, 우리 논의의 출발은, 과학에 의해 점철된 세계에서 그리고 과학에 대한 다양한 이해 방식들이 표출되는 상황에서 과학 이해에 하나의 정향(正向)을 제시하고자 하는 목적 설정이 있으면서 시작되었다. 다시 말해, 과학으로 점철된 세계에서 그리고 과학에 대한 다양한 이해 방식들이 표출되는 상황에서 하나의 올바른 방향을 잡아나가겠다는 것이 바로 우리가 여기서 수행하고 있는 숙고 작업, 즉 과학의 전제 하에 그에 대한 사유를 전개하면서 태동되는 과학철학적 사유가 도달하고자 하는 목표점이다. (경험과학적) 과학자들과 (철학적인) 과학철학자 간의 차이는, 비록 둘 다 이미 기존하는 과학에서 시작한다고는 하지만, 즉 둘 다 어떠한 (예를 들어, 철학적) 환상이 아니라 과학자들이 실제로 하고 있는 과학을 대상으로 하고 있기는 하지만, (여기서 표명된 입장을 따르는) 과학철학자는 다음과 같은 "인식론적 이해 관계"를 가지고 작업을 진행하는 사람이다 : 과학철학자들이 묻는 것 중의 하나는, 인식이나 지식의 형태로 존재한다고 하는 과학의 결과물들이 그냥 단순한 생각들이나 집단적 신념, 이데올로기 혹은 독단적 이론들과 과연 어떻게 다른가의 문제다. 이러한 종류의 물음은 철학의 근본 물음, 즉 어떻게 인식들(Erkenntnisse)이 근거들의 제시를 통해 자기 증명되는가를 묻는 소크라테스-플라톤적 철학 전통의 물음이기도 하다.

여기서 우리는, 과학을 대상으로 진행된 성찰 작업의 여러 결과물들에 대해 가능한 한 최대한의 호의적 태도 하에, 각 분야의 과학자들이나 (여기서 소개되고 있는 과학철학적 입장과는 다른 방향의) 과학철학자들에게도 가능한 한 거의 문제가 되지 않을 수 있는 아주 미미한 전제들을 상정하는 가운데 우리의 논의를 진행코자 한다. 하지만 여기 우리의 논의에서는 다음과 같은 가정들, 예를 들어 (낙관적 과학 이해로서) 과학들은 항상 합리적이라든지 그래서 역사적으로 기존하는 과학들이 항시 옳다든지 아니면 그러한 과학들이 오늘날 가능할 수 있는 최상의 해결책들을 찾아낸 이론들이라든지 하는 식의 가정은 전제되지 않을 것이다 ; 그리고 여기서는 또한 (일종의 비관적 과학 이해의 한 방안으로) 예를 들어 과학자들은 경력을 쌓아야 한다는 것과 같은 과학 운영상의 제도적 주변 조건들 때문에, 과학은 일반적으로 편파적 성격의 결과들만 생산해낸다는 식의 가정도 이루어지지 않을 것이다. 다시 말해, 여기 우리의 논의에서는 현존하는 과학들에 대해 **수긍적**, 즉 긍정적이고 찬양하는 입장도 취해지지 **않을** 것이고 또한 **부정적** 입장, 예를 들어 **과학에 대한** 회의적이거나 거부 반응적 **태도도** 취해지지 않을 것이다. 오히려 여기 우리의 논의는 과학(평가)에 대해서는 중립적 입장을 견지하는 가운데 펼쳐질 것이다. 즉, 우리는 여기서 과학에 대한 어떤 가치 평가를 전제하거나 비합리적인 선입견 하에 논의를 진행하지는 않을 것이다.

과학이 인간에 의한 **작업이라는** 사실에는 전혀 의심의 여지가 없을 것이다. 연구, 교육, 연구 결과의 응용 등의 형식으로 과학을 운영한다는 것은 늘 인간의 행위다. 그런데 여기서의 "행위"라는 말은 (우선 잠정적인 의미에서 말하자면) 인간이 과학을 운영할 경우 이 작업이 단순히 자연적 과정으로 일어나는 것이 아니라 그 작업은 오히려 인간 스스로가 일정한 목표를 세우고 목적을 추구하면서 진행되는 것이라는 의미에서 이해되는 바의 것이다. "행위 (Handlung)"는 또한 단순한 "행동(Verhalten)"과는 달리 성공할 수 있거나 실패할 수 있다는 의미를 갖는다. 일상 어법에 의하면, 행위가 성공했다 하는 것은 목적이 수행되었다는 것을 말하고, 그렇지 않을 경우는 실패했다는 의미를 갖는다. **과학을 과학자들의 행위로** 보고 그들이 추구하는 행위의 목적과 수단, 그런 행위의 성공과 실패 그리고 행위자와 행위 상황들에 대해 묻는다는 말은 모든 형태의 과학을 그것의 특수한 질적 측면과 연계해 그리고 그것의 제도, 작업 규칙 등의 측면과 연계해 인간에 의한 생산 활동으로 파악한다는 것을 말하는데, 이를 다시 건축 작업 예를 들어 설명하자면, 일종의 **구성** 작업으로 파악한다는 것을 말한다. 누구나 쉽게 상상할 수 있는 바와 같이, 과학자들이 자신들의 이론에서 다루고 있는 연구 대상들은, 아직은 잠정적으로 말해두는 바이지만,

그것들이 일상적 언어 사용 방식의 수준을 훨씬 뛰어넘는 특수한 구분들을 사용하는 혹은 과학자들의 그러한 구분 의도들을 잘 보여주는 전문 과학 용어들로 표현되고 있다는 의미에서 일종의 "구성된 것들"이라 할 수 있다. 과학자들이 논하는 대상들은 또 그것들이 종종 과학을 수행하는 가운데 비로소 세상에 그 모습을 드러낸다는 의미에서도 구성된 것들이라 할 수 있다. 예를 들면, 수학에서의 적분, 물리학에서 시간 측정의 결과 그 기초 위에 구성되는 개념들, 화학에서의 초우라늄 등이 그렇고, 아마도 생물학에서의 종(種) 그리고 그 외 다른 분야에서 사용되는 개념들인 사회, 한계효용, 성운, 텍스트 구조 혹은 혁명 같은 것에 이르기까지, 이 모든 것들은 각 분야의 과학자들이 존재하는 대상들을 그들 나름의 특수한 시각에서 자신들의 연구 대상으로 "구성한" 것들이라고 할 수 있다. 이로써 우리는 우리의 다음 논의 주제를 이미 선취하고 있는 셈이다.

이제 "구성주의 과학철학(Konstruktive Wissenschaftstheorie)"에 대한 논의로 들어가보자. 이 "구성주의 과학철학"이라는 말은 이 철학이 과학의 연구 대상들과 연구 결과물들을 과학적 연구 방법을 통해 구성된 것들(Konstruktionen)로 보기 때문에 바로 이러한 의미에서 만들어진 하나의 조어다(그리스어적 어원을 갖는 "방법"이란 말은 원래 "길", "어느 곳으로 인도된 길"을 의미하는 것으로 "일정한 규칙을 매개로 해서 수행되는 행위 방식"을 일컫는 말이다. 이에 대한 자세한 언급은 차후에 하기로 한다). 과학에 대한 이러한 구성주의적 이해 방식은 그 자체로도 정합적인데, 그 이유는 구성주의 과학철학자들은 자신들의 작업 결과들을 기존하는 과학자들의 행위와 결과들을 행위 측면에서 "구성한 것", 좀더 정확히 말해

"**방법적으로 재구성**"한 "구성(물)"으로 이해하기 때문이다. 그런데 여기서의 "방법적으로 재구성한다(methodisch rekonstruieren)"는 말은 무엇을 의미하는가?

Rekonstruktion(재구성)이라는 말에서의 전철 "re-"(라틴어로 "다시", "새로이"의 의미)는 구성주의 과학철학이 자신의 재구성 작업에서 과학자들이 만들어내는 과학을 재구성 대상으로 삼는다는 것을 말하지, 이 철학이 자신의 입장에서 추후적으로 어떤 철학적 고안물을 임의로 만들어낸다는 것을 말하지 않는다. 이러한 재구성 작업을 위해 구성주의 과학철학은, 앞서 이미 언급했듯이, 과학 활동들에서 흔히 일어나는 구분법들과 언어 용법들을 철학적 논의의 대상으로 설정한다. 이 작업이 어떻게 진행되는 것인지가 이제 언급되어야 하겠다.

과학들, 그것도 제반의 모든 과학들은 경우에 따라 과학철학적 분석 및 재구성에 의해 희생되어서는 안 되는 여러 **공적들**을 지금까지 **쌓아왔다**. 이는 명백한 사실이다. 예를 들어, 자연과학이 기술 분야에, 생물학이 의료술에 혹은 문화과학이 인간사의 과거와 현실의 이해 문제에 가져다준 공적들은 이런 이론들을 "재구성하는 이론적 작업의 결과물들"에서도 명백히 인정되어 마땅하다. 그 외에도 과학을 재구성하는 프로그램에서의 "재(re-)"는 그러한 재구성 작업에서 과학자들이 실제로 추구하는 요청들이 (예를 들면, 자연 사건들을 설명해내고자 하는 요청, 국민경제의 역학을 이해하고자 하는 요청, 자연 사건이나 문화 사건의 발전 과정을 예측하고자 하는 요청 등) 고려되고 있다는 것을 의미한다. 좀더 일반화시켜 말하자면, 과학자들은 지식 내지 인식이라고 하는 것들을 **생산**

하고자 하는 요청을 가지고 있는 반면, 과학철학자는 이때 지식 내지 인식이라는 것이 어떠한 의미에서 이해되는 것인지 묻기도 하고 그리고 이러한 맥락에서 정의되는 과학의 구성 요건들을 과학자들은 어떤 수단들을 동원해 현실화시키고 있는지 등과 같은 질문들을 제기하기도 한다.

과학 재구성 프로그램에서의 "구성(하다)"이라는 단어는 방금 위에서 언급한 측면에서만, 즉 과학을 운영한다는 것은 항상 일종의 구성 작업이라는 측면에서만 이해되는 것이 아니다. 그 말은 과학철학 자체의 구성적 성격을 강조하는 말이기도 하다. 사실, 구성주의 과학철학은 예를 들어 과학자 자신들에 의해서는 명백하게 언급되지 않은 과학의 목적을 명백히 하고 그리고 경우에 따라서는 과학자들이 사용하는 과학 연구 방법들을 이해하는 데 적용될 수도 있는 그러한 철학적 작업을 해줌으로써 과학에다가 뭔가 새로운 것을 추가하는 작업을 하기도 한다. 예를 들어, 과학자 자신들에 의해서는 명백하게 표현되지 않은 문제, 즉 과학의 결과들이 왜 유효한지에 대해 구성주의 과학철학이 이해 가능하게 설명해준다면, 이 재구성 작업 자체는 아무 목적 없이 행해지는 일도 아닐 뿐더러 또한 과학에다 단지 철학적 사치만을 첨가하는 것도 아니다. 이러한 철학적 작업이 갖는 의미는 오히려 과학에 대한 서로 다른 이해 방식들이 경쟁하는 상황에서 그런 작업이 실제로 어떤 방향 제시를 해줄 수 있느냐와 연관해 가늠될 수 있는 것으로, 그래서 또한 그러한 철학적 작업의 의미는 현실적 합목적성과의 관계에서 평가될 수 있는 성질의 것이다.

이로써 구성주의 과학철학의 기초에 대한 소개는 끝났다. 이 책

전반(全般)에 걸친 논의의 주안점은 과학 내·외부에서 과학 운영과 관련되어 수행되는 언어 행위 및 실천 행위에, 과학철학적으로 하나의 정향을 준비해주고자 하는 실천적 의도다. 그런데 이 작업은 과학 이론들을 합목적적 인간 행위로 재구성할 때 사용되는 과학철학적 언어들 자체를 과학철학 스스로가 명백히 밝혀줌으로써 완수될 수 있다. 이로써 아래에서 펼쳐질 **논의 구조**가 이미 설명되고 있다고 할 수 있다 : 행위, 수단 / 목적, 목적과 목표, 행위자, 행위의 조건과 결과 등에 대한 언급들은, 이것이 과학철학적 논의에서 중요한 한, 그 자체가 먼저 **용어론적으로** 밝혀져야 한다. 과학이 존재하기 전에도 (인간의) 행위는 있었고 또한 과학 이외의 영역에서도 행위는 있었다. 그리고 과학은 전(前) 과학적 그리고 과학 외적 행위 관계망으로부터 발전되어나온 것이다. 그래서 위에서와 같은 인간 행위를 논할 때 사용되는 용어들은 우리가 과학을 **전 과학적 그리고 과학 외적인 행위 관계망으로부터 발전된 것으로 재구성할 때** 사용될 수밖에 없는 용어들이다. 과학의 재구성 작업에서는 또한 과학 전문 용어들의 구성 문제, 과학 이론의 구성 문제가 다루어질 것이고 그리고 또 과학 특유의 특징들, 즉 행위를 매개로 한 경험의 축적 문제, 일반적으로 말해 행위를 매개로 한 인식의 획득 문제 그리고 이러한 인식들의 "초주관적(transsubjektiv)" 특성(이에 대한 설명은 나중에 있을 것임)과 같은 주제들이 논의될 것이다.

위에서 열거한 과제들은 모든 과학들에, 즉 과학 일반에 적용되는 작업이기에, 그래서 또한 그러한 과제 수행은 또 이 책의 제 I 부인 "과학철학 일반론"의 내용을 구성하게 된다. 이 과학철학 일반론에서는 행위론에 근간한 여러 구분들이 구성될 터인데, 이것들은 다른 것들 중에서도 특히 개별 과학들의 구분이나 혹은 여러 방식들 중에서도 특히 자연-/문화과학, 이상(理想)-/경험과학 등으로 나뉘는 과학군의 영역 구분을 재구성하는 데 적절하게 사용될 수 있는 것들이다. "구성주의 과학철학 각론"이라고 타이틀이 붙여진 제II부에서는 주제별 논의를 통한 과학 이해가 포괄적으로 펼쳐질 것인데, 이 작업에서는 과학 각 분야에 내재된 주요 문제들과 그 문제들에 대한 구성주의적 해결 방안들이 소개될 것이다.

이러한 구성주의적 해결안들은 본서에서 과학에 대한 다른 과학철학적 견해들과의 대비 없이 소개될 것이다. 그래서 이러한 논의가 독자들에게는 다소 자기 폐쇄성에 갇힐 위험을 안고 있는 논의인 것처럼 보일 수도 있다. 하지만 여기서 제안된 구성주의적 해결책들은 사실에서 실제의 각 학문 분야에서 자명한 것으로 받아들여지고 있는 견해들과 혹은 이 자명성들에 대한 (여기서의 구성주의 입장과는 다른) 과학철학적 해명 작업들과는 종종 서로 상충되는 해석을 제공한다. 그래서 그러한 인상으로 인해 구성주의적 해결책들의 이러한 특성이 간과되어서는 안 될 것이다. 사실 이 책의 마지막 장에서는, 종종 구성주의 과학철학과 양립 불가하다고 여겨지거나 구성주의 과학철학과는 정반대의 테제들을 주장하고 있는 과학철학적 방향들, 입장들, 이론들의 몇몇 중요한 테제들이 다루어질 것이고, 이것들은 다시 구성주의 과학철학적 입장에서 비판적으로 평가될 것이다. 독자들은 이를 수단으로 해서 종국적으로는, 이미 앞서의 단원 "학습 목표"에서 본서의 학습 목표로 언급되었듯이, 여러 다양한 과학철학적 대안들이 서로 경쟁하는 와중에서 나름의 근거를 갖고 과학에 대해 자신 스스로의 사고를 개진시켜나갈 수 있어야 할 것이다.

1. 과학의 생활 세계적 토대

과학 이론들은 한 천재가 어느 날 갑자기 그러한 것들을 고안해 제도화해보겠다고 해서 만들어지는 것이 아니다. 과학은 오히려 인간의 일상 생활에서부터 긴 역사를 가지고 점차적으로 싹터 나온 것들이다(이미 지금과는 "다른" 과학이 존재했을 경우, 과학은 한편으로는 그 "다른" 과학들이 이미 만들어낸 언어적 분류, 그것의 실생활에의 적용 그리고 이를 통해 야기되는 삶의 역학 관계들의 재구조화가 벌어지는 가운데, 이 과학들이 폭넓게 세속화되고 점차 자리를 잡아나가게 되는 바로 그러한 생활 세계로부터 태동되어 나오기도 하고, 다른 한편으로 이 "다른" 과학들이 이미 과학자들의 일상 생활이 되어버린 그러한 생활 세계로부터 싹터 나오기도 한다). 이 같은 관계를 두고 우리는 **과학은 생활 세계적 실천이 고상화(Hochstilisierung)되는 관계에서 태동되어 나온다고 말하고자 한다.** 이는 다음과 같은 의미에서다 :

"(행위)실천들(Praxen)"(그리스어로 prattein은 "행위하다"를, praxis는 "행위"를 의미)이란 말은, 많은 사람들에 의해 장기간 습관화된 그러한 행위 방식들을 의미한다. 하나의 좋은 예로 아마도 수공 기술을 교육시키는 생활 실천의 경우를 생각해볼 수 있을 것이다. 이러한 실천에는, 한편으로는 특수한 부류의 손재주들이 포함되는데, 이것들은 교육을 통해 가르치고 배울 수 있는 것들로, 수공업 계층에 속하는 많은 사람들은 이러한 장기간의 실천을 통해 하나의 **전통**을 형성하게 된다. 그러한 수공 작업의 실천에는 다른 한편 특수한 **전문 언어**들이 포함되어 있는데, 이 언어들은 수공 작업이 실제 수행될 때 흔히 사용되는 것들로, 그것들은 수공 작업을 설명하는 이론뿐 아니라 수공 기술의 직업 교육 시 의사 소통적 이해를 위해서도 사용된다. 우리가 "(생활)실천들"에 대해 말할 때 그것은 항상 이러한 의미에서 **실제로 행해진 실천들**을 의미하는 것이지, 인간 행위의 어떠한 가정적 혹은 상상적 영역을 의미하는 것이 아니다. 그러한 실천들은 이미 인간 문화권에서 제도화되어 있고, 이미 하나의 전통을 형성하고 있으며 그리고 그러한 실천은 언어적 그리고 비언어적 요소가 종합되어 운용되고 있다는 사실이 이를 말해준다.

"**생활 세계적**"이라는 개념은, 여기서 우리가 이 개념에 대한 다른 철학적 의미, 예를 들어 그것에 대한 현상학적 의미는 도외시하고 논하자면, **삶을 헤쳐나가는 실천**(Praxen der Lebensbewältigung)과 연계되어 사용되는 개념으로, 이는 다시 기존하는 인간의 실천 영역들은 삶에서 일반적으로 제기되는 **인간의 욕구들을 해결**해주고 있음을 말한다. 다른 말로 표현해, 생활 세계적 실천이란 우연히 출현하는 인간의 사치 현상이 아니라 오히려 삶의 조건과 삶의 요구 조건 하에서, 즉 빠듯한 생필품과 인간의 여러 욕구 조건들 하에 나타나 실천되는 그러한 인간 행위 영역을 말한다. 앞서 예로 든 수공업의 예가 이미 인간의 **합목적적** 행위 방식들이 어떻게 현실에 굳건히 발을 붙일 수 있게되었는지를 잘 설명해준다. 왜냐 하면, 수공 작업 행위의 목적이 성취되게 되면, 이를 통해 많은 사람들이 자신들의 삶에서 필요로 하는 것들이 그 결과물로 생겨나기 때문이다.

이러한 생활 세계적 실천이 과학으로 **"고상화"**(혹은 세련화)된다는 말이 무엇을 의미하는지 우선 하나의 예를 들어 설명해보겠다 : 잘 알려진 바와 같이, 제반 과학들의 태동은 흔히 그것들이 서술한다고 하는 연구 대상들의 성격이 원래는 속성적 혹은 **질적인 특성**을 갖지만 이 측면이, 특히 측정하고 계산하는 양화 작업을 통해 **양적인 측면으로 바뀌면서** 현실화된다. 예를 들어, 데카르트에게서 갈릴레이로. 그리고 뉴턴으로 이어지는 17세기의 근대 물리학이나 혹은 16세기 케플러에게서의 근대 천문학은 특히 각도, 길이, 시간, 무게 등의 측정을 통해 아리스토텔레스 전통의 물리학으로부터 떨어져 나올 수 있었다. 이 측정 기술이 바로 단지 이리저리 조사만 해보는 수준의 시험(Herumprobieren)으로부터 실험이란 것을 구분하게 해준 장본인이었던 것이다.

그러나 천문학이나 물리학에서 측정 방법이 그 나름의 역할을 하기 최소 2000여 년 전에도 여러 측량술들이, 특히 후에 고전 물리학에서 일정한 역할을 하게 된 도량형(度量衡) 측정 기술들이 이미 인간 삶에 자리를 잡고 있었다 : 이미 메소포타미아에서 그리고 그 후 고대 이집트에서는 공간 기하학적 형태들인 선(線) 길이, 면(面), 체(體)의 구성 방법뿐만 아니라 시간 측정 방법 및 물체들의 무게 측정 방법들이 계발되었다. 그리고 이 모든 것들은 원래 농지 측정, 상(商)행위, 건축일, 도구 제작 등에 이르는 영역에서 제기되는 삶의 여러 과제들을 해결하기 위한 차원에서 계발되었던 것들이다. 그런데 이러한 **생활 세계적 측량술들**과 세련된 **"과학적"** 측량술들 간의 차이는 무엇일까? 오늘날에도 관찰될 수 있는 예들을 들어 설명해보자. 오늘날 미장이, 목수, 재단사, 정밀기계공, 토지측량사 혹은 뱃사람들처럼 일정 유형의 측량술들을 사용하는 사람들은 각기 그들 나름의 "영역 제한적인" 측량술들을 사용한다 ; 즉, 그들은 그들 나름의 측량 방법과 미터자, 줄자, 컴퍼스, 육분의 (六分儀) 등의 측량 도구들을 계발시켰는데, 이것들은 각각의 사용 영역에서 나름의 합목적성을 보여줌으로써 그 기능적 뛰어남을 인정받고 있다. 이러한 제한되고 지역적인 응용 영역에 국한되어 사용되는 생활 세계적 측정술들은 그 어떠한 기존의 이론도 필요로 하지 않을 뿐 아니라 특별히 어떤 별도의 정당화도 필요로 하지 않는다. 단지 **실천적 입증**만으로도 그것들의 타당성은 충분히 인정받게 된다.

이에 반해 과학적 수준의 측량 기술에서는 경우가 좀 다르다. 예를 들어 천문학에서 물리학 그리고 화학에 이르기까지, 지리학에서 광물학 그리고 심리학에 이르기까지, 생리학에서 해부학을 거쳐 생물학에 이르기까지, 공간적 성질들을 측량하는 일이 그 학문 내재적으로 아주 중요한 역할을 하고 있는 여러 학문 분야들이 있다. 이들 모두는 공히 하나같이 동일한 길이 개념을 사용하고 있다. 즉, 수정, 천체 사건, 두개골 혹은 감각 기관 등에 대한 진술들이 길이 관계들을 포함하고 있을 경우, 이때의 진술들은 모두 **동일한 길이 개념**을 사용한다. 물론 과학이 응용되는 어떤 일정한 분야와 과학의 일정한 계측 분야에서는 서로 상이한, **다양한 측정술들**이 사용되어 왔고 또 발전되어 왔다는 사실만큼은 부인하지 못한다. 그러나 예를 들어 천문학자가 천체의 공간적 위치에 대한 기술을 할 경우 그리고 자신의 과학적 전문 지식의 범위 내에서 자신의 망원경 거울과 렌즈에 대해 기술할 경우, 이때 그는 (다른 과학자들과 마찬가지의) 동일한 길이 개념을 사용하게 된다.

생활 세계적 측정술에서 과학적 측정술로의 고상화라고 하는 것은 다른 것들 중에서도 특히 일상적으로 사용되는 **언어들**이 이제 다양한 측정 실천들에서 그 사용적 타당성을 갖게 되고 또 과학적 개념들로 보편화 내지 일반화되는 곳에서 관찰될 수 있다. 여기서 말하는 "타당성"이란 말은 이 말의 일반적인 언어 용법의 의미에서 뿐 아니라 측정술이라고 하는 **비언어적** 측면과 관계해서도 논의될 수 있는 특성을 두고 의미된다 : 알려진 바와 같이 자체 내에 **측정**이라고 하는 방법을 도입해 사용하고 있는 과학들은 측정 결과의 기초 하에 여러 계산들을 해냄으로써 개기 월식 같은 것을 예측해내거나 혹은 제대로 작동하는 기계 같은 것을 제작해 사용함으로써 인간사에 지대한 공헌을 해왔다. 그런데 이때 측정된 수치는 계산 행위를 완전히 무의미하게 만드는 그런 속성들을 가져서는 안 된다. 예를 들면, 학교의 물리 수업에서 실험을 통해 구성해 낼 수 있기도 한 여러 다양한 측정치들은 그 각각이 서로 일정 방식으로 관계지어질 수 있어야 한다. 이 말은, 수의 계산 규칙에 논리적이고 수학적 속성이 그 근저에 놓여 있는 것처럼, **측정 결과로부터도 논리적 수학적인 속성이 요구된다**는 것을 말한다. 그런데 여기서 누가 무엇으로부터 무엇을 요구한다는 것인가?

이 물음에 대한 답은 이렇다. 측정 도구의 **제작자**나 **사용자**는 측정 도구들에다 일정 속성들을 부여하고 또 유지하게 되는데, 이때 그들은 그러한 측정 도구들을 사용해 측정된 측정 결과들이 위에서 말한 의미에서의 수학적 상호 비교가 가능하게끔 일을 진행한다. 이와는 달리 재단사 같은 사람들은 자신이 사용하는 줄자가 해운에 필요한 계산 목적과 연계해 커다란 의미가 있을 것인지에 대해 전혀 염려하지 않을 뿐 아니라 또한 그럴 필요도 없다. 하지만 길이 측정을 하는 과학자들은 이러한 재단사와 경우가 완전히 다르다. 과학자들의 측정 결과는 계산에 요구되는 논리적·수학적 구조를 보여줄 수 있어야 하기 때문이다. 만약 그들의 측정 결과가 정말로 계산에 요구되는 그러한 논리적 수학적 구조를 보여주게 된다면, 그들은 이때 그것이 원래는 인위적으로 제작된 측정 도구들의 속성적 특성에 기인하는 것임을 잘 알아야 한다.

생활 세계적 측정 실천의 "고상화" 혹은 "세련화" 작업은 이렇게 보편적으로 사용 가능한 개념들이 도입될 수 있음으로써 가능한 일인데, 이 보편 개념들은 다시 측정 도구들에 내재한 논리적 속성을 기저로 해서 구성 가능한 것들이며, 이 논리적 속성은 또 측정 도구의 구성 및 사용 시 적용되는 측정 도구들에 대한 기능 통제 조치들을 통해 비로소 규정되는 성질의 것이다. 그뿐만 아니다. 이 외에도 생활 세계적 측정 실천의 고상화는 과학 자체가 추구하는 측정 목적에 적합한 방식의 측정 방법을 구축함으로써 가능한 일이기도 하다. 이러한 방법은 엄밀한 논의를 통해 고안될 수 있는 성질의 것이어야 한다. 즉, 과학의 목적이 측정 결과를 이용해 보편적 언명들을 얻어내고자 하는 데 있다고 한다면, 이러한 과학의 목적은 인위적으로 제작되고 또 그러한 방식으로 유지되는 측정 도구들의 속성들에 의해 달성될 수 있는 것이다. 생활 세계적 측정 현실에서는 측정 실천의 타당성은 단지 보이기만 할 뿐이다. 그러한 측정 실천의 (명시적으로 기술되지 않은) 작업 규칙들이 이제 명시적으로 설정된 측정 목적을 실현하기 위한 하나의 적절한 그러나 명시적으로 기술 가능한 수단 혹은 방법이 될 때 그때 비로소 생활 세계적 측정 현실은 과학적 고상화의 요청을 만족시킬 수 있게 된다.

측정술에 대한 예는 이 정도 선에서 끝내기로 한다. 우리가 지금 이 자리에서 논하려 하는 것은 다음과 같다 : 생활 세계적 실천이 과학으로 **고상화**되어 간다는 말이 의미하는 바는 무엇인가? 이것이 의미하는 바는, 일반적으로 말해 인간 실천에서 **보편적으로 사용 가능한 개념들**로서의 과학 용어들이 구성되어 나온다는 것, 생활 실천에서는 비록 비명시적이기는 하지만 그래도 그 타당성을 확인받은 인간의 행위 규칙들이 이제 점차 명시적으로 기술 가능한 그리고 **합목적적인** 것으로 판명되는 쪽으로 이행해가는 것을 의미한다. 우리가 주목해야 할 것 중의 하나는, 수공 작업에서 사용되는 언어와 과학에서 사용되는 언어를 구분하는 데에는 그러한 언어들이 가르치거나 배울 수 있는 특성을 가졌다는 것만으로는 불충분하다는 사실이다. 수공 작업에서의 전문 용어들도 명백하게 가르칠 수 있고 배울 수 있다. 하지만 과학에서의 전문 용어들이 갖춰야 하는 특성들은 그 외에도 개념 체계의 **정합성**과 **일관성**이 거론될 수 있는데, 이는 과학의 모든 전문 용어들은 제반의 정의(定義) 관계에서 상호 관련되어 있어야 하고(정합성) 이러한 의미적 관계 체계는 다시 자체 내에 어떠한 논리적 모순도 포함하지 말아야 하기 때문이다(일관성). 그 타당성이 실천적으로 보일 수 있다고 해서 수공적 행위 규칙들이 과학적 수준의 방법들이 될 수 있는 것은 아니다. 수공 작업에서와는 달리 과학적 수준의 방법들에서 요구되는 사항은, 해당 과학이 명시적으로 추구하고 있는 목적을 실현하기 위해 과학적 방법들은 타당하고 충분한 그리고 성공을 기약할 수 있는 그러한 수단들을 만들어낼 수 있어야 한다. 이러한 수단의 합목적성(혹은 목적합리성)은 또한 명시적 논의를 통해 증명될 수 있어야 한다.

과학의 언어는 우리의 일상 생활에서 사용되는 언어와는 달리 "이론들이 갖춰야 하는 성질", 즉 자체 정합적이고 또 논리적으로 무모순인 명제 체계를 생산해낼 수 있는 능력을 갖추고 있어야 한다. 다시 말해, 과학 언어는 이론적 능력(theoriefähig)을 갖추고 있어야 한다. 그리고 과학적 방법은 또 수공 작업이나 다른 생활 세계적 행위 방식들과 달리, "철학적 능력(philosophiefähig)"을 갖추고 있어야 한다. 즉, 각 학문들의 명시적 목적과 연계해 그 수단들이 합목적인지를 확인하는 초언어적 담론, 즉 과학철학적 담론의 도전을 과학 방법들은 잘 견뎌낼 수 있어야 한다.

2. 행위론 기초

위에서 말한 것처럼, 구성주의 과학철학은 과학을 행위로 규정해 재구성하고자 하는 프로그램을 따른다. 그래서 우리는 이제 "행위"에 대한 논의를 필요로 할 뿐 아니라 또 이러한 인간 행위에 대한 논의에 사용될 전문 용어들을 명시적으로 정의해둘 필요가 있다. 일상에서 사용되는 언어 수단들이 이러한 작업을 위해서는 아직 너무 부정확하고 불완전하기 때문이기도 하다. 그렇다고는 하지만 여기서의 이런 작업은 행위론 그 자체, 즉 행위론을 위한 행위론을 논하기 위함도 아니요 또 행위의 모든 측면들을 하나도 빠뜨리지 않고 전부 논의하고자 하는 것도 아니다.

어느 정도 수준의 언어 이해력을 가지고 있는 사람이라면 누구나 "행위(Handeln)"라는 단어가 무엇을 의미하는지 알 것이다. 하지만 그러한 사람들은 또한 우리 일상에서 "행동(Verhalten)"이라는 단어가 널리 일반화되어 사용되면서 이제 "행위"와 "행동"이라는 말들이 습관적으로 동일시되어 사용되고 있다는 것도 알 것이다. 예를 들어보자 : 사람들은 백화점에서 물건을 훔치다 들킨 사람이 어떻게 행동하는지, 복권에 당첨된 사람이나 혹은 억울하게 누명을 뒤집어쓴 사람들이 어떻게 행동하는지를 자문해볼 수 있을 것이다. 이때 대답의 한 형식으로 자주 사용되는 표현 방식 중 하나는 주로 "이러저러한 사건을 당한 어떤 사람은 어떠어떠한 방식으로 반응하더라"는 식의 표현이다.

"행동"과 "반응"이라는 단어들은 또 사람들의 논의 테마가 동물, 식물 그리고 무생물을 대상으로 할 때조차 사용된다. 사람들은 뼈다귀를 빼앗긴 개가, 산성화된 물을 흡수한 어떤 식물이, 고온으로 가열된 철사가 어떻게 반응하는지(혹은 반응을 일으키는지) 혹은 어떻게 행동하는지 물을 수 있을 것이다. 이는, 사람들이 "행동" 혹은 "반응"이라는 개념들을 사용할 때 한편으로는 인간의 행위 그리고 다른 한편으로는 위에서 예시된 것과 같은 사건들 사이에 원래는 있어야만 하는 그 어떠한 구분도 고려하지 않고 있다는 것을 말한다.

하지만 그러한 구분 혹은 개념적 차이는 강조될 필요가 있다. 이 차이는 일상 언어적으로는 다음과 같이 언급되기도 한다. 일상 언어적 표현에서 인간 행위들은 보통 "의식적"이라거나 "의도적"이라고 언급되거나 혹은 그러한 방식으로 설명된다. 이러한 어법은 가열된 철사와 관련해서 혹은 식물과 관련해서는 사용되지 않는다. 이러한 표현들은 그러나 동물들과 관련해서는 사용되고 있다.

예를 들어 "과연 동물들이 의식을 가졌을까?"와 같은 문제를 두고 사람들 사이에는 종종 그 끝이 보이지 않는 논쟁이 벌어지기도 한다. 하지만 사안이 이렇다고 한다면, "행위"라는 단어같이 비로소 하나의 (정확한) 설명이 요구되는 단어는 "의도", "의식" 혹은 그와 비슷한 단어들같이 그 자체가 오히려 더더욱 복잡한 설명을 요하는 단어들을 통해 설명 혹은 정의될 수 없다는 것을 말한다. 즉, 그러한 심리 개념들은 "행위" 개념을 규정하는 데 하등 도움이 되지 못한다.

따라서 우리는 여기서 "행위"와 "행동" 간의 구별을 위해 위에서와는 다른 구분 방식 혹은 기준을 택해야 할 것으로 보인다. 이제 우리가 시선을 돌리고자 하는 곳은 독자들도 이미 실제로 행하고 있고 또 할 수 있는 그러한 류의 인간 능력이나 숙련 측면이다 (이 책을 읽고 있는 독자 여러분들이 만일 이러한 능력이나 숙련을 이미 갖추고 있지 않았더라면, 여러분은 이미 더 이상 이 책의 독자가 될 수 없었을 것이다). 예를 들어, 모든 독자들은 자기가 이 텍스트를 읽고 있다고 하는 것이 무엇을 의미하는지, 자신이 한 통의 편지를 쓸 때 편지를 쓴다는 것이 무엇을 의미하는지, 공을 던진다고 하는 것이, 음식을 준비한다고 하는 것이, 약속을 지킨다고 하는 것 등이 무엇을 의미하는지 이미 이해하고 있을 것이다. 독자는 또 이런 류의 인간 활동들이, 무엇인가에 의해 갑자기 놀라는 것, 비틀거리는 것, 코를 고는 것, 말실수를 하는 것, 숨쉬기, 맥박 운동, 소화 등과 같은 과정들과 구분된다는 것도 잘 알 것이다. 예를 들어, 어떤 사람이 옆에 있던 개를 실수로 밟았는지 아니면 의도적으로 그렇게 했는지 구분하지 못한다면, 그의 일상 생활은 그리 평탄치 않을 것이다. 더욱이, 예를 들어 어떤 화학자가 두 종류의 서로 다른 물질들을 의도적으로 희석했는지 혹은 실수로 섞었는지 이 둘간의 차이를 전혀 구분하지 못한다면, 그 화학자에게 과학 활동이 불가능하다는 것은 가히 뻔한 사실이다.

위에서 발휘된 우리들의 구분 능력은, 무엇이 "행위"(위의 예시 쌍들 중 앞쪽 사례들)이고 무엇이 "행동"(위의 예시 쌍들 중 뒤쪽 사례들)인가를 예시적으로 보여준다. 다시 말해, 위에서 "행위"와 "행동" 같은 술어들은 몇몇 사례들을 통해 그 의미가 **예시적으로 규정**되고 있다. 이렇게 예시적 방법을 통한 단어의 의미 규정은 (일반적인 이해 방식에 따르면) 전형적인 경우에 아주 명백하고 신뢰성이 강하다. 그렇다고 해서 이러한 경계 구분이 항상 명백하다는 것은 아니다. 즉, 그러한 경계 구분이 애매 모호한 경우들도 있기는 하다. 예를 들면, 반복된 실습과 습관화를 통해 나중에는 거의 행동과 같이 되는 그러한 행위들도 있다 — 운전을 처음 배우는 초보 운전자의 행위와 운전이 습관화된 운전자의 행위를 한 번 비교해보라[초보 운전자의 운전 행위와는 달리 숙련된 운전자의 운전 행위는 마치 행동과 같이 보일 것이다 : 역자 주]. 이러한 이유로 해서 "행위"와 "행동" 개념의 규정을 위해서는 위와 같은 예시적 방법 외에 또 다른 **용어론적 언급**이 추가로 요구된다 :

행위는 유의미한 방식으로 **권유** 내지 **권장**될 수 있는 반면, 행동은 그렇지 못하다. 그리고 행위는 **거부될** 수 있는 특징이 있지만 행동은 그렇지 못하다. 또한 행위는 그것을 할 건지 말 건지 (행위자 측에서의) **결정** 가능하지만 행동의 경우는 그렇지 못하다. 누구로 하여금 행동을 하라고, 예를 들어 비틀거리거나 코를 골라고 권고하는 것은 아무 의미가 없다. 만약 이 권고에 따라 무엇인가가 일어난다고 하더라도, 예를 들어 누군가가 비틀거리거나 코고는 것을 연기해보인다고 하더라도, 이는 우리의 일반적 이해에 따르면 연기자가 행하는 행위들로, 그것들은 "실제적" 비틀거림이나 코골이와 커다란 차이가 있다.

이러한 언급들은 이미 행위를 거부하는 것 자체가 다시 행위라는 사실을 보여준다(그래서 사회에 필요한 법을 만드는 입법자는 어떤 일정 상황에서 꼭 필요한 도움을 거부한 혹은 최소한 마땅히 해야 될 일을 하지 않은 사람들을 처벌할 수 있는 것이다).

행위와 행동에 대한 좀더 확대된 그리고 세밀한 구분을 하자면, 우리는 또 다음과 같은 방식의 언급을 할 수 있다 : 행위가 성공할 수 있거나 실패할 수 있는 반면 행동은 그렇지 못하다(독자들은 행위와 행동의 이러한 차이를 앞서 들은 예들에 비추어 스스로 생각해볼 수 있을 것이다).

위와 같은 구분들이 비록 일상적 언어 사용법과 좀 차이가 있다고 하더라도, 아래 논의에서는 이러한 구분들이 (일상 언어 용법에 젖어 있는) 독자들에게 이미 엄격하게 숙지된 것으로 가정될 것이다. 즉, 일상 언어 습관에 젖어 있는 독자들은, 나중에 더 명시적으로 정당화되겠지만, 습관에 밴 자신의 언어 사용법에 대해 어느 정도 언어 비판 작업을 할 필요가 있다. 우선 여기서는 행위에 대한 언어 규정 작업을 더 계속해나가기로 하자!

행위와 행동의 상위 개념으로 이제 "활성(Regung)"이라는 단어가 사용된다. 다시 말해, 이는 행위도 행동도 모두 활성이라는 것을 말한다. 하지만 행위는 행동이 아니며, 역으로 행동 또한 행위가 아니다.

계속된 언어적 구분 작업을 해나가자면, 이제 우리는 활성을 또한 "사건(Geschehnisse)"이라 부를 수도 있다. 그런데 여기서의 "사건" 개념은 (한편으로는) 활성(Regung) 그리고 (다른 한편으로는) "운동(Bewegung)" 개념을 모두 아우르는 개념이다. 그래서 "사건" 개념은 "활성"과 "운동"(혹은 "움직임") 개념의 상위 개념이라 할 수 있다. 이는 다시 "운동" 개념이 "사건" 개념의 하위 개념이긴 하지만 "활성" 개념과는 구분된다는 것을 말한다. "운동"(혹은 "움직임")에 대한 예로는 구름의 이동, 굴러 떨어지는 돌, 식물, 동물들의 행동적 움직임 등이 거론될 수 있다. 그리고 사람이 하늘에서 낙하산을 타고 내려오는 것도 이와 같은 개념 체계에 의하면 일종의 운동(움직임)이지 행위 혹은 활성 그 어느 것도 아니다.

"행위" 개념에 "행동" 개념만이 대비되는 것이 아니다. 그 개념에는 "반위사(反爲事. widerfahren, Widerfahrnis)"라는 개념도 대비된다. 반위사는 사람에게 [당사자 측에서의 그에 대한 예비 혹은 대비가 있던 없던 : 역자 주] 그냥 단순히 불가항력적으로 일어나거나 벌어지는 사건을 말한다. 길을 가다 우연히 벼락 혹은 기왓장에 맞는 사람, 인플루엔자에 감염되어 병에 걸리는 사람 혹은 복권에 당첨되는 사람들에게는 어떤 일정 사건들이 [당사자의 의도 혹은 비의도와는 별개로 : 역자 주] 벌어진다. 이렇게 "반위사"란 한편으로는 (위에서 말한 의미에서의) 사건이지만 다른 한편으로 그것은 어떤 경우에라도 (인간 자신의 독자적) 행위로 일어나는 사건이 아니다 ─ 이는 마치 누군가가 옆에 있는 어떤 다른 사람에게 갑자기 한 방 얻어맞는 것과 같은 종류의 사건이라 할 수 있다[잠시 여기서 "반위사" 개념의 번역 문제와 관련해 역자 입장에서 덧붙일 말이 있다. 위에서의 설명으로 볼 때, 혹자는 반위사가 자연적으로 일어나는 사건들을 의미하는 것 아닌가 하고 반문을 할 수도 있다. 물론 가능한 질문이다. 그리고 사실 그 개념은 그러한 의미를 갖기도 한다. 그럼에도 불구하고 여기서의 독일어 단어 "widerfahren"을 "자연적으로 일어나는 것" 혹은 "자연사"라는 개념을 통해서가 아니라 굳이 "반위사"라는 좀 억지 섞인 조어(造語)를 통해 번역하는 것은, 위의 독일어 단어 "widerfahren" 혹은 "Widerfahrnis"가 인간과는 독립해 객관적으로 혹은 이해 관계 중립적으로 일어나는 자연 사건들을 지칭한다기보다는 오히려 인간과 관련해 그러나 인간들로서는 어쩔 도리 없이 그냥 단순히 불가항력적으로 일어나는 사건들이면서도 그래서 또한 경우에 따라서는 인간들에게 관심의 초점이 될 수 있는 그러한 사건 과정 혹은 사건들을 지칭하기 때문이다. 즉 "widerfahren" 혹은 "Widerfahrnis"라는 개념에는 어떤 사건이 일정 당사자들에게 일어나면서도 그것이 인간으로서는 손 쓸 새 없이 혹은 손 쓸 새가 있더라도 어차피 불가항력적 일어나는 사건이라는 의미가 들어 있다. 이러한 의미를 부각시키기 위해서는 "자연 사건"이라는 표현보다는 "반위사"라는 표현이 역자에게 더 적절해보인다. 하지만 "반위사"라는 표현이 위와 같은 사태 관계를 나타내기 위한 최적의 표현법인지는 역자 본인으로서도 아직 확신이 서지 않는다. 이는 하나의 제안에 불과하다. 가능하면 앞으로 그에 대한 더 나은 표현이 나올 수 있길 기대한다 : 역자 주].

앞서 논한 **행동**도 실은 일정한 의미에서 일종의 반위사라는 사실이 예시적으로 설명될 수 있다. 누군가가 갑자기 놀라고 비틀거리고 말실수하는 것, 사람 몸에서 일어나는 신진 대사 등은 모두 그러한 것들에 대한 해당 당사자 자신의 적극적 개입이 없이 그냥 단순히 일어난다. 그리고 행위를 통해 우리는 **행동**뿐 아니라 행동과는 또 다른 류의 반위사들을 일어나게 할 수도 있고 일어나지 **않게** 할 수도 있다 : 복권을 한 번도 사지 않은 사람은 당첨될 수 없는 것이고, 주의를 기울여 행위하는 사람은 넘어지지 않을 수도 있으니 말이다[여기서 복권을 사는 것과 주의를 기울여 행위하는 것은 행위이고 복권에 당첨되는 것 혹은 넘어지는 것은 반위사에 해당한다 : 역자 주].

　행위에 대한 논의로 다시 돌아가보자! 앞서 행위는 성공할 수 있거나 실패할 수 있다고 했지만, 이러한 규정은 아직 행위에 대한 정확한 규정은 아니다. 알다시피 이와 연관해 다양한 세분화가 가능한데, 이러한 구분들은 우선 여기서 암시만 하기로 하고, 그에 대한 자세한 설명은 그것들이 과학철학적 물음들에 직접 적용이 될 때, 즉 과학철학적 논의가 그러한 구분들을 필요로 하고 또 과학철학적 논의를 위해서는 그러한 구분이 합목적적인 것으로 보일 때 그때 하기로 한다. 어떤 행위는, 예를 들면 행위자가 그 행위를 충분히 **통제하고 있지 못하기 때문에** — 예를 들어 피아노를 배우는 한 학생이 모차르트의 야상소곡을 청중 앞에서 연주해야 하는 경우 — 그것을 제대로 연주해내지 못해 **실패**를 경험할 수도 있다 ; 다른 경우, 수영을 하고 싶어도 물이 없어 할 수 없을 경우, 계란 과자를 구우려 해도 계란이 상했을 경우, 나무를 가지고 뭘 만들려 해도 연장이 없거나 나무 자체가 없을 경우, 누군가와 함께 달리기 시합을 하려고 해도 함께 뛸 상대가 없는 경우 등과 같이 **주변 상황이 제대로 따라주지 못하기 때문에** 행위는 실패할 수 있다. 행위는 또 행위자가 자신의 입장에서는 "모든 것을 잘" 수행했음에도 불구하고 실패할 수 있다 ; 어떤 행위자가, 예를 들어 자신의 모든 원예 기술을 총동원해 과일 나무를 심고나서 물을 잘 주었다고 하더라도 두더지가 그 나무 뿌리를 모두 갉아먹어 나무가 죽었을 경우, 혹은 겨울에 자동차 유리를 얼지 않게 하기 위해 덮개를 덮어두었어도 누군가가 그 덮개를 몰래 걷어갔을 경우에 행위는 실패할 수 있다.

　이러한 예제들을 통해 여러 사실들이 밝혀진다 : 첫째, **행위도**, 그것의 성공 내지 실패가 행위자에게 하나의 어쩔 수 없는 사건으로 다가오는 한, **반위사적 성격**을 갖는다. 일반적으로 이를 두고 우리는 "**경험**"을 한다고 말한다. 이러한 의미에서 볼 때, "경험"이라고 하는 것은 행위를 매개로 해서 일어나는 반위사적 성격의 사건이라 할 수 있다. 일상적 표현으로도 우리는, 인간이 경험을 수동적으로가 아니라 능동적으로 한다는 의미에서, 경험이 (인간에 의해) **만들어진다**고 말하기도 한다. 그러나 이쯤에서 독자 중 어느 누군가는 혹시 다음과 같은 반문을 할 수도 있을 것이다 : 예를 들어, 어떤 사람이 천둥 번개가 치는 들판으로 나가 번개에 맞았다 치자. 물론 그 사람은 경솔한 행위를 했음에 틀림없다. 이는 인정할 수 있다. 하지만 일종의 반위사인 이 사건, 즉 번개를 맞은 사건을 해석할 때, 우리는 이 사건을 산책 행위의 실패로 볼 것이 아니라 단지 하나의 "우발" 사건으로 보아야 하는 것 아닌가?[그리고 그렇다고 한다면, 경험은 능동적이 아닌 수동적으로 일어나는 것이고 그리고 경험의 내용은 객관 세계에 대한 내용을 담고 있는 것 아닌가? : 역자 주] 이러한 반론성 반문에 대해서는 다음과 같은 재응수가 가능하다 : 어떤 반위사가 있는데, 그 반위사가 행위의 성공이나 실패와 연관해 논해질 수 없는 성질의 것이어서 그래서 또한 행위와 전혀 관련이 없는 경우라고 한다면, 우리는 이러한 류의 반위사를 더 이상 "경험"이라고 부를 수 없다는 사실이다. 그래서 이하에서 **"경험을 한다"**는 것에 대해 논해지더라도 그때의 "경험"은 항상 성공적 혹은 실패한 행위와의 관계에서 논해질 것이다(반위사의 일종이라 볼 수도 있는 수동적 감각 경험에 대해서는 나중에 논하기로 한다).

둘째로, 이 예들이 보여주는 것은, 행위의 성공 혹은 실패라는 반위사들은 (아래에서 설명되는 바와 같이) 아주 다양한 본성을 갖는다는 사실이다(그리고 다양한 형태를 갖는 이러한 행위의 성공 및 실패 문제는 과학에서도 그 나름의 역할을 한다). 피아노 야상소곡 연주 시 실수를 범한 학생은 이를 통해 연주 시 제대로 수행되어야 하는 (연주) 행위 도식은 예를 들어 연습 부족으로, 피곤해서 혹은 그 외의 다른 이유나 주변 환경 때문에 제대로 통제되지 못할 수도 있다는 경험을 하게 된다. 또 다른 경우, 행위자가 행위 도식을 제대로 습득했다고 해도 (앞서 언급된 것처럼) 물이 없어 수영을 할 수 없다거나, 케이크를 만들려 해도 가진 것이 상한 계란뿐이어서 그것을 수행할 없다거나, 목수가 뭘 만들려고 하더라도 연장이나 재료가 없어 할 수 없는 경우 등과 같이 주변 상황이 제대로 따라주지 않아 행위 실천이 일어날 수 없고 그래서 또한 행위가 실패하기도 한다. 이러한 경우들은 문제의 해당 행위들 자체가 수행조차 되지 못하는 경우들이다. 행위 실패의 또 다른 경우는, 행위자가 행위를 수행했음에도 그리고 그것도 아무 문제없이 아주 잘 수행했음에도 불구하고, 그 행위 이후에 다른 어떤 한 사건이 발생해 그 행위의 결과가 원래의 취지와는 전혀 다른 형식을 취하는 경우다 ; 이러한 경우들에서 (자동차 덮개를 누가 몰래 걷어가는 경우나 심어 놓은 나무 뿌리를 어느 날 두더지가 갉아먹을 경우에서와 같이) 행위는 그 자체로는 성공적으로 수행되었다고 할 수 있다. 하지만 행위의 성공 혹은 실패는 그 행위 뒤에 이어지는 사건들에 의해 영향을 받아 결정되게 된다. 독자들은 행위 실패의 이러한 예들을 과학에서의 행위 실패와 비교해볼 수 있을 것이다. 예를 들어, 아주 복잡한 산술 계산 혹은 수학적 증명이 실패하는 경우, 고고학적 발굴 작업에서 원래의 가정된 제단을 발견되지 못하는 경우 혹은 태양계에서 일어나는 천체 현상의 관찰을 통해 위성을 찾아내고자 하는 작업이 실패할 경우 그리고 화학 실험이 실패하는 경우 등은 위에서 논한 행위 실패의 다양한 경우들에 비추어 해석될 수 있다. 이를 독자 여러분들은 스스로 행할 수 있을 것이다(바로 위에서 든 경우들과 그리고 또 다른 예들이 이 책의 제Ⅱ부에서 좀더 자세히 다루어질 것이다 ; 여기서는 그때의 논의에 중요한 역할을 하는 몇몇 구분들만 준비하는 데 논의의 초점이 맞춰져 있다).

그런데 위 논의에서는 원래 이 단원의 논의에서 사용되어야 할 화법보다 이미 더 나간 언어 용법들이 사용되었다 : 예를 들어, 앞서의 행위에 대한 논의에서는 "행위 도식(Handlungsschemata)"이라는 표현이 사용되었다. "행위" 개념은 일정 시기에 일정 개인 혹은 여러 사람들에 의해 **실제로 수행된 행위**를 지칭하는 데 적용되는 개념이다. 하지만 "행위 도식"이란 "수행(aktualisieren)"될 수 있는 그리고 그것도 반복적으로 수행될 수 있는 일정 행위 유형을 말한다. 예를 들어 지금까지의 논의에서 사용되었던 "읽다", "인사하다", (음식을) "준비하다" 등과 같은 행위 단어들이 그에 해당되는 각 행위 도식들을 지칭한다. 아래에서는 단지 오해의 소지가 없는 경우에만 "행위 도식"이라는 말 대신에 그것의 축약 형태인 "행위"라는 단어가 사용될 것이다 :

행위가 **목적 지향적**이라는 말은 우리의 일상적 언어 사용법과 선(先)이해에 합치되는 표현법이다. 우리가 글을 읽고, 인사하고, 음식을 준비하고, 성냥을 켜더라도 우리는 거의 항상 "무엇을 위해 혹은 무엇을 하기 위해", 즉 행위에 뒤이어 따라오는 사건들이 종종 현실적으로 실현 가능하고 또 그 현실화가 우리의 소망 사태이기에 우리는 그런 행위들을 하게 된다. 텍스트를 읽더라도 우리는 그 텍스트에 무엇이 씌어 있는지 알고자 하고, 인사를 하고자 하는 사람에게는 무엇인가를 전하고자 하고, 음식을 준비하더라도 그것을 먹기 위해 하고, 성냥을 켜더라도 그것으로 초에 불을 붙이고자 그러한 행위들을 한다. 행위들은 이렇게 격리된 개별 사건들로서가 아니라 항상 목적과 연계되어 소위 **행위 연쇄** 형식으로 일어난다. 그런데 행위의 "목적"은 무엇을 말하는 것인가? 아래에서 우리는 "**목적**"이란 말을 사용할 때, 그것을 어떤 사태(Sachverhalt)를 두고 사용할 터인데, 이때 사태란 행위자 자신이 소망하거나 성취하고자 하는, 그래서 행위자가 바로 그것을 위해 행위를 수행하고자 하는 그러한 것을 의미한다. 왜냐 하면, 행위자는 일정한 소망된 사태를 바로 그 행위를 함으로써 현실화시킬 수 있다고 확신하기 때문이다. 그리고 "사태"는 **명제** 형식으로 기술된다. 즉, 사태란 인간과 독립해 추상적으로 자기 운동하는 정신적이고 비밀스런 대상들이 아니고 — 언어적 의미 확정에 의해 — 항시 언어로 표현될 수 있어야만 하는 그러한 것이다. 다른 종류의 사태, 예를 들어 언어로 표현되지 않고도 존재할 수 있는 사태들은 없다. (여기서 혼동해서는 안 될 사항 하나가 있다. 일상 언어에는 명제 형태로 기술된 사태를 지칭하기 위해 명사형 표현들이 사용되고 있다. 예를 들어, 방금 내가 켠 성냥불이 지금 타고 있는 사태를 명사형 단어 "불타기(Brennen)"를 사용해 표현하는 경우가 그에 해당된다. 실제의 개별 행위 각각은 위와 같은 형식으로 표현되는 (단 하나의) 사태를 목적으로 한다(그리고 이 목적은 적당한 경우 도달되기도 한다). 그리고 그때 일정 사태를 기술함과 동시에 행위 목적을 표현하는 표현, 예를 들어 "(지금) 성냥이 불에 타고있는 사태"는—내용 변화 없이 단지 축약적 서술을 위해—"성냥의 불타기(Das Brennen dieses Streichholzes)" 같은 명사적 형식으로 재기술될 수 있다. 따라서 우리는 빵 굽기의 목적이 (사태어 아닌 사물어를 사용해) 케이크라고 말해서는 안 된다—오히려 사태를 나타내는 표현들은 단지 케이크 갖기, 케이크 먹기, 케이크 선물하기 등이고 그래서 그러한 사태들이 경우에 따라 행위의 (가능한) 목적이 될 수 있음을 우리는 알아야 한다.)

이젠 위에서 예시적으로 도입된 행위의 성공과 실패에 대한 언어 사용법을 좀더 상세히 다루어보자 : 행위는 그것이 **목적을 달성하지 못한** 경우 실패했다고 하고, **목적을 달성했을** 경우는 성공했다고 한다. 이러한 언어 용법은 일상 언어의 사용법과도 아무 모순 없이 잘 어울린다. 하지만 앞에서 언급되었던 피아노 연주 예는 이러한 언어 용법과 그리 썩 잘 어울리지 않을 듯이 보이기도 한다 : 피아노 연주의 목적이 올바른 피아노 연주(richtiges Klavierspiel)라고 말하는 것은 왠지 낯설어보일 성싶다. 그래서 우리는 행위의 실패에 대해 논하더라도, 결과되는 행위가 의도된 행위가 아니라는 의미에서의 행위 실패와, 실행된 행위가 원래의 수행 목적에서 빗나갔다는 의미에서 이해되는 바의 행위 실패를 서로 구분할 필요가 있다.

행위들 각각이 고립된 형태로가 아니라 항상 연쇄 고리 형태로 나타나고 실행된다는 아주 단순한 사실은, 행위의 각 목적들 또한 서로 연결되어 있고 또한 상호 의존적이라는 사실을 말해준다. 성냥에 불을 붙이더라도 사람들은 그 일을 보통 성냥이 단지 타도록 하기 위해서가 아니라 그 단계에서 더 나아가 초에 불을 붙이거나 아니면 불을 만들어내기 위해 수행한다. 이는 우리가 행위 연쇄에 대해 물을 때 우리는 그 **행위 연쇄 전체**가 어떤 **목적**을 추구하는 것인지 물어야 한다는 것을 말한다 — 그리고 이때 여러 경우들이 구분될 필요가 있다. 대다수 행위들은 단지 그 다음의 행위가 수행될 수 있게 하기 위해 수행된다 — 이에 대한 예로는, 병마개를 따고, 내용물을 컵에 붓고 그리고나서 그 내용물을 마시는 경우가 해당된다. 그 외 다른 경우의 행위들은 뒤이어 이어지는 그리고 그 자체로는 행위는 아닌 그러한 사건들이 일어날 수 있게 하기 위해 수행된다. 예를 들면, 나무를 심고 규칙적으로 물을 주면, 나무는 자라 꽃을 피우고 또 열매를 맺게 된다. 또 다른 경우의 행위들은 주어진 일정 사태를 유지하기 위해 (낮아진 실내 온도를 끌어올리기 위해 보일러를 가동시키는 경우에서처럼) 혹은 일정 사태가 일어나는 것을 피하기 위해 (비에 젖지 않기 위해 우산을 펼치는 경우에서처럼) 수행된다. 그리고 행위가 지향하는 목적이 행위자의 소망 대상인 경우들도 있다 ; 이 소망 대상들은 이하 "목표(Ziel)"라 불린다. 예를 들어, 어떤 이가 벽난로에 불을 지피는 일을 수행했다고 한다면, 그 행위의 목적은 난로에 불이 타는 사태이지만, 그 행위(자)의 목표는, 예를 들어 타는 불이 자아내는 아늑한 기분과 같은 것이 된다.

마지막으로, 앞서 행위 실패의 조건이 언급될 때 사용되었던 "주변 조건들"이란 말에 대해 좀더 상세한 언급을 해야겠다 : 목수에게 목공일에 사용할 나무나 혹은 연장이 없다고 한다면, 이는 그에게는 일 수행에 쓰일 혹은 쓰이는 "물건(Güter)"들이 부재한 경우다. 물건이란 사람들이 행위를 수행하는 데 없어서는 안 될 대상(들)을 말한다.

끝으로 우리는 행위의 몇몇 다양한 타입들 및 이와 관련된 **수단-목적-관계**(Mittel-Zweck-Verhältnisse)의 몇몇 **타입들**을 논할 필요가 있다.

앞에서 행위의 실패 가능성 가운데 하나로 함께 뛰어줄 사람이 없는 경우에서의 달리기 경주가 언급되었다. 이렇게 행위가 "사회적(gemeinschaftlich)" 성격을 갖고 있어 그 행위의 수행을 위해서는 타인을 필요로 하고, 만약 이 조건이 충족되지 않을 시에는 수행될 수 없는 그러한 행위들이 있다. 그래서 우리는 "개인적(personale)" 행위와 "사회적(gemeinschaftliche)" 행위를 구분할 수 있다.

과학철학적으로 매우 의미가 있는 또 다른 하나의 구분 양식은 아리스토텔레스로 거슬러 올라간다 : 예를 들어 목공일, 조리일 같이 "(뭔가를) 만들어내는(poietisches)" 행위(그리스어로 poiesis는 독일어의 Herstellung의 의미를 갖는데, 이 단어는 무엇을 "만들어내다"의 의미를 갖는다)와 더 이상 이러한 의미의 만드는 행위가 아닌 다른 모든 "실천적(praktische)" 행위들을 구분할 필요가 있다. 누군가에게 인사하기, 시 쓰기 혹은 여러 대안들 중에서 하나를 선택하는 행위들은 말하기, 생각하기, 관찰 등과 연계되는 행위들과 마찬가지로 실천적 행위의 예들이다 ─ 지각, 발견, 인식 등과 같은 소위 "인지적" 성취들도 실천적 행위인지의 문제는 후에 이 책의 다른 곳에서 다루어질 것이다.

일상 생활에서 우리는 **만들어내기적** 측면뿐만 아니라 **실천적** 특성 내지 그러한 **측면을** 갖는 행위들을 쉽게 관찰할 수 있다. 하지만 위와 같은 두 가지 행위 양식의 개념적 구분이 확실하다고 하더라도 이 **두 측면들 모두가** 한 행위에서 동시에 발견되는 경우들도 있다. 예를 들어, 어떤 이가 묘비에 글자를 새겨넣는 경우나 혹은 한 통의 편지를 쓰는 경우를 보자 : 이 경우, 행위자는 한편으로는 일정 수준의 기술을 요하는 수공일을 통해 묘비문 혹은 뭔가가 씌어진 종이 같은 결과물들을 만들어낸다 ; 그런데 이때의 행위자는, 다른 한편으로 그러한 행위를 통해 다른 사람에게 뭔가를 전달하고자 한다 ─ 이런 시각에서 보게 되면, 그런 행위들은 어떤 생산물들을 만들어내는 일을 하는 행위들이 아니다. 이는 음(音)을 만들어내는 피아노 연주 행위도 이와 유사하게 이해될 수 있다. 피아노 연주 행위는 그것이 비록 일련의 음들을 그 결과물로 만들어내기는 하지만, 묘비문이나 편지글을 그 결과물로 만들어내는 생산지향 행위들과는 다르게, 일종의 실천적 행위로 이해될 수 있다. 그리고 이 후자의 행위들도 다른 시각에서 보면, 역시 피아노 연주 행위 같은 실천적 행위들로 해석될 수 있다.

그런데 지금까지의 이런 구분 기준들이 소위 "**여가 행위들**"에 적용될 경우, 없잖아 설명적 어려움이 생길 수 있을 것 같기도 하다. 예를 들어 혼자 기분 좋게 산책을 하면서 휘파람을 부는 한 사람이 있다고 하자. 이때의 휘파람을 부는 행위는 권해질 수도, 성공할 수도, 실패할 수도 있다. 이런 의미에서 보면 여가 행위는 물론 일종의 행위다. 하지만 여가 행위가 추구하는 목적과 목표에 대해 논하기란 그리 쉽지가 않은 일이다. (합목적적 행위 연속의 한 부분으로 이해되는 행위들에 비해 이런 여가 행위들은 상대적으로 무시될 수 있을 것이다. 그렇게 되면 과학에서 과학자는 목적-중립적으로 단지 그것이 즐거움을 가져다준다는 이유로 연구를 한다든지 그래서 연구 결과들은 단지 이차적, 우연적 그러나 경우에 따라서는 어디에 필요할 수도 있는 부가적 생산물이라는 식의 논쟁은 일어나지 않을 것이다. 이에 대한 논의는 추후에 있을 것이다.)

여가 행위가 추구하는 목적 내지 목표는 제대로 진술되기 어렵다. 하지만 과학에는 그러한 여가 행위와는 다른 타입의 행위들이 동원된다. 우리는 이 행위 타입들을 다시 명확히 구분할 필요가 있다 : 어떤 사람이, 예를 들어 컴퍼스와 자로 정육각형을 작도하는 경우를 한번 상정해보자. 그는 우선 컴퍼스로 먼저 원을 그리고나서 그 원 반지름 넓이를 그대로 유지해 그려진 원의 선 위에다 대고 몇 번에 거쳐 표식을 하고난 후 여섯 꼭지점을 만든다. 이어서 그는 이 점들을 자로 잇는다. 그렇게 되면 그는 그 작업의 논리적 이유로 해서 결국에는 하나의 정육각형 도형을 만들어낼 수 있게 된다. 이를 통해 우리는 만들기 혹은 제작 행위의 결과에 대한 기술은 제작 과정을 기술하게 되면 논리적으로 혹은 자동적으로 얻어진다는 사실을 알 수 있다. 수단으로서의 제작 행위와 그 제작 행위 목적 간에 성립하는 이러한 류의 논리적 연관 관계는, 예를 들어 누군가가 식용 소금을 사는 경우, 특히 소량의 염화칼륨이 포함된 염화나트륨을 사는 경우에 — 왜냐 하면 식용 소금은 소량의 염화칼륨이 들어 있는 염화나트륨이기에 — 훨씬 더 간단하게 수행될 수 있는 것으로 보인다. 이유인즉 소금을 사게 되면 그 소금을 사는 사람은 자동적으로 소금 속에 함유된 염화칼륨과 염화나트륨을 함께 사는 것이기 때문이다. 이러한 방식의 목적 성취 혹은 목표 달성은, 자기가 원래 원하는 최종 목적 혹은 목표를 행위들 및 그에 뒤이어 출현하는 사건들을 매개로 해서 성취하는 경우들과 구분된다. 이런 방식의 목표 달성 혹은 목적 성취를 위해서는 행위자는 한 행위에 뒤따르는 또 다른 행위가 어떠해야 하는가 알아야 하거나 혹은 (나무의 성장과 같이) 수행된 행위에 뒤이어 일어나는 (그러나 그 자체로는 더 이상 행위가 아닌) 사건들이 실제로 어떤 형태를 갖는지 경험적으로 알고 있어야 한다[구성주의 철학의 다른 문헌들에서는, 철학 전통에서의 "분석 명제"와 "종합 명제" 간의 구분과 유사하게, 저 위에서와 같은 타입의 행위들은 "분석적 행위"라 일컬어지고 여기서의 행위들은 흔히 "종합적 행위"라 일컬어진다. 이는 전자의 경우, 예를 들어 피리를 불면 다른 조건에 이상이 없는 한 소리가 나는 것과 같이, 그 행위의 목적이 행위 수행 이후 곧바로 그리고 동시에 성취될 수 있기 때문이요, 후자의 경우에는 그 목적 성취를 위해 수행된 행위 외에도 또 다른 사실적 관계들이 추가로 요구되기 때문이다. 위에서 행위 실패의 여러 가능한 경우들을 논하면서 제시한 예들이 이러한 행위 유형에 대한 예시들이다 : 역자 주].

이로써 과학자들의 행위 혹은 과학 활동에 대해 언급할 때 우리가 필요로 하는 용어들은 모두 소개되었다.

3. 과학성의 근본 특징들

고고학, 입자물리학, 사회학, 기상학, 문학, 기하학 등과 같은 학문 영역들을 뭉뚱그려 우리는 "과학(들)"이라고 칭한다. 이는 과학자를 포함해 다른 모든 사람들도 잘 아는 상식이다. 이러한 상식은 또 우리가 모든 다양한 학문 분과들에다 과학 혹은 "과학적"이라는 하나의 일반 특성을 인정해서 부여하고 있다는 것을 암시해준다. 앞서의 단원 "테마로 들어가기"에서 우리는 **"과학성"**이란 지식의 한 특정 형식을 일컫는 말이라고 했다. 이젠 지식의 이러한 특정 형식이 무엇을 의미하는 것인지, 과학은 인간에 의해 산출된다는 시각에서, 위에서 준비한 행위론적 어휘들을 사용해 좀더 명확히 규명하기로 한다.

(과학성에 대한) 규정들은 여러 방식으로 가능하겠지만, 과학성을 규정하는 여러 후보들 중 몇몇 오해의 소지가 있는 후보들을 미리 제거하는 작업부터 해보기로 한다 : 과학성의 뛰어난 한 가지 특징으로 지식의 **안정성** 혹은 지식의 **신뢰성**이 속하지 않을까 하고 우리는 한번 생각해볼 수 있을 것이다. 하지만 보통의 조건 하에서도 안정적이고 신뢰성이 있긴 하지만 그러나 과학적 수준의 지식이라고는 할 수 없는 그러한 지식들이 수두룩하게 있다. 예를 들어 자신의 이름이 무엇인지, 언제 어디서 태어났는지 등에 대한 지식이 이에 속한다. 그리고 지식의 삶을 위한 **유용성** 내지 **소용성** 특성도 또한 과학을 규정짓는 특별한 특징이 되지는 못하는 것으로 보인다. 예를 들어, 개인적 재능, 친지나 친구에 대한 상식, 자신의 집에 대한 지식 등을 생각해보면, 이 사실을 쉽게 알 수 있을

것이다. 그러면 과학성은 **경험을 통해 확인되는** 그러한 성격이라는 견해는 또 어떤가? 이 또한 과학성의 규정으로는 적당치 못하다. 만약, 과학성에 대한 기준이 그런 방식으로 설정될 수 있는 것이라면, 경험과학은 아니지만 그럼에도 불구하고 그 누구도 "과학"이 아니라고 감히 말할 수는 없는 수학이 과학 영역에서 제외되어야 하는 문제가 발생하기 때문이다. 여러 사람들이 공유하고 있는 지식이라는 의미에서의 지식의 **일반성** 특성조차 과학성 규정을 위한 기준이 되지 못한다. 왜냐 하면, 예를 들어 한 축구단의 많은 팬들이 지난 경기의 결과를 모두 알고 있을 경우 이 지식은 (위에서 말한 의미에서의) 일반성을 가지고 있긴 하지만 그렇다고 해서 그것이 과학적 지식이라고 말할 순 없기 때문이다. 과학성의 정의를 위해 또 **다수성**(Mehrheitsverhältnisse)을 끌어들이는 것도 합당치 못하다. 그 이유는 제반 지식, 즉 굳이 "과학적"이라는 형용사를 따로 붙이지 않아도 될 제반 지식들에 대해 우리가 보통 가지고 있는 생각은, 지식 그것들은 그것들이 세계의 그 무엇인가와 관계를 맺고 있는 곳 혹은 참과 거짓, 옳음과 그릇됨 혹은 참 지식과 착각 간의 구분이 가능한 곳 그 어디에나 존재하고 있기 때문이기도 하며 또한 사적 경험으로 판단해보거나 세계사적 사실을 보면 이때 다수가 잘못되었던 경우가 있었으며 또한 다수에 대해 소수가 옳은 경우도 빈번히 있어왔기 때문이다. 각 과학들에서조차 자신들의 학문 역사를 기술할 시 개인으로서의 천재들이 다른 다수의 학파나 사상들에 대해 결국 승리하고 있다고 기술하고 있는 실정 아닌가?

그러면 학문이 여러 다양한 분야로 분기되었음에도 불구하고 어떻게 — 물론 가장 적절한 정의가 이루어질 경우이긴 하지만 — 그 모든 학문 분야들의 공통 특성인 과학성이라고 하는 것이 규정될 수는 있는 것일까? 아니면, 많은 회의론자들이 도발적으로 주장하는 것처럼, 과학성을 주장하는 것은 단순히 사기인가 아니면 현대적 신화인가? 그것도 아니면 그것은 자신의 지적 영향력을 행사하고자 하는 지식인의 거만인가?

이러한 질문들에 대한 답을 역사상 기존하는 과학들의 특성을 순전히 있는 그대로 기술해줌으로써 찾아내려고 하는 사람들이 종종 있다. 그러나 이러한 방식의 답은 과학성 규정에 대해 정답을 주지 못한다. 왜냐 하면, 역사상 기존하는 실제 과학들은 실수를 할 수도 있고, 도덕적 그리고 지적으로 쉽게 오염될 수 있는 사람들에 의해 운영될 수 있는 성질의 것이어서, 그러한 과학들에서는 서로의 공통점이 전혀 없이 단지 아주 다양한 실천, 욕구, 목적, 목표, 방법 그리고 입장들만 발견될 수도 있기 때문이다. 과학성의 기준에 대한 문제 자체는 오히려 과학을 반성적으로 재구성하는 과학철학적 작업에서 답해질 수 있는 성질의 것이라고 해야 한다. 이렇게 보면, 과학성 규정은 (그러한 과학철학적 작업을 하는 이들의) 연구 목적과 목표에 상대적으로 결정될 수 있는 성질의 것이다. 다시 말해, 과학성의 기준이 어디에 있는지의 문제는 — 사람들이 전통적으로 그렇게 표현하고 있는 것과는 달리 — 존재적 성격의 문제도 아니요 또한 규범적 성격의 문제도 아니다 : 과학성이라는 특징을 갖기 위해 과학은 어떻게 운영되어야 하는 것인가? 과학성이 어떻게 정의되어야 과학자들이나 과학 철학자들 모두에게 과학의 목표가 제대로 설정되고 정당화되고 또한 실제로 도달될 수 있는 성질의 것으로 보일 수 있는 것일까? 이러한 형태로 제기된 과학성 규정 과제를 염두에 두면서 이하에서는 과학성의 근본 특성들에 대한 논의가 펼쳐질 것이다. 이러한 특성들을 과학들이 추구해야 할 목표나 부분 목표로 인정을 할 것인지 아니면 말 것인지는 물론 독자들 스스로가 판단할 일이다.

　과학을 생활 세계적 실천의 고상화로 파악하고 있는 구성주의 과학철학의 프로그램을 다시 기억하면서, 우리는 과학 활동의 결과로 생산된 지식은 인간 행위에 영향을 미친다는 사실, 즉 과학적으로 교육받은 사람은 그런 지식을 갖지 않은 사람과는 다른 방식으로 행위할 수 있다는 사실로부터 우리의 논의를 출발시켜보자. 지식이 인간 행위에 영향을 미친다는 것 그리고 배운 사람과 그렇지 못한 사람 간에는 행위에서 그 차이가 난다는 것은 다양한 기예(技藝)가 발휘되는 곳, 수공 기술적 작업이 이루어지는 곳 그리고 피아노 연주, 의료적 수술 작업, 건축 작업, 대장장이 기술 등이 발휘되는 곳에서도 경우는 역시 마찬가지다. 과학은, 여전히 일상적 이해 수준에 맞춰 말하자면, 위에 언급한 실천 영역들에서의 각 지식들이 언어 형태로 표현되고 그리고 그것들이 지식의 보고(寶庫)로 확인될 수 있을 때 과학이라고 할 수 있다. 그래서 과학성의 일차적 조건으로 우리는, 과학은 언어라는 매체를 통해 일어나고 과학은 자신의 연구 결과를 진술하는 데 언어를 필요로 한다고 말해두자. 과학성의 두 번째 조건으로, 과학은 이러한 과학적 결과들의 언어적 진술들이 유효한지 그렇지 못한지, 올바른지 그른지 혹은 과학의 결과물인지 아니면 그러한 결과물이 아닌지를 구분하기 위해 일정 기준들을 요구한다고 말하자. 그렇지 않고 과학이, 대충 말해, 말할 수 없는 것 그리고 그것도 유효한 방식으로 말할 수 없는 것을 다룬다고 한다면, 그것은 과학이 더 이상 아닐 것이다.

이로서 "지식"은 단순히 뭔가를 "할 수 있음(Können)"(이것이 의미하는 바는 행위할 수 있음이지 예를 들어 배겨낼 수 있음(혹은 참아낼 수 있음)과 같은 것을 의미하지 않는다)과는 달리 언어적으로 조직된다는 사실에 그 특징이 있다. "과학적 지식"은 이러한 언어적 기술을 위해 **추가로** 일반적 타당성, 체계성, 폭넓은 이해가능성, 주어진 기준들을 만족시키는 특성 등을 갖추어야 하며 혹은 그 외에도 과학에 대한 논의 및 논쟁에서 기꺼이 중요하다고 주장되는 그러한 특성들을 갖출 필요가 있다. 과학성의 문제가 보통 사람들의 생각들이나 언어 용법들을 관찰함으로써 설명되고 규정되는 것이 아니라는 것은 앞서 이미 명시적으로 언급되었다. 그래서 우리는 여기서 보통 사람들이 가지고 있는 사고들을 재구성하기 위한 목적으로 그것들의 실제 모습을 기술하고 그것들의 특징들을 작업해 우리 논의에 끌어들이는 그런 일을 하지는 않을 것이다. 그 대신 우리는 과학성에 대한 **최소한의 조건들**을 제안하고, 설명하고 또한 정당화할 것이다: 과학은 초주관적으로 유효한 지식(짧게, 초주관적 지식: transsubjektives Wissen)을 생산해내는 데 그 목적을 둔다.

"초주관적(transsubjektiv)"이란 단어는, 이미 라틴어 "trans"(넘어서)라는 전철에 표현되고 있는 것처럼, 지식은 주관적 타당성을 넘어서야 한다는, 즉 지식은 그것의 발견자 혹은 담지자 개인에 국한되는 사적(私的) 수준을 넘어 그 타당성을 가져야 한다는 것을 말한다. "지식"이란, 고대 그리스 시대 이후로 전개된 서양철학의 전통을 따라 논하자면, (개별적 사람들 혹은 다수 사람들이 가지고 있는) 단순한 생각이나 오류와는 구별되어야 하며 그리고 생각과 지식을 결여하고 있는 다른 형태들의 비지식과도 구분되어야 한다. 지식과 오류의 구분은 고전적인 구분인 **참/거짓**에 관계하고, 지식과 단순한 생각과의 구분은 **근거지워졌는가**와 **근거지워지지 못했는가**의 차이에 관계한다. 그래서 이제는 어떻게 행위나 행위적 지식의 기반 하에 형성될 수 있는 초주관적으로 참인 그리고 그러한 방식으로 근거지워진 지식이 가능할 것인가를 논해야 하는 과제가 우리에게 생긴다.

지금까지의 논의는 언어적 수단들을 순차적으로 세분화하고자 하는 목표 하에 수행되었다. 그럼에도 불구하고 이때 여전히 전통적으로 그리고 사상사적으로 적지 않은 문젯거리가 되었던 개념들이 사용되고 있음을 우리는 관찰할 수 있다 ; 우리가 한번 "참", "거짓"과 같은 단어들이 무엇을 의미하는지를 묻게 되면, 우리는, 철학의 탄생기부터 오늘날에 이르기까지 따라다니는 철학의 근본적인 논쟁점들을 만나게 된다 : 참인 명제들은 근거지워진 명제들인가? 현재로선 알 수 없지만 나중에라도 통찰될 수 있다는 의미에서의 진리 같은 것은 존재하는가? 원리적으로 혹은 영원히 근거지워지지 못할지라도 그래도 통할 수 있는 지식이라는 의미에서의 진리 같은 것도 존재하는가 등. 흔히 "철학적"이라는 말의 언어 용법에 따라 기꺼이 철학적 질문들이라 일컬어지는 이러한 류의 물음들에 대해 시도된 여러 응답들은 일반적으로 원래 제기된 문제를 밝혀 설명해주는 쪽으로보다는 단지 과거 고전 철학 사상의 갑론을박들만 다시 끌어들이는 쪽으로 진행되는 경향을 보인다.

그 같은 시도들과는 달리, 우리는 여기서 철학적 권위를 가지고 있는 문헌들과 논쟁할 필요가 없으며 또한 그러한 문헌들의 어느 해석이 참된 혹은 진정한 해석인지 논쟁할 필요가 없다(만약 우리가 여기서 제기된 과제를 해결하기 위해 철학적 고전들에 의존하게 된다면, 알다시피 우리는 논의에 의해 비로소 밝혀져야 할 것을 이미 해결된 것으로 전제하는 순환론에 빠지게 된다). 밝혀져야 할 문제의 핵심 영역은 오히려, 과학은 과학자들의 행위 측면과 연계해 이해되어야 하며, 이 시각에서 볼 때의 과학들은 "인간 삶 영역에 그 뿌리를 둔다"는 중요한 사실이다. 즉, 과학은 그것이 과학자들의 행위 근저에 놓인 생활 세계적 실천과 관계해 논의될 때 그 중요한 부분에 대한 조망이 가능해질 수 있다. 과학자는, 이미 앞서 말했듯이, "과학성"이라 일컬어지고 설명되는 그러한 목적과 목표를 설정하고 추구하는 가운데, 우선은 생활 세계적 목적과 목표 성취의 수단을 고양시켜 결국에는 생활 세계에서 실제로 통용되는 목적과 목표들에 일정 기여를 하게 된다. 즉, 과학성이란 (과학의) 자기 목적이 아니며 자신의 실천 영역을 가진 과학은 결코 삶 현실에서 동떨어져 독립된 상태로 운영되는 것이 아니다. 이러한 방식의 과학 이해를 사람들이 시도한다면, 그들은 다음과 같이, 인간의 행위 영역을 떠나 자체적으로 존재하는 참인 명제는 혹시 있는지 혹은 그러한 류의 타당성 요구는 가능한 것인지 같은 철학적 사변을 수행하지 않을 것이다.

과학의 결과들이 어떤 연유로 초주관적으로 타당한 것이 되는지 언어적으로 서술하는 작업이 바로 과학성을 밝히는 작업이라고 했던 앞서의 테제로 다시 돌아가, 우리는 이제 어떤 행위 혹은 행위 방식들(방법들)이 이러한 과학성을 보장해주는 것인지 논하기로 한다.

여기서 맨 먼저 우리가 생각해볼 수 있는 과학의 한 특성은 이해가능성이라는 의미에서의 **초주관적 따라잡기 가능성**(transsubjektive Nachvollziehbarkeit)이다. 즉, 과학은 자신이 생산해낸 연구 결과를 (원리적으로 보아) 모든 사람들이 이해할 수 있는 언어로 기술할 수 있어야 한다. 그런데 이 말은 무엇을 의미하는가? 다시 말해, 각 과학들은 해당 과학을 공부하고 배운 사람들만 이해할 수 있는 전문 언어를 발전시키고 있다. 이런 상황에서 위의 말은 도대체 무엇을 의미하는 것인가?

초주관적 따라잡기는 그 자체가 다시 (과학자들이) 추구해야 할 하나의 목표가 될 수 있는데, 이 목표에 도달하기 위한 수단으로는 다시, 앞서 언급된 용어법을 사용해 말하자면, 일정 행위 방식이 요구된다. 이는 **모든 과학의 전문 용어들을 그 사용법과 연관해 명시적으로 ("명백히") 규정하는 행위**가 필요하다는 것을 말한다. 이는 추구 가능한 "초주관적 이해 가능성"이라는 목표가 화학자 혹은 의학자 같은 과학자들이 사용하는 전문 용어들을 실제로 아무 문제없이 이해하는 것을 두고 의미되는 것이 아니라, 오히려 과학에서 사용되는 언어들의 사용법을 일정 방식으로 명백하게 규정해줌으로써 얻어질 수 있는 그 어떤 것을 의미한다는 것을 말한다. 간단히 말해, 과학적 결과들을 초주관적으로 따라잡거나 이해하는 일은, 과학의 결과들을 진술해주는 문장이나 단어들이 미리 명백히 규정되어 모든 사람들이 그러한 언어 사용법을 제대로 따라잡을 수 있지 않는 이상은 불가능한 일이다.

각기 다양한 연구 대상이나 연구 방법들을 갖는 각 과학들은 자신들이 사용하는 언어 수단들을 규정하는 아주 다양한 방식들을 역사적으로 발전시키기도 했지만 그들은 또한 이러한 작업을 종종 등한시하기도 했다. 이러한 사실을 독자들은 직접 한 번 각 과학 백과사전을 갖다 펼쳐놓고, 거기에 씌어진 중요한 전문 용어들, 특히 기초 개념들에 대한 설명이나 정의를 읽어보고 또 그러한 설명이나 정의에서 제시되거나 지시되고 있는 다른 개념들 및 설명들을 더 읽어봄으로써 스스로 검토할 수도 있고 또한 결정해볼 수도 있을 것이다. 그런데 그러한 과정을 거치다보면, 독자들은 따라가 읽던 백과사전 안에서의 설명들이 종종 결국에는 원래 관건이 되었던 문제의 개념을 또다시 지시 혹은 사용하게 되어, 소위 순환적 개념 정의가 백과사전 안에서 행해지고 있음을 어렵지 않게 발견하고는 실망할 수도 있을 것이다. 그리고 또 독자들은 많은 전문 용어들에 대해 각 학문 분야 제 나름, 즉 자기 방식대로의 설명을 하고 있음을 관찰할 수 있을 것이다. 이 책의 제Ⅱ부에서는 몇몇 전문 용어들의 정의 과정이 소개될 것이다 — 이때 우리는 우리의 논의를, 초주관적 지식은 우선 그러한 지식을 기술하는 언어적 수단들을 사람들이 명백히 초주관적으로 따라잡을 수 있어야 비로소 가능하다는 일반론적 테마에만 국한하기로 한다. (여기서 "따라잡을 수 있음"의 의미는 구체적인 한 개인이 실제 그러한 능력을 갖고 있는지 어떤지를 의미한다기보다는 오히려 개념에 대한 명백한 정의가 존재하는가, 그래서 독자가 이러한 정의를 따라 읽어나갈 수 있는가의 문제와 연관해 있다.)

과학에서 기술되고 있는 것들을 이해한다는 말의 의미가 이런 식으로 설명될 수 있는 가정 하에, 이젠 과학성의 두 번째 조건, 즉 과학이 만족시켜야 하는 두 번째 조건이 논의될 차례다. 이 조건은 과학적 주장들 혹은 명제들에서 발견할 수 있는 것들은 그것들이 기술하고자 하는 실제의 사태들에 정확히 해당되는 것들이며, 그것들은 또한 참 혹은 올바른 것으로 판정 될 수 있어야 한다는 조건을 말한다.

그런데 여기서 다시 문제 다발들이 터져나온다. **과학적 명제를 근거지운다 혹은 정초지운다(Begründen)**는 것은 무엇을 의미하는가? 이 말은 위에서 잠정적으로만 언급했던 주제, 즉 근거 주기 행위외 진리(참)가 갖는 상호 관계를 말하는 것인가? 각 과학자들은 개념 정의를 제공하고 있으며, 또 이론 구성의 최초에 아직은 참으로 증명되지 않은 공리들을 사용하고 있다. 그리고 그들은 단지 정의상 그래서 얼핏 보아서는 더 이상 참이 아닌 그러한 원리들을 주장하기도 한다. 또한 그들은 그들 스스로 증명되기 전까지는 당분간 참으로 여기는 가설들을 세우기도 한다. 과학자들이 이러한 일을 하고 있다는 것은 과학에 문외한인 사람들도 다 안다. 이런 마당에, 과학에서 여전히 참인 명제들만이 취급되고 있다고 말할 수 있는 것일까? 많은 철학적·과학철학적 문헌들을 살펴보면, 과학철학자들이 사실 과학적 명제에 대한 근거지우기(혹은 정초짓기) 작업을 포기하고 있음을 알 수 있다. 그 중 하나의 이유는 과학적 명제들의 모든 정초짓기 작업은 소위 "시작의 문제", 즉 논의의 최초 시작점을 찾기가 쉽지 않기 때문이다.

과학 명제들 및 이론들을 대상으로 해서 펼쳐지는 아주 복잡한 논쟁들을 보게 되면, 우리는 거기서, 과학에 문외한인 사람들도 쉽게 이해할 수 있게 표현하자면, 모든 주장들에는 무엇인가가 전제되어 있다든가, 논증은 무엇인가를 기점으로 해서 비로소 시작되어야 한다든가 등의 논지들을 관찰할 수 있다. 그러한 논쟁들에서는 논증의 시작 문제가 관건으로 다루어지고 있는데, 모든 논증은 어떤 다른 논지를 근간으로 주장되고, 이 후자의 논지 그 자체는 다시 일정 전제를 갖기에, 과학적 논증을 위해 사용된 시초 명제는 종국적으로 근거지워질 수 없다고 주장된다 ─ 그런데도 공적으로 인정된 과학 이론들을 그 시작점에서 구성하는 요소이자 그리고 애초부터 타당한 것으로 여겨지는 명제들을 학자들은, 좀 고상한 표현을 사용해 말하면 **"공리들"**이라 말한다.

논증의 시작 문제 혹은 지식의 근거짓기 문제에 대한 이러한 회의론적 견해에 대해 다음과 같은 반론 제기가 가능하다 : 그와 같은 논쟁들에서 수행되는 과학 결과들에 대한 "분석" 작업은 그 자체 아무 목적이나 목표도 없이 진행되는 일은 아닐 것이다. 사실 그래서 위에서와 같은 논의에서 사람들은 분석의 결과 얻어진 각 명제들과 연관해, 예를 들면 우리는 그러한 명제들을 어떻게 알게 되는 것이며, 어떻게 우리는 그런 명제들을 참이라 여길 수 있게 되며 혹은 어떤 근거를 가지고 우리는 그러한 명제들을 정당화시킬 수 있을 것인가 등의 질문들을 던질 수 있다고 생각한다. 단지 그들의 생각으로 이러한 되물어가기 식 근거짓기 작업은 논리적으로 보면 무한 퇴행의 성질을 갖지만 인간의 한계 때문에 실제에서는 영원히 수행될 수 없는 것이어서 결국은 중도 포기될 수밖에 없다는 논지를 편다. 그렇게 함으로써 근거짓기 작업은 그들의 시야에서 슬그머니 사라지게 된다.

구성주의 과학철학의 시각에서 볼 때, **시작의 문제**는 그러나 틀림없이 해결될 수 있다. 왜냐 하면 과학은 영원한 과거로부터 있었던 것이 아니고, 그 어느 때부터인가 시작되었어야 하는데, 그것도 생활 세계적 실천에서부터 출발해 점차적으로 최초의 과학적 명제가 만들어지기 시작했어야 했고, 그리고 그런 것들이 경우에 따라 적어도 의심의 여지가 있었을 경우에는 다시 정초지워질 필요성이 있었기 때문이다. 그 외 시작의 문제를 해결하는 일은 매우 유의미한 일인데, 그 이유는 (시대마다 항시 새롭게 출현하는) 젊은 과학자들이, 단지 기존 과학자 그룹의 지식을 그냥 맹목적으로 추종하는 신앙적 구성원으로서가 아니라 이러한 과학의 논증을 익히고 그리힌 논증된 지식을 이해하기 위해서는 바닥에서부터 그러한 과학적 지식의 구성 과정을 따라잡을 수 있어야 하기 때문이다.

겉으로 보아서는 해결될 수 없는 것으로 보이는 시작의 문제 때문에 지식에 대한 합리적 정초 작업은 불가능한 일이라 여기는 회의론자들에 대한 결정적인 반론은, 정초짓기 작업이 단지 명제에서 명제를 논리적으로 도출하는, 극단적인 경우에는, 주장의 성격을 갖는 명제들에서 다시 주장의 성격을 갖는 명제를 논리적으로 도출해내는 작업과 관계된 것이라는 그들의 아주 자의적인 생각을 비판하는 데 있다. 지식의 근거짓기에 대한 그러한 류의 회의주의는, 과학 이해의 문제를 언어적 측면으로 환원해 혹은 그러한 방식으로 해석해 해결하려는 입장으로, 그러한 입장은 과학 운영에서의 과학자들의 행위 측면 그리고 그런 행위들이 갖는 "합목적적 성격"을 전적으로 간과하고 있다. 이러한 배경에서 지식의 정초 문제를 보게 되면, 사람들은 당연히 주장의 의미로 혹은 규범적 의미로 사용된 모든 과학의 명제들은 그 자체 또다시 새로이 정초지워져야 하는 것 아닌가 하는 의문을 품게 된다. 그렇게 되면 지식의 정초 문제는 무한 퇴행의 성격을 갖지만 결국은 인간의 유한적 한계 때문에 결국 포기될 수밖에 없는 성질의 것이라는 결론에 이르게 되는데, 이는 그러나 과학에 대한 잘못된 오해에서 기인하는 견해다.

하지만 여기서 과학은 생활 세계의 실천으로부터 발전되어나와 그리고 생활 세계적 인간 실천에 다시 적용됨으로써 영위된다는 사실이 기억되어야 한다. 그래서 과학은 인간 행위들과의 폭넓은 맥락 관계에 포함시켜 논의될 필요성이 있다. 이러한 시각에서 보게 되면, 이미 사람들이 **일상 생활의 경험으로부터** 알 수 있는 바와 같이, 되묻기 방식의 근거짓기 요구는 경우에 따라 여러 방식으로 거부될 수 있다 : 가장 직접적인 형식은 아마도, 일정한 상황에서 어떤 사람에게 일정한 행위를 해달라는 어떤 사람으로부터의 부탁이 있을 경우, 그 부탁을 받은 사람은 그 부탁의 정당성을 아무 의심 없이 액면가 그대로 인정하고 그것을 실천을 통해 들어주는 경우일 것이다. 이 경우 상대방의 부탁에 대해 더 이상의 어떠한 되묻기는 제기되지 않는다. 즉, 부탁은 공공연하게 직접 행위로 옮겨지게 되고 위에서와 같은 의미의 언어 환원론적 근거 대기의 요구는 더 이상 제기되지 않는다.

이미 이쯤에서 누군가가 그러한 직접적 요구(부탁) 행위는 세계에 대한 참된 기술을 제공하고자 하는 과학들과는 아무런 관련도 없는 것 아닌가 하고 반문할 수도 있을 것이다. 하지만 이러한 반문은 다음과 같은 사실을 잊었을 때 제기될 수 있는 성질의 것이다 : 누구나 과학의 전문 용어들을 일정 방식으로 사용하는 것도 과학에서는 언어의 의미가 **명백해 규정되어야 한다**는 요구를 내걸 때 비로소 실천될 수 있다 ; 짧게 말해, 임의의 각 용어들을 정의하는 일은 각 과학에서 매우 중시되는 요구 사항이다. 이러한 정의 작업의 요구는 단순히 정의 작업을 통한 실천을 통해 들어줄 수 있다. 오직

이럴 때, 즉 정의 행위를 통해 개념 정의가 실제로 이루어질 때, 개념 정의 요구에 대한 끝없는 되묻기는 간단하게 그 종결을 볼 수 있게 된다.

이번에는 기존하는 개념 정의 및 개념 규정 체계를 그대로 인정하고 그리고 거기서 더 나아가 주어진 논리적 추론 규칙까지도 그대로 따르는 경우를 보자. 기존의 개념 정의들 및 추론 규칙을 더 이상 의심하지 않고 실제 있는 그대로 인정하고 들어가는 사람은 정의 내용으로부터 추론될 수 있는 모든 논리적 추론의 결과물들까지, 이들의 타당성을 더 이상 되묻지 않고, 그냥 그대로 인정해 받아들일 것이다. 달리 말해, 언어 사용 규칙 영역에서의 시작 문제는 단순히 그 규칙을 그대로 따름으로써 해결되게 된다.

언어 사용 규칙을 **규제하는 지시** 예뿐만 아니라 **행위를 일정 방식으로 수행**하라는 내용을 담고 있는 **처방적 지시** 예들은 여러 과학들에서 금방 찾아볼 수 있다. — 예를 들어, 화학 분석 작업에서의 행위 지침과 관련된 지시 사항들, 측정 시 제기되는 측정 도구 사용법 혹은 텍스트 해석 방법 등을 생각해보라. 이 각 경우들에는 여러 방식의 지시 사항들이 제기되고 또한 그러한 지시 사항들은 보통 잘 지켜지게 된다. 하지만 근거짓기 작업에 대해 회의적 입장을 갖는 사람들은 그러한 지시적 요구들은 단지 그것들의 수행 가능성이 이론적으로 입증될 때만 그 의미를 갖는 것이라고 반박할지도 모른다. 이 말은, 과학에서 그 수행이 요구되는 행위들이 있다고 할 때, 그것들의 실천적 수행에 앞서 그것들의 **수행 가능성** 자체가 먼저 이론적으로 근거지워져야 한다는 것을 말한다 — 그래서 이러한 논의는 또다시 무한 퇴행에 빠지게 된다. 이 경우 역시 과학은 순전한 언어 활동으로 제한되어 이해되고 있다. 그러나 일상의 경험으로부터 우리는, 다행스럽게도, 행위가능성이 명백히 논증되었을 경우에만 그 행위가 수행될 수 있는 것이 아니라는 것을 안다. 그 어떠한 이론적 설명이나 논증 없이도 우리가 단순히 행위할 수 있다는 사실은 그에 대한 가장 좋은 증거일 것이다.

자연과학의 명제들에 대한 근거짓기 작업이 애초부터 불가능하다고 여기면서 그 이유를, 그런 작업은 그 작업을 수행하는 사람들 자체에 대한 자연과학적 설명, 예를 들어 감각 기관, 뇌 기능, 인간들의 세계 적응의 진화 문제 등에 대한 과학적 이론들이 — 또 지구에 사는 인간의 존재가능성 혹은 인간들이 펼치는 일상적 행위들의 가능성 자체가 물리학이나 천문학적 관점에서 — 먼저 타당한 것으로 입증되지 않고서는 불가능하기 때문이라 생각하는 사람들이 있다. 이는 명백히 잘못된 생각이다. 상황은 오히려 그와는 정반대다. 과학을 태동 가능하게 하고 그래서 또한 과학 이론 형성의 기저로 여겨지는 요소는 문화 역사적으로 살아온 인간들이 일상적으로 수행하고 있는 행위들이다. 과학에 대해 끝없이 말할 수만은 없다. 또한 과학에서는 실제로 실천적 행위들이 동반되고 있다. 이를 볼 때 과학의 정초 문제는 분명 해소될 수 있다(왜냐 하면, 행위는 언제나 임의적으로 시작될 수 있기 때문이다). 물론 이 사실을 제대로 보지 못하는 사람들에게 과학의 정초 작업은 당연히 불가능한 일로 보일 것이다. 그래서 우리는 과학 명제들의 정초 불가능성 테제는 그런 주장을 펼치는 사람들이 과학 운영에서의 실천적 측면을 제대로 보지 못하기 때문에, 즉 과학 운영의 행위적 특성을 충분히 관찰하지 못하기 때문에 생기는 것이라고 진단할 수 있을 것이다.

그럼에도 불구하고 과학적 지식의 생산을 위해서는 지금까지 논의된 과학성의 조건들, 즉 과학 언어의 초주관적 이해가능성 그리고 (과학자의 특정 행위와 연관된) 과학의 근거짓기 작업의 초주관적 따라잡기 가능성 등이 해결되어야 한다는 견해에는 긍정을 하면서도 그래도 여전히 과학 이해 문제와 연관해 다음과 같은 반론을 펼치고자 하는 사람들이 있을 수 있다 : 그들의 주장은 대충 이렇다. 지식이란 것이 그 지식을 참이게 하는 어떤 대상에 대한 지식이듯, 과학의 연구 대상도 항시 — 시각적으로 말해보면 — 과학 외부에 위치하면서 그와 동시에 과학 이론들의 타당한 혹은 진위성 판단의 심급으로 기능하는 그러한 **대상** 세계라 할 수 있다. 그리고 세계에 대한 과학적 지식을 가능하게 하는 것 그리고 과학적 지식을 방법상 신뢰성 있는 지식으로 만들어주는 것은 다름아닌 경험이다. 경험에 의해 — 물론 수학이라는 특수 경우를 제외하고 — 깨질 수 없는 것은 과학이 아니다. 이러한 사실들은 분명한 것으로 보인다.

특히 다수의 자연과학자들에 의해 주장될 뿐 아니라 일부 과학철학적 입장들에서 세분되어 논의되는 위와 같은 견해들은 그러나 적지 않은 문제들을 야기한다. 여기서 우리는 그 중 두 가지만 과학 재구성 측면과 연계해 논해본다 : (1) 경험은 어떻게 **초주관적으로** 타당하게 근거지워져 과학적 수준의 명제로 고양될 수 있으며, 그리고 (2) 과학 외부에 놓여 있는 가운데, 과학 이론들의 타당성을 결정하는 심급이라고 하는 현실(Wirklichkeit)이란 것은 그때 어떠한 역할을 하는 것인가? 그런데 이러한 철학적 입장을 표명하는 사람들이 흔히 경험론자 혹은 실재론자들이라 불리는 사람들이다. 그리고 그들은 과학의 정초 문제에 회의적 입장을 보인다. 그래서 아래에서 우리는 과학을 정초짓는 작업에 대해 회의적 입장을 보이는 "경험론적"이고 "실재론적"적 논의를 다루고자 한다.

"경험"에 대한 용어론적 논의는 앞서 이미 구성주의 과학철학 일반론에서 수행되었다. 거기서 **"경험"**이란 항상 행위를 매개로 해서 일어나는 일종의 반위사라고 규정되었었다. 개별 경험들로부터 **초주관적 타당성**을 만족시키는 과학적 경험으로의 고상화가 일어나는 것은, 테스트 가능한 경험들을 만들어내는 데 결정적 역할을 하는 과학자들의 일거수일투족 행위들이 일정한 규칙이나 처방들에 의해 **규정**되면서 그리고 그것도 어느 누가 이것들을 따라 하더라도 원리적으로는 그 행위들이 임의적으로 반복될 수 있는 방식으로 구성되면서다(여기서 "누구나에 의해 원리적으로"라는 말의 의미는, 과학자들의 언어 수단들과 행위 규칙들 그리고 행위 요령들이 명시되면 그 어떤 다른 사람들도 그것들을 확실히 그대로 따라할 수 있다는 것을 의미한다).

개별 경험들의 과학적 경험으로의 일반화나 보편화는 우리가 이미 오래 전부터 우리의 생활 세계로부터 알고 있는 맥락에 그 종국적 기반을 둔다. 예를 들어, "제대로 된" 케이크 조리법은 어느 누가 그 조리법을 따라 제빵을 하더라도 항상 동일한 결과를 손에 넣을 수 있게 한다. 그래서 케이크 조리법의 "진면목"은 조리법을 기술하는 언어 수단들이 명료할 때, 조리법에서의 각 지시 사항들이 수행 가능할 때, 조리법에서의 작업 순서가 제대로 지켜지고 있을 때, 그래서 그 조리법이, 일반적으로 보아, 일의적으로 (따라) 행해질 수 있을 뿐 아니라 동일한 방식으로 그것을 따라하면 (예를 들어, 밀가루 반죽으로 빚어진 과자들을 일정한 온도에 굽기) 사람들로 하여금 항상 동일한 결과를 얻을 수 있게 할 때 ― 여기에 바로 경험으로서의 지식이자 반위사 형태로서의 지식이 있다 ― 즉, 제빵 과정을 모두 통과하게 되면 나중에 원래의 원하던 케이크를 얻는 일이 실제 경험적으로 볼 수 있을 때, 그때 비로소 보일 수 있는 성질의 것이다. 달리 말해, 이는 일정 관계들을 기술적(技術的)으로 재생산하는 것을 말하는 것으로, 이러한 재생산 가능성 자체는 다시 명확한 행위 요령들을 통해 보장되게 된다. 과학적 경험들이 갖는 일반성이나 보편성이라고 하는 것도 그런 경험 획득 방법을 기술하는 조치 사항들이 일회적 경험만 가능하게 하는 데서 끝나지 않고 여러 사람들에 의해 때와 장소에 구애받지 않고 항상 새로이 매번 반복되어 행위로 실천될 수 있을 때 ― 이것이 바로 과학의 법칙성이란 것인데 ― 비로소 구성될 수 있는 특성이다.

이러한 구성주의적 견해가 고전적 경험주의에 반해 갖는 장점은 다음과 같다 : 과학의 진보가 연구 행위의 점증하는 규격화, 규범화 그리고 세분화에 근거하고 있다고 생각하며 그리고 인간과 독립된 현실 및 자연의 법칙성 같은 형이상학적 원칙들을 가정하지 않는다는, 즉 반형이상학적 입장을 취한다는 점에서 구성주의적 견해는 경험주의가 표방하고 있는 역사적 사실과 일치하고 있다고 할 수 있다. 하지만 사람들로 하여금 어떤 사건들이 동일한 사건으로 일어나거나 동일한 것으로 경험될 수 있도록 조건지우는 것은 구성주의자들에게 다름아닌 인간 행위의 규칙성이다. 즉, 구성주의자들이 보기에, 어떤 사건들이 동일하게 일어날 수 있고 또 그럼으로써 경험적 인식이 법칙성을 띨 수 있는 것은, 그런 경험 과정들이 역사적으로 그리고 체계적으로 보아 오직 인간에 의해 만들어져 주어진 (또, 언어적 표현에 의한 규정 외에도 실천적 훈련과 과학 방법적인 전통 형성을 통해 일어나는) 행위 규칙들에 기반해 일어나기 때문에 가능한 것이다. 과학 이론들의 법칙성에 대한 이러한 견해는 다음과 같은 자연주의적 가정, 즉 인식하는 인간 자신이 자연 법칙적으로 기능하는 인지 기관, 즉 감각 기관 및 뇌 기능에 속박되어 있기에 비로소 자연에 존재하거나 자연에서 태동되는 법칙성을 인지할 수 있는 것이라 주장하는 — 선결 조건을 논증으로 사용하는 오류를 범하고 있는 — 자연주의적 가정을 전혀 무색하게 만든다.

과학적 경험의 초주관적 타당성이라는 특징은 이렇게 과학적으로 규범화된 활동이 있으면서 생겨나는 일종의 반위사로 이해될 수 있다. 이 논의의 배경에서 우리는 이제 경험 인식이라는 것이 어떤 의미에서 "과학 외부에 있다"고 말할 수 있는 혹은 "인간과는 무관하게 그 자체 독립적으로 존재한다는 현실(Wirklichkeit)"과 관련을 맺는 것인지 논할 수 있다. 오해의 여지없는 언어를 사용해 (행위의) 목적이나 목표가 기술될 수 있고 또 설정될 수 있다고 하더라도, 그것들이 모두 달성될 수 있는 것은 아니다. 이를 우리는 이미 생활 세계적 경험을 통해서 잘 안다. 달에 단숨에 뛰어오르거나 볏짚을 금으로 변화시키거나 생명을 무제한으로 연장하거나 영원한 평화를 구축하는 어떠한 수단들(여기서는 행위로서의 수단을 의미)을 우리는 알지 못한다. 즉, 우리가 경험을 쌓거나 뭔가를 경험할 때, 우리가 그러한 것들을 비록 목적 지향적으로 한다고 하더라도 반위사로 우리에게 다가오는 행위의 성공은 일반적으로 항상 보장되는 것은 아니다. 이 사실은, 우리가 뭔가를 경험할 때 그때의 경험 대상은 우리가 임의로 어떻게 할 수 있는 것들이 아니라는 사실을 말해준다. 말이 이렇다고 해서 우리가 여기서, 인간이 종속되어 따를 수밖에 없는 그리고 과거의 창조신 이야기를 현대적으로 범속화시킨 형태인 자연 법칙이란 것을 가정하는 (현실은 우리의 경험에서 비로소 드러나고 과학은, 그것이 경험과학인 동안에, 그러한 현실에 존재하는 법칙을 이론 형식으로 복사해내는 일을하고 있다는 식의 주장을 펼치는) 서양 정신사가 옳다고 말하고자하는 것은 아니다. 과학을 "실재론적"으로 해석하는 사람들, 즉 경험을 통한 인식이란 주어진 세계 사실들의 구조를 이론 속에 그대로 담아내는 것이라고 이해하는 사람들도 과학적 경험들이, 그것이 자연과학이든 아니면 문화과학이든 간에, 과학자들의 합목적적행위에 의해 생겨났다는 사실만큼은 인정할 것이고, 경험의 주요부분은 항상 목적 지향적 행위와의 관계에서 드러날 것이라는 사실만큼은 인정할 것이다. 즉, 가상으로만 존재하는 목적 혹은 목표는 행위로 성취될 수 없다는 견해 그 자체가 반박되지 않는 한, 인간과 동떨어진 그리고 인간 행위와 무관한 경험은 있을 수 없으며그리고 과학의 결과들은 항시 언어로 진술되기에 언어 독립적으로이루어지는 **과학적 경험**이란 있을 수 없다고 우리는 말할 수 있다. 이렇게 보면, **전통적으로**[인간 인식 범위 너머에 있는 가상의 것들을 지칭하기 위해 : 역자 주] 사용되어 왔던 어휘들인 "현실(계)", "실재(계)" 혹은 "자연 법칙"이란 표현들은 **행위 가능 범위를 훨씬뛰어넘는** 영역에 대한 지식이 행위를 통하지 않고 단지 가상적으로 얼마든지 획득될 수 있다는 철학적 입장을 표방하는 사람들의자신들의 입장을 표현하기 위해 사용하는 어휘들이라 할 수 있다.

　과학을 일종의 합목적적 행위로 재구성함으로써 "과학성"이란문제를 처방적으로 정의하고자 하는 구성주의 과학철학의 프로그램에 대한 지금까지의 논의에서는 종종 (과학의) "합리적 재구성"혹은 "방법적 재구성"이란 테마가 종종 거론되곤 했다. 과학에 대한 경험주의적이고 실재론적 입장들에 대한 구성주의적 비판이 이미 성공적으로 개진된 상태에서 이러한 "합리적" 혹은 "방법적"이라고 하는 형용사들은 무슨 의미를 갖는 것일까? 그러한 형용사들에는 재구성 작업이 지켜야 하는 어떠한 중요한 핵심 사항이 표현되고 있는 것인가?

앞서 표방된 재구성 작업들이 "합리적(rational)"(이 단어는 "이성적(vernünftig)"이라고 하는 단어에 대한 라틴어적 번역이며 "논리적(logisch)"이라는 그리스어의 라틴어적 번역이기도 함)이라고 불릴 수 있는 이유는, 그러한 작업들이 소위 **목적합리성**을 매우 중시해 그런 이념을 따르고자 하기 때문이다. 즉, 각 개별 과학자들의 개별 행위들이 연구의 각 상황에서 실제로 목적 합리적이려고 하듯이, 과학 재구성도 과학 행위들 중에서 단지 **합목적적이고 목표 지향적 과학 행위들**만을 대상으로 작업을 한다. 바로 여기에 **과학성**이라는 것의 규제적 혹은 처방적 특성이 관찰된다. 합리적 재구성 작업을 우리는 또 일종의 **이상화(理想化)** 작업이라고 부를 수도 있는데, 이는 이 작업이 과학자들이 (과학 서적들에서 과학자들의 실수들을 제외한 결과들만이 기술되고 있듯이) 실제로 저질렀던 착각 내지 실수들을 도외시하고 해당 전공 분야의 학문 목적과 목표에 비춰 성공적이라 말할 수 있는 그러한 행위 방식들만 선별해 추후적으로 작업하기 때문이다.

이로써 행위의 **합목적성** 혹은 **목적합리성**은, 일정 **행위 방식** 혹은 **행위 방법**들이 행위 목적이나 목표 도달을 위한 적절한 수단들이 됨으로써 근거지워지게 될 때, 행위의 바로 그러한 방법상의 특성을 의미한다. 따라서 과학적 성격의 것으로 언급될 수 있는 목적·목표를 지향하지 않는 다른 부류의 행위들은 합리적 재구성 작업에서 제외된다. 과학을 보는 이러한 시각은 우리가 흔히 만날 수 있는 견해, 즉 학문의 "과학성"은 연구의 **목적중립성**에 근간해 보장되는 것으로 과학은 연구자 개인 혹은 학자 그룹의 사적 이해 관계로부터 독립해 "간주관적인 타당성을 가질 수 있어야 한다"고 주장하는 견해와는 상치된다. 그런데 여기서 구분되어야 할 것이 있다. 행위론적으로 보아 모든 행위들은 정의상 목적과 연관되어 있으며 (앞서 언급했던 몇몇 "여가 행위들"은 제외) 과학을 한다는 것도 일종의 행위인 한, 과학을 한다는 것은 목적 중립적일 수 없다는 논지의 한편에서의 견해와 과학에서 타당성을 갖는 것은 과학자 각 개인이나 집단들이 갖고 있는 사적 의도나 소망들일뿐이라고 주장하는 다른 한편에서의 견해는 서로 구분된다는 사실이다 [지금까지의 논의는 후자가 아닌 전자적 의미에서 진행되었다 : 역자 주]. 짧게 말해, 누구나 따라잡을 수 있는 방식으로 용어들을 정의해주고 또 논증을 통해 각 주장들을 정당화시켜줌으로써 이룩되는 과학 명제들의 초주관적 타당성은 과학이 목적성을 띤다는 말과, 겉보기와는 달리, 그 어떠한 모순도 일으키지 않는다.

과학을 합목적 행위로 규정해 재구성하고 또 이상화시키는 작업은 사실상 과학 재구성 작업에서 어떤 기준이 지켜져야 하는지에 대한 하나의 준거를 제시하는 경우라 할 수 있는데, 그것은 다음과 같은 최소한의 조건이 지켜진다는 의미에서 그렇다 : 일상 생활에서 우리는 행위들이 수많은 연쇄 고리로 연결되어 있다는 사실을 아는데, 이때 우리는 전체 행위가 실패하지 않기 위해 그것의 부분 행위들의 순서가 서로 바뀌어서는 안 된다는 것도 잘 안다. 다음 예들을 보자. 우리는 일상 생활에서 신발을 먼저 신고나서 끈을 맨다 ; 병마

개를 먼저 따고 그 다음에 내용물을 따른다 ; 문의 자물쇠를 먼저 따고 그 다음에 손잡이를 돌려 문을 연다 ; 옷은 빨래를 먼저 하고 나서 다리미로 다린다 ; 나무를 먼저 조각해내고 나서 그 위에 그림을 그려넣는다 등. 이 예들을 보아 알 수 있듯이, 특히 뭔가를 만들어내는 행위나 그 외 다른 종류의 비언어적 타입의 행위들은 부분 행위들의 순서가 제대로 지켜짐으로써 그 전체 행위의 성공 여부가 판가름난다. 그래서 이와 연관해 우리는 **부분 행위들의 정연한 질서 구조**를 만들어내는 데에서의 결정적 심급은 다름아닌 그 행위의 목적이라 할 수 있다. 그 어떤 자연 법칙이나 금기 법칙도 그러한 부분 행위들의 순서가 치환되는 것을 막지 못하지만, 만약 행위 목적이 다르게 규정되면, 그러한 부분 행위들의 순서는 경우에 따라 서로 치환 가능하게 된다.

행위들은 보통 질서정연하게 잘 정돈된 연쇄 고리 형태를 갖는다. 그 자체가 일종의 합목적적 행위인 **과학 재구성** 작업도 그러한 특성을 갖는다. 그리고 과학 재구성 행위의 그러한 특성은 서술적 형태로 관찰되기도 하고 규제적 형태로 관찰될 수도 있다. (말을 하고 글을 쓰는) 언어적 행위(여기서는 과학철학적 논의로서의 언어 행위)도 또한 일종의 행위이기에, 이러한 (과학철학적 작업으로서의) 언어 행위가 과학 행위들을 원래 전문 과학자들이 자신의 학문 내적 연구 목적에 따라 행하는 순서와는 다르게 기술할 수도 있다. 이는 다음과 같은 비유를 가지고 설명될 수 있다. 예를 들어, 위에서 언급된 예들을 참고하면서 어느 누군가가 다음과 같은 주장을 한다고 치자. 어떤 사람이 먼저 신발 끈을 매고나서 신발을 신었다 ; 어떤 사람이 포도주 잔에 포도주를 먼저 쏟아붓고 나서 병마개를 땄다 ; 이제 처방적 형태의 언어로 표현된 예를 하나 들자면, 다음과 같은 예가 가능하다. 잠긴 문을 열 때는 손잡이를 먼저 아래로 눌러 문을 연 다음 자물쇠에 열쇠를 꽂아 자물쇠를 따야 한다 등. 이렇게 사람들이 행위 진행 순서에 대해 서술적으로 혹은 **처방적 방식으로** 말할 때, 이 진술들이 기술해주고 있는 순서가 실제 행위 목적에 따라 정해지는 행위들의 순서와는 전혀 다른 모습으로 나타날 수도 있다. 물론 단순한 형태를 갖는 일상의 행위 연쇄들의 순서가 이렇게 역으로 기술될 경우, 우리는 그것들은 쉽게 알아차릴 수 있다. 하지만 예를 들어 실험실을 만들고, 실험 도구들을 장치하고, 실험 과정에서 뭔가를 측정하고, 관찰하고, 이론을 만들어 시험을 하는 것과 같은 좀 장황하고 복잡한 행위 연쇄로 이루어지는 물리학 연구 작업 혹은 그러한 유사한 복잡한 행위 구조를 가진 작업 영역에서의 경우 단순한 일상적 경험이나 직관적 행위 지식을 가지고는 거기서 합목적적 행위라면 지킬 그러한 행위 순서가 제대로 지켜지고 있는지 어떤지 쉽게 판단할 수 없는 경우들이 있다. 여러 과학철학적 주장들을 보게 되면, 우리는 사실 거기서 **방법적 순서를 역행하는** 그러한 서술 방식들을 발견할 수 있게 된다. 즉, 몇몇 과학철학적 주장들은, 만약 그 서술 내용들이 실제로 지켜져 수행되었더라면 실제 우리가 현실에서 볼 수 있는 과학적 성과들이 전혀 불가능할 것 같은 그러한 순서로 과학자들의 연구 행위들을 기술하고 있다.

이렇게 우리는, 일상의 언어 용법에 따라, 행위 연쇄가 잘못된 순서로 기술되었을 경우나 잘못된 순서로 처방되었을 경우, 그것들은 오류를 범하고 있다고 말할 수 있기에, 이제 우리는 **구성주의 과학철학에서** 핵심이 되는 원리 하나를 소개하고자 한다 : 모든 과학철학적 재구성 작업은 "**방법적 순서의 원리**"를 따라야 한다. 다시 말해, 과학철학적 재구성 작업들은 방법적 순서의 원리, 즉 설정된 과학의 목적을 달성하는 데 기여하는 그러한 행위들의 연쇄 형태 이외의 다른 어떠한 연쇄 형태를 기술해서도 그리고 규범화시켜서도 안 된다. 이로써 우리는 과학을 합목적적 행위로 (이상화시키는 가운데) 재구성하고자 하는 구성주의 과학철학의 프로그램으로부터 — 최소한 "금기 규범"으로 기술될 수 있는 최소 조건의 의미에서 — **과학(이론) 재구성에 대한 하나의 핵심 고리를 찾아냈다**: 모든 과학철학적 재구성 작업에서 과학 행위들을 기술하거나 규범화시키는 작업은 방법적 순서를 어겨서는 안 된다!

이러한 금기 조항은 물론 어떤 권위적 위엄의 표현이 아니라 하나의 **정당화된 규정(규약)**으로써, 그것은 재구성 작업의 대상인 과학이, 다시 말해 합목적적 실천으로서의 과학이 실패하지 않도록 과학에다 하나의 안전망을 구축해주는 역할을 한다. 다르게 표현해, 이 금기 조항은 과학철학적 재구성 작업이 과학 연구 행위에 대한 기술을 할 시, 그러한 행위들에 대한 규범화 작업을 하는 데 오류를 범하지 않게 하고 그리고 또 과학 연구 작업이 성공적 결과를 얻는 데 실패하지 않도록 하는 목적과 연계해 그 효용성을 보장받는다.

자연과학과 같이 그 작업이 과학적이기 위해서는 자신의 (생산 지향) 행위 연쇄들이 방법적으로 질서정연해야만 하는 그런 과학들을 방법적으로 재구성하는 작업은 한편으로는 과학사에서 많은 교훈을 얻어야 하며, 다른 한편으로 이 과학사 역시 그러한 방법적 측면과의 관계에서 그때마다 적절하게 새로이 재작업될 필요가 있을 경우들이 있다. 이는 쉽게 이해될 수 있는 사항이다. 왜냐 하면

과학의 역사, 즉 오늘날과 같은 모습의 성공이 있기까지 과학자들의 연구 행위들이 그 연구 과정에서 부분적으로 서로 뒤바뀌어 잘못 행해졌으리라 가정하는 것은 정의상 허용될 수 없기 때문이다. 만약 그러한 방법상의 순서 전도가 실제로 있었더라면 오늘날과 같은 형태의 과학적 성취들은 전혀 불가능했을 것이다. 짧게 말해, 과학 연구에서 **방법적 순서 원리의 위반**이 있다고 한다면 그것은 실제의 과학 행위들에서 존재할 수 있었던 것이 아니라 (전문가 자신들이 과학철학자로 자처해 논의를 펼치더라도) 오직 **과학철학적 재구성**에서만 나타날 수는 있는 현상이다. 그러한 순서의 전도가 과학철학적 성질이 아니라 실제의 과학사에 해당되는 사항이라고 한다면, 각 과학들은 과학철학적 재구성 작업의 시각으로 보면 합목적적 행위의 결과로 보일 그러한 성취들을 분명 이루어내지는 못했을 것이다.

이렇게 과학 이론들의 재구성 작업에서 방법적 순서 원리가 차지하는 중요성 때문에 또한 "방법적 구성주의"라고도 불리는 (생물학 분야에서 그리고 이 분야에 대한 이론화 작업으로부터 그 명칭이 유래하는 "급진적 구성주의(Radikaler Konstruktivismus)"와는 엄연히 다른) 구성주의 과학철학은 (과학) 이론에 대해 이렇게 다른 대부분의 과학철학적 입장들과는 판이한 이해 방식을 취한다. 과학 이론들이 인간 행위의 결과라는 사실은 자명하며 누구라도 그러한 사실을 문제삼지는 않을 것이다. 그런데 각각의 과학 이론들은 어떤 목적과 목표에 기여하며 또 어떻게 우리는 그것들을 그러한 목적과 목표에 합당한 방식으로 이해하고 파악할 수 있는 것일까?

과학철학만이 과학자들의 행위에 대해 논하는 것은 아니다. 그 자체가 행위 결과이기도 한 몇몇 개별 이론들도 여타 과학에서의 행위들을 자신들의 연구 대상으로 삼는다. 경험과학들 그 중에서 특히 기술과학과 자연과학에는 근본적으로는 비언어적 타입의 행위들이 연구 과정에 도입되어 사용되기도 하는데, 이 행위들의 작업 결과가 (추후에) 다시 언어 행위에 의해 기술되면서 "이론"이라는 형식으로 나타나기도 한다. 게다가 과학자들 상호간의 의사 소통 같은 언어 행위뿐 아니라 언어학 같은 경험과학에서 과학적 연구 대상으로 설정되기도 하는 언어 행위들을 상대로 작업을 하는 이론 분야들도 있다. 그런데 이러한 개별 과학적 이론들은 어떤 목적 하에 만들어지는 것이며, 그것들은 무슨 목적과 목표에 기여하는 것일까?

과학을 한다는 것이 여전히 합목적적 행위로 이해되는 것이라고 한다면, 위 물음에 대한 답은 이렇다. 과학 이론은 지식을 언어적으로 조직하거나 이미 생산된 지식을 조망하고 또 과학자들 상호간의 효율적 의사 소통에 기여할 뿐 아니라 교육을 위한 목적 및 문화적 전통 형성에 기여하기도 한다. 앞서 행위론적 논의를 펼치는 가운데 우리는 이미 (달리기 경주의 경우에서와 같은) 사회적 행위와 개인적 행위를 구분한 바 있다. 후자와 달리 전자의 경우는 공동체적 특성을 갖는다. 연구나 교육 같은 영역에서의 과학은 그 결과가 초주관적으로 타당해야 한다. 그래서 그러한 영역에서의 과학은 사회적 행위 영역에 속한다고 할 수 있다. 즉, 언어로 표현된 지식은 (이것에 대한 근거짓기 작업을 포함해) (초주관적으로) 가르쳐지고 또한 배워질 수 있을 때라야 비로소 그때 우리는 과학적 지식 형태에 대해 논할 수 있게 된다. 스승 세대가 쌓아놓은 결과의 기반 하에 학생 세대에 의한 배움이 이루어지는 교육 전통이 없었더라면, 그것이 연속적으로 형성되든 아니면 이전의 오류를 수정해 가면서 단선적으로 진행되든 간에, 오늘날 모든 사람들에 의해 이해되고 있는 의미에서의 과학들은 찾아볼 수 없을 것이다. 그리고 또 제안과 반론, 근거 대기와 그에 대한 비판 등에 의해 발전되는 지식의 검증 작업들이 없었더라면 오늘날 말하는 의미에서의 과학 역시 없었을 것이다.

이렇게 볼 때, 질서정연한 명제 체계로서의 이론이란 세계의 단편들을 있는 그대로 그려낸 복사물도 아니고 또한 세계, 즉 자연 그리고 문화 세계를 "실제" 있는 그대로 기술해놓은 교의들도 아니다. 이론이란 오히려 지금까지의 (연구) 결과들을 언어적 형태로 질서정연하게 잘 정돈한 일종의 명제 체계로서, 언어 형태의 이러한 명제 체계들 그 자체는 다시 연구와 교육을 위한 목적 하에 구성된 것들이다. 그렇다고 한다면 언어적 형태의 이론들은 일종의 (인간의) 의사 소통을 위한 도구로 구성된 것들이다.

과학 이론들에 대한 이러한 규정 방식에 대해 제기되는, 특히 자연과학 진영으로부터의 반론은, 과학에서의 이론들은 "자연 법칙들"을 표현하고 있는 것으로 그것들은 단지 경험을 통해 비로소 알려지게 될 뿐이라는 류의 주장이다. 이러한 견해에 대해 우리는 다시 언어 비판적 측면에서 반론을 제기할 수 있다. 즉, 우리는 여기서 사용된 "자연 법칙"이라는 표현에 대해, 그것의 개념사적 유래에 대한 논의는 차치하더라도, 이미 다음과 같은 반박을 할 수 있다 : 우리가 기억해야 할 사항 중 하나는 "법(칙)"이란 것은 원래 누군가 혹은 뭔가에 의해 제정된 것, 즉 권위를 가진 존재로부터 유래하는 (의회에 의해, 독재자에 의해 혹은 신을 모시는 제사장에 의해 제정된 법들과 같은) 명제들을 의미한다는 사실이다 ; 그리고 여기서 사용된 "자연"이라는 말이("기술적" 혹은 "인위적", 즉 "인간에 의해 만들어진"이라는 의미와는 상반된) "자연적"이라는 의미에서 이해되어서는 안 된다는 점이다. 왜냐 하면, 우리가 어떤 사건·사태들이 서로 동일하다거나 아니면 그것들이 법칙성을 띤다고 확고하게 말할 수 있는 경우는, 비로소 측정하고, 실험하고, 또한 실험 도구를 구성, 제작해내고 사용하는 인간의 활동들이 일정한 방식으로 잘 통제될 때이기 때문이다.

과거 초기 기독교 이래로 팽배되었던 견해, 즉 자연 연구란 것은 신의 창조물들을 이해하고자 하는 노력의 일환이라는 주장 그리고 또 그 이후 이런 견해가 여러 다양한 계몽 사조들이 거쳐간 이후 세속화된 형식으로 표현되어 이젠, 자연 연구란 것은 가정된 법정인 "자연" 영역에서 강제적 힘을 행사하고 있는 모든 법칙들을 찾아내고자 하는 노력의 일환이라는, 우리가 보기엔 별반 아무 내용도 말해주고 있지 않은 주장 혹은 견해들로부터 시선을 돌려, 그 대신 자연을 연구하는 과학자들이 실제 어떤 기준을 적용해 각 과학 이론들에 긍정 혹은 부정의 입장을 취하는지에 우리가 관심을 기울이게 되다보면, 우리는 위의 "자연 연구"라는 논의 주제가 항상 그리고 단지 과학적 작업의 기술적 성공 여부를 기준으로 해서 답해질 수 있는 것임을 알 수 있다. 이것이 말하는 것은, 과학 이론들이 타당한지 아니면 그렇지 못한지를 그 이론들이 그들의 연구 대상에, 즉 법칙성을 띠고 있다고 가정된 자연의 내적 속성에 그대로 합치되는지의 여부에 따라 따지는(이러한 가정이 있다고 하더라도, 이 경우엔 원래 가정된 이론적 지식 이외에 더 이상의 어떤 지식도 얻을 수 없다는 사실을 우리는 주목할 필요가 있다) 일을 할 것이 아니라, 오히려 과학 이론은 (과학자들의) 행위 능력들을 언어 형태로 그리고 그것도 체계적 형태로 잘 정돈한 형식을 일컫는 말이라는 사실이다. 사실 과학 이론이란 그것이 표현하고 있는 일정 사태들을 구성해내기 위해 우리가 어떤 형태의 행위를 수행해야 하는지를 규정해주고 있다는 의미에서 이해될 수 있으며 그리고 이러한 의미에서 일종의 도구로 여길 수 있다.

따라서 오늘날 각 과학 전공 서적에서 관찰되는 형태의 과학 이론들이 과학철학적 견지에서 제대로 해명될 필요성이 있다. 사실 그것들은 언어 행위에 의해 산출될 결과물로 재구성되어야 하며, 이때의 언어 행위의 진·위 또한 자신이 추구하는 실천적 목적과의 관계에서 혹은 그 활동 자체 내에 내재되어 있는 행위 기술적 (技術的) 지식과의 관계에서 판단될 수 있어야 한다. 이렇게 볼 때, 이론들은 최우선적으로 "실천적" 내용을 가지며 그 다음에 언어 의미 문제가, 즉 이론 구축에 근간이 되는 개념들의 의미 규정 작업인 의미론이 오고 그리고 그 다음에 과학의 이론들을 일정한 구조화된 방식으로 정리하는 데 수단으로 사용되는 구문론이 온다고 할 수 있다. 이를 방법적 순서의 원리에 적합한 방식으로 다시 기술하면, 이론들은 우선 실천적 특성을 갖고, 그 다음으로 의미론적 특성을 그리고 마지막으로는 구문론적 특성을 갖는다. 이 점은 특별히 강조될 필요가 있다. 왜냐 하면 과학철학이 역사적으로 발전되어나오는 과정에서 과학철학자들에게 우연히 가장 먼저 관심의 대상이 되었던 것은 (이론으로 표현된) 과학의 언어적 내용물들이었고, 이것이 다시 우연한 기회에 논리학을 수단으로 해서 분석되면서 이제 과학철학자들간의 폭넓은 논의에서 이론의 구문론적 측면이 과학의 일차적 특성이라고 규정되었기 때문이다. 다시 말해, 무엇보다도 수학과 수리물리학의 이론들이 과학철학자들의 첫 번째 분석 예들이었던 관계로 해서 중시되었던 명제 체계들의 구문론적 구조가 후에는 과학들의 과학성을 인식하기에는 충분치 않다는 사실이 드러나고나서야 비로소 전통적 과학철학자들은 내용적으로 유의미한 그리고 자신들의 연구 대상인 현실과 일정한 관계를 맺고 있다고 하는 (자연-)과학의 이론들을 이들과는 그 성격에서 현저하게 차이가 나는 형이상학적, 공상적 혹은 사이비 과학적 이론들과 구분할 수 있도록 하기 위해 의미론적 논의를 개진시키게 되었다. 그런데 의미론을 가지고도 이러한 구분을 제대로 해낼 수 없게 되자 그들은 결국 실천론, 즉 이론을 만들어내고 테스트하는 과학자들의 행위를, 예를 들어 실험실에서의 행위 맥락 속으로 위치시켜 이해하고자 하는 시도를 추가로 고려하게 되는데, 이러한 시도는 과학성의 성격을 다시 원점으로 돌아가 구문론적 시각에서 밝혀야 한다는 견해의 주장들과 논쟁을 벌이는 가운데 진행되었다.

위에서와 같은 **구문론, 의미론 그리고 실천론**의 앞에서 뒤로의 순서는 오늘날의 과학철학자들에 의해서 뿐만 아니라 전문 과학자들 스스로에 의해서도 주장되고 있다. 예를 들어, 컴퓨터 비유를 통해 인간의 뇌 기능을 이해하고자 하는 (과학자들의) 연구 프로그램은 뇌를 먼저 구문론적 기계로 보고, 그로부터 "의미론적 기계"로의 전이, 즉 의미를 이해할 수 있는 기계로의 전이가 가능하다고 가정하고 있다. 그리고 그 프로그램은 이러한 구문론적 기계에서 의미론적 기계로의 전이 시에 일어나는 문제 해결을 위해서는 실천론을 다시 끌어들여야 한다고 가정한다. 이러한 연구 프로그램은 바로 위에 언급한 구문론, 의미론 실천론의 순서를 그대로 따르고 있다. 앞서 이미 보아서 알 수 있듯이, 이러한 사고 방식은 단지 역사적 우연으로 생겨난 오해일 뿐이다 : 과학은 물론 일정한 의미에서 명제 체계를 이루고 있고 또한 구문론적 구조를 가지기는 하지만, 그렇다고 해서 우리가 이러한 (즉, 논리학의 도움을 빌어 표현된) 과학의 구문론적 기준을 빌어 과학의 기초 개념들이 갖는 특성을 그려낼 수 있는 것은 아니다. 즉, 구문론적 기준을 빌어 우리는 과학에서 발견되는 기초 개념들의 의미 문제를 다룰 수는 없다. 과학은 오히려 항시 인간 실천의 결과물이다. 과학에 대한 모든 초과학적 논의는 우선 실천론에서 시작해야 하고, 그 이후 그러한 실천에 포함되어 있는 행위들의 일부, 즉 언어 행위들을 기술해내고 거기서의 의미 문제, 즉 용어의 정의 문제와 전문 용어 구성 작업의 문제를 논해야 하며, 그 이후에 다시 명제 체계의 논리적 구조, 즉 과학 이론의 구문론적 측면을 하나의 특수한 테마로 해서 논해야 한다. 간단히 말해, **구문론, 의미론, 실천론**의 순서는 위에서와 같은 과학 이해 방식에서는 거꾸로 되어 있는 것이어서 방법적 순서로 보면 그것은 원래 반대 방향에서 읽혀야 한다. 단지 이런 제대로 잡힌 방법적 순서에 입각해서만 과학철학은 과학의 초주관적 지식으로의 가능성을 모색하는 인식론적 물음에 일정한 기여를 할 수 있게 된다.

과학성의 근본 특징에 대한 논의가 진행된 이 단원을 읽고 있는 독자들은, 이 단원에서 과학 이론과 자연 법칙에 대해 그리고 다른 곳에서는 생산 지향 행위(poietisches Handeln)의 의미에 대한 논의가 진행되었다는 사실, 그래서 제대로 보면 (이 단원에서는) 자연과학(이론의 과학철학적 문제)만이 주된 논의 테마였다는 사실을 상기할 필요가 있다. 여기로부터 우리가 논의할 현대 과학철학의 중심 주제 하나가 따라나온다. 현대의 과학철학은 엄밀한 과학들의 (특히, 수학과 물리학의) 이론적 토대가 흔들리기 시작하자 이 과학들의 토대 문제를 다루기 시작했고, 이를 계기로 우선은 수리적 내용을 자체 내에 포함하고 있는 실험과학들에서 나타나는 문제들을 연구하기 시작했다. 이후 이러한 수학적 자연과학에 대한 과학철학적 분석 작업은 많은 주목을 받게 되었고 과학철학적 지식들은 또 널리 논의되어 퍼지게 되었다. 이렇게 수학적 자연과학에 대한 과학철학적 분석은 많은 영향력을 행사하게 되었는데, 이 와중에서 특히 수학적 자연과학은 자신이 이루어놓은 기술적(技術的), 예측적 그리고 설명적 성공 특성 때문에 다른 분야의 과학자들에게 모방의 한 모범이 되기에 이르렀다 ─ 물론 그들은 자신들의 연구 분야에 자연과학적으로 잘 다듬어진 방법을 적용하게 되면 자연과학과 유사한 성공을 거둘 수 있지 않겠나 하는 기대감에서 자연과학을 과학의 전형적 모범으로 삼았던 것이다. 예를 들어, 오늘날 우리는 물리학의 전형을 따르고 있는 심리학이 있음을 본다. 다른 과학 분야들도 가능한 한 물리학의 모형을 따르고자 하는 것은 매한가지다(개별 과학 분야나 개별 과학군에서 나타나는 다양한 형태의 문제들은 이 책의 제II부에서 논의될 것임).

앞에서는 주로 자연과학과 연관된 테마들이 논의되었는데, 거기서의 논의 주제들은 독자들이 어렵지 않게 자주 만날 수 있는 그러한 것들에 비추어 논의되었다. 그렇다고 해서 과학성 (혹은 학문성) 일반, 즉 역사적으로 관찰될 수 있는 (자연과학 이외의 분야도 아우르는) 제반 과학들의 특성을 규정하고자 하는 요청이 아직 포기된 것은 아니다. 문화과학들은 어떠한 자연 법칙도 찾아내고자 하지 않는다. 이는 자명한 사실이다. 그럼에도 불구하고 문화과학들도 자연과학과 마찬가지로 (내적으로는) 과학성을 요청하고 있으며 또한 이 과학성 성취 여부에 대한 판단 심급이 될 규범적 기준들을 자체적으로 요청하고 있다. 그래서 우리는 이제 자연과학만이 아닌 모든 과학들을 염두에 두고 지금까지의 논의를 정리해 보도록 한다:

과학적 수준의 지식은 초주관적 타당성을 만족시켜야 한다. 이 말은, 과학은 생활 세계적 실천에서 고상화(세련화)를 통해 형성되어야 하고 그 결과는 초주관성을 목표로 한다는 것을 말한다. 이 초주관성이라는 목표에 도달하기 위한 수단으로 우리는 위에서 한편으로 언어적 표현들의 이해 문제는 전문 용어의 의미가 명백히 따라잡을 수 있는 방식으로 규정됨으로써 해결될 수 있다고 했고, 다른 한편으로는 (과학 이론들의) 타당성 문제를 제대로 따라잡는 문제는 시험 방법(Überprüfung)의 도입을 통해 해결될 수 있다고 말했다. 이때 개념 정의나 주장된 명제 혹은 테스트의 (최후) 정초 문제는 풀릴 수 없다고 보는 회의주의자들의 가정이 사실은 그들이 과학을 온당치 않게 단지 서술적 측면에 초점을 맞추고 해석하기 때문에, 예를 들어 과학을 단지 언어적 활동으로만 제한해서 보는 가운데 생겨나는 결과일 뿐이라고 말했다: 과학이 우선 언어적 성과물로 여겨지고 또 그러한 견해 하에서 비언어적 실천 측면은 부차적 문제로만 고려되는 곳에서는, 그래서 또한 — 직관적으로 표현해 — 과학은 교과서 형식의 지식으로 표현되어 나타난다고 여김과 동시에 선과학적 "생활 세계적" 관계들을 거의 테마화하지 않는 곳에서는, 시작의 문제는 필경 풀릴 수 없는 것으로 보일 수밖에 없다. 과학은 (언어 행위의 영역에서는) 주장에만 혹은 (행위의 영역에서는) 그것의 테스트에만 국한하지 않는다. 과학은 (언어적 측면의 경우) 항상 (개념 정의, 행위의 규범화 등과 같은) 요구들에도 항상 존재할 수밖에 없으며 그것은 또한 (행위 측면의 경우) 새로운 대상 내지 관계들을 구성해내는 활동들로 이루어지는 작업이기도 하다. 과학은, 마지막으로 항상 인간의 욕구 내지 필요에 관련되어 있으며, 과학에 대한 가치 판단은 과학이 추구하는 목적의 성공 여부와 관련해 이루어져야 한다. 과학은 문화사에서 펼쳐지는 인간 실천의 한 부분으로 항상 (목적) 지향적 내용들을 담지하고 있어 인간의 목적으로부터 독립되어 있지 않으며 또 그러한 목적에 대한 정당화 요구가 있을 때 그 정당화가 어떻게 이루어지는가에 따라 그 모습이 달라지기도 한다.

구성주의 과학철학의 논의 주제들은 다양하다. 하지만 여기서는 그 중에서 제반 과학들에 일반적으로 적용될 수 있는 주제 부분만 소개되었다. 이 소개에서의 구성주의 과학철학의 핵심 내용은 다음과 같다 : 구성주의 과학철학은 인간의 행위, 즉 과학자들의 과학 활동의 실천적 측면을 항상 염두에 두면서 논의를 펼친다.

제 I 부
연습 문제

[문제 1] 과학의 언어들과 과학철학의 언어들은 서로 어떤 관계에 서 있는가?

[문제 2] 과학과 비과학 간의 "경계 구분 문제"가 의미하는 것은 무엇인가?

[문제 3] "생활 세계(Lebenswelt)"는 어느 정도로 모든 과학의 바탕이 되는가?

[문제 4] 행위(Handlung)와 행동(Verhalten), 활성(Regung), 운동(Bewegung) 그리고 사건(Geschehnis) 개념들 간의 용어적 관계를, 맨 위 끝에는 일반적 개념이 그 밑에는 그것의 하위 개념이 위치하는 방식으로, 소위 "개념 피라미드"를 사용해 밝혀보라!

[문제 5] 행위(Handlung)와 행동(Verhalten)은 어떻게 명확하게 구분되는가?

[문제 6] 과학에서 경험"되었다"고 하는 것은 무엇을 의미하는가?

[문제 7] 과학 정초 작업에서의 "시작 문제(Anfangsproblem)"는 어디에서 그 단초를 찾을 수 있으며 그리고 그것은 어떻게 해결될 수 있는가?

[문제 8] 과학 "법칙들"의 (방법적) 기반은 무엇인가?

[문제 9] 과학철학이 과학을 "방법적으로 재구성"한다고 하는 말이 의미하는 것은?

[문제10] "방법적 순서 원리"란 무엇이고, 또 그것은 어떻게 근거지워질 수 있는가 혹은 정당화될 수 있는가?

[문제11] (과학) 이론들의 목적은 무엇인가?

[문제12] "과학성"이란 말이 뜻하는 바는?

제 II 부

구성주의 과학철학 각론

0. 들어가는 말

제Ⅰ부에서는 역사적으로 그리고 체계적으로 나타나는 현상인 과학에 대한 일반론적 시각에서의 과학철학적 논의가, 그것의 개별 분과들에 대한 구분이 고려되지 않은 채 펼쳐졌었다. 이제 제Ⅱ부에서 우리는 개별 과학들이나 학문 개별 분과들에서 제기되는 문제들을 다루어볼 참이다. 하지만 이 논의에서 개별 과학들에 대한 중요한 과학철학적 문제들이 모두 다 완전히 다루어질 수는 없다. 대신 여기에 소개되는 **구성주의 과학철학 각론**의 목표라고 한다면 그것은 과학철학적 논의에서 항시 새롭게 논의 주제로 부각되고 있으며, 때때로 논란의 여지와 오해를 불러일으키기도 하고 또 그와 동시에 과학철학적 논의에서 그 기초 논의 테마가 되는 주제들을 다루는 일이다.

과학 이론들을 방법적으로 재구성하고자 한다는 구성주의 과학 철학의 프로그램에 합당하게, 이 단원의 전반부에서는 다음 주제들이 먼저 다루어진다 : 과학의 각 개별 분야들은 **인간 생활 세계의 어느 (생활) 실천** 영역으로부터 세련화 작업을 거쳐 (또한 그래서 이러한 개별 과학의 분야는 그러한 인간 실천 영역에 오늘날도 여전히 일정한 기여를 하게 되는 것인데) 재구성되는 것인가? 그리고 이러한 시각 틀에서 볼 때, 생활 세계에서의 실천 지향적 **연구 방법**들을 통해서 매개된다고 하는 그리고 차후에는 각 개별 과학들의 연구 대상이 된다고 하는 (생활 세계적) **대상들의** (생활 세계적) **"조성화(造成化) 작업(Gegenstandskonstitution)"**을 우리는 어떻게 이해해야 하는가?

오늘날 대학과 같은 곳에서 찾아볼 수도 있는 각 학문 분과 형태들은 무척 다양한 양상을 띤다. 그 예들을 우리는 도서관 도서 목록 분류를 위한 목적이나 과학 운영을 위해 이루어지는 과학의 세밀한 조직화 작업에서 찾아볼 수도 있으며 아니면 그 외의 다른 목적을 위해 과학이 여러 방식으로 구분될 경우에서도 찾아볼 수 있다. 각 개별 과학들의 모습을 파악하고자 할 경우, 우리는 이때 예를 들어 어떻게 어떠한 순서로 어떤 구분 체계를 기준을 가지고 그 일에 접근해 들어가야 하는 것인가? 결론적으로 말해, 대학과 같은 곳에서 찾을 수 있는 여러 개별 과학들 혹은 과학 분야들의 조직 형태나 개별 영역들 간의 상호 구분은 다양한 역사적 우연성들에 의해 생겨난 자연적 현상으로, 확실히 그것들은 아직 어떤 인식론적 혹은 과학철학적 기준을 가지고 작업된 것이 아니다.

물론 과학을 대상으로 해서 펼쳐지는 논의들을 보게 되면 우리는 그러한 논의들에서 과학이 최소한 대략 몇몇의 커다란 분과 그룹들로 나눠지고 있음을 어렵지 않게 발견할 수 있다. 아마 가장 일반적이고 또 잘 알려진 분류법은 자연과학과 정신과학 간의 구분일 것이다. 그러나 이러한 구분 방식과 관련해, 어떠한 특수한 세부 지식이나 철학적 사고의 도움 없이도, 이미 몇몇의 의문점들이 제기될 수 있다 : 만약 과학을 그런 방식으로 구분할 수 있다고 한다면, 기술과학은 어디에 위치해야 하는 것인가? 수학은 정신과학에 속한다고 해야 하는가? (국민)경제학이나 정치학 같은 사회과학들은 전통적인 구분 방식인 정신과학, 예를 들어 문학과 같은 그룹에 속하는 것으로 보아야 되는가? 특히 : 그러한 방식으로 과학들이 구분되고 또 그러한 구분 방식이 적용되거나 포기될 때 그 기준은 무엇인가?

제I부의 내용을 잘 이해한 독자라면, 기존 과학들을 이렇게 **구분하고 분류하는** 일 자체가 이미 어떤 일정한 **목적을 지향**하고 있다는 사실을 알아차릴 것이다. 이를 통해 다음과 같은 언어 비판적 숙고 결과로 얻어진 견해가 그 근거를 가질 수 있게 된다. 즉, 개별 과학들의 분류 혹은 몇몇의 분과들을 하나 혹은 다수의 분과 그룹으로 묶는 학문의 분류 작업은 그것이 단지 일정한 그리고 명백히 표현된 목적을 위한 수단으로 여겨질 때라야 비로소 그 성공 여부가 가려질 수 있는 것이기에, 어떤 목적 중립적인 과학 구분 체계를 찾는 일은 무의미하며 그래서 또한 학문의 분류는 원래부터 그 자체로 존재하는 것이라는 생각은 별로 생산적인 일이 되지 못한다는 사실이다. 달리 말해, 철학적으로 볼 때 서로 경쟁하는 여러 학문 구분 도식들이 존재한다는 사실은 그 자체로는 하등 불행이 아니다. 왜냐 하면, 이러한 구분은 그 각각의 특수한 분류 목적에 따라, 질문에 따라 그리고 구분 의도에 따라 전적으로 그 나름의 유의미한 수단들이 될 수 있기 때문이다. — 그러나 그러한 구분들이 마치 유일한 하나의 목적 하에 유의미 혹은 무의미한 것이 될 수 있는 양 해석되어서는 안 된다.

각기 다양하면서도 유의미한 과학 구분법이 허용될 수 있다는 사실을 따로 고려하지는 않는 가운데, 여기서는 그러한 구분 목적의 다양성과 연관해 몇몇 **구분 도식들**만 언급해보도록 하겠다. 왜냐 하면 이러한 구분 도식들이 과학 이해 문제나 과학 이해에 대한 논쟁들에서 아주 중요한 역할을 하고 있기 때문이다. 그러한 구분 도식들은 과학에 대한 일종의 메타론적 술사(述詞)들로서 그 자체가 과학철학적 사고의 산물이자 또 **누가 어떠한 과학철학적 입장**을 취하느냐에 따라 그 모습을 달리할 수도 있다. 그러한 구분 도식들에 대한 구성주의적 시각에서의 이해가 어떤 모습을 띨 것인지는 우리가 다음과 같은 주제들, 즉 최소한 그러한 구분 도식에서의 암묵적인 전제는 무엇이며, 그러한 구분 도식에서는 어떠한 물음들과 문제들이 제기되고 있는지 혹은 그러한 구분 도식들에서는 논의상 어떠한 함정들이 있는지 등의 문제들을 다루게 되면 밝혀지게 될 것이다.

1. 전통적 과학 구분 체계 비판

자연과학과 정신과학 간의 상호 대조 문제가 논해지는 곳이라면 거의 어디서든 빈번하게 인용되는 신칸트학파의 한 사람인 빈델반트(W. Windelband)의 견해를 여기서 우선 다루어보자. 빈델반트는 1894년 스트라스부르크(Straßburg)대학 총장 취임 연설에서 자연과학을 **법칙 지향**(nomothetisch) 학문으로 그리고 정신과학을 **개별 지향**(ideographisch) 학문으로 특징지웠다. 간단히 말해, 자연과학은 자연 법칙을 형성하는 작업을 하고 역사과학 같은 정신과학은 개별적인 사람, 상황, 사건들을 기술하는 일을 한다는 것이다. 그러나 이러한 구분법은, 다음에 보는 바와 같이 그리 올바른 견해라 할 수는 없다 : 오늘날 전문 과학자가 아닌 어떤 문외한도, 자연과학조차 개별적인 것들을 연구·기술하고 있다는 사실 그리고 그것도 그러한 개별 사례들을 보편적 혹은 법칙적인 것에 포섭되는 사례들로 연구·기술하고 있는 것은 아니라는 사실을 알 것이다. 베게너(A. L. Wegener)가 그의 저서 『대륙과 대양 태동론 (*Die Entstehung der Kontinente und Ozeane*)』에서 발전시킨 대륙이동론을 한번 생각해보라. 거기에는 대륙의 태동에 대한 자연과학적 설명이 전개되고 있는데, 예를 들어 남아메리카의 동쪽 대륙선과 아프리카의 서쪽 대륙선에 비추어 시험될 수 있는 소위 "대륙 소켓 이론"이 소개되고 있다. 이와 비슷한 사건이 일어났거나 일어나고 있는 행성이 비록 지구 이외의 우주 어느 곳에서도 존재하지 않는다 하더라도, (지구에 국한한 이러한) 개별 사건에 대한 베게너의 이론은 분명 자연과학적 이론이며 또한 자연과학적으로 타당한 이론임이 증명되었다. 또한 공룡의 멸종, 태양계의 태동 혹은 오존 구멍의 생성에 대한 이론 등도 빈델반트가 말하는 의미에서 철저히 개별 대상 혹은 사건들을 기술하고 있는 이론들이다.

위의 예와는 반대로, 소위 정신과학들도 법칙 지향적 성격을 띠고 있음을 완전히 배제할 수 없다. 왜냐 하면, 정신과학들이 문학

장르에 대해 말할 때나 역사에서의 규칙성을 주장할 때 혹은 (국민-)경제학에서의 생산성과 금전 가치에 대해 말할 때, 우리는 그것들이 일종의 법칙적 관계들을 주장하고 있음을 관찰할 수 있기 때문이다.

더구나 빈델반트의 예는 그것이 실제 기존하는 그리고 대학의 역사적 발전을 통해 우연히 태동된 과학의 개략적 구분 형태를 특히 논리학에서 유래하는 **개별 대 일반**(혹은 **보편**)이라는 단순한 **구분** 기준에 맞춰 해석하고 있기에 여기서 논의될 의미가 있기도 하다. 논리학과 언어철학 그리고 다른 많은 논의 맥락들에서 중요한 역할을 하고 있는 이러한 "개별 대 일반"의 구분법은 그러나 그것이 생활 세계적 실천에서가 되었든 아니면 과학에서가 되었든, 인식 혹은 지식의 영예를 얻을 만한 수준에는 미치지 못한다. 생활 세계적으로나 과학적으로, 예를 들어 어떤 사람에 대해 신빙성 있는 정보를 얻고자 하는 사람에게 일반적 법칙 명제는 그리 결정적인 것이 못 된다 ; 그리고 수증 기관의 기능 원리에 대해 수공 기술적, 기술공학적 그리고 자연과학적 설명을 제공하고자 하는 사람은 그러한 설명이 어떤 특정의 개별 수증 기관에 국한된 설명이라거나 어떤 특정의 (기계) 제작 상황과만 연관되어 있다거나 어떤 특정의 수증 기관의 사용 상황에 국한해 그 타당성을 갖는 것이라고 생각지 않는다. 즉, 그가 그러한 설명을 할 때 그에게는 어떤 특정의 상황이 갖는 일회적 고유성은 그리 중요치 않다. 우리는 또 법칙적인 것과 개별적인 것 간의 선택 문제를 부각시키는 견해들은 그것들이 과학적 물음들이 추구하는 각 상황에서의 목적 측면을 염두에 두지 않고 있기에 과학의 행위 특성을 도외시하고 있다고도 말할 수 있다.

빈델반트에게서의 "개별 대 법칙"이라는 구분 형식의 배후에는 또한 자연과 문화를 구분하고자 하는 인식론적 의도가 도사리고 있다 : 그러한 견해에 의하면, 자연과 그것들의 법칙은 문화 그리고 그것들의 역사와는 아주 다른 방식으로 파악될 수 있다. 그러나 여기서 간과된 것이 있다. 그것은 자연과학과 문화과학에서의 각 인식 목적 및 인식 방법들 간에 존재하는 근본적인 차이에 관련된 것이다 ; 앞서 이 책의 제 I 부에서 자연과학적 명제들의 법칙성은 그것이 실험이 기술적으로 재생산 가능하기 때문에 보장될 수 있는 것이지 자연과학이 다루는 대상 영역 자체의 (증명되지 않은 채로 단지 가정만 된) 법칙성에서 유래하는 것이 아니라고 설명되었다. 반면, 자연과학에서와는 달리 문화과학들에서는 그때 다루어지는 사태 관계들이 기술적으로 재생산 가능한지의 문제는 그리 중요한 역할을 하지 않는다. 우리는 이 사실을, 다른 여러 가지 중에서도 인간이 자신들의 행위를 어느 정도 수준에서 도식화시킬 수 있고 또 엄격한 의미에서 반복 가능하게 할 수 있기는 해도 그러한 행위 과정에서 생겨나기도 하는 몇몇 반위사들은 그러나 임의적 반복을 허용하지 않는다는 사실을 간파하게 되면 알 수 있다. 예를 들어, 어떤 한 사람이 있을 경우, 그 사람은 짧은 기간 안에 동일한 건으로 두 번 똑같이 놀라게 되거나 동일한 내용으로 두 번 똑같이 가르쳐질 수 없다. 왜냐 하면, 그는 한 번의 사건 경험을 통해 — 예를 들어 배움을 통해 — 이미 이전과는 다른 상태의 사람이 되어버려 처음 그대로의 상태에서처럼 놀랄 수 있다거나 처음처럼 원래 그대로의 내용을 가지고 뭔가를 새롭게 배울 수 있는 것은 아니기 때문이다. 그리고 또한 역사적 관계들은 한 번 지나가면 기술적(技術的)으로 다시 재생 불가할 수 있다는 사실, 즉 역사의 수레바퀴는 되돌릴 수 없다는 사실은 누구도 다 아는 사실이다[이러한 이유들 때문에 문화과학 혹은 역사과학들은 법칙성을 갖는 데 한계가 있다 : 역자 주].

자연과학과 정신과학 간의 구분은, 이는 얼핏 보기에 과학철학적으로 그리고 행위론적으로 논하는 것처럼 보이기는 하는데, 자연과학에는 종종 "설명(erklären)"이라는 그리고 정신과학에는 "이해(verstehen)"라는 술어가 적용됨으로써 구분되기도 한다. 이는 자연과학은 자연적으로 존재하는 현상들을 인과론적으로 설명하는 일에 관계하고 있고, 정신과학은 그러한 류의 인과론적 설명이 아니라 인간이나 그 집단의 행위나 운명 등을 그들의 목적, 목표, 성공, 실패 측면과 연관해 이해(또는 해제, 해석 혹은 파악)하는 일에 관계하고 있음을 말한다. 이러한 "설명"과 "이해"의 대조는 특히, 심리학과 같이 자체 내에 자연과학적 (설명적, 사실과학적) 흐름뿐 아니라 정신과학적인 흐름 혹은 그러한 부류의 학파들이 출현하는 경우에도 관찰된다.

과학자들이 자연 현상들을 설명한다거나 인간의 행위를 이해한다고 할 때, 그들이 실제로 하고 있는 것을 우리가 비판적 시각을 가지고 자세히 들여다보게 되면, 위에서와 같은 (자연과학과 정신과학 간의) 대조 작업에 근간이 되고 있는 견해는 거의 받아들일 수 없는 것임을 우리는 알 수 있다.

자연과학은 자연적으로 주어진 현상들을 ("현상"이란 보이는 것을 의미 — 마치 고대 그리스의 자연 연구가들에게 하늘의 구름, 태양, 달 그리고 별이 현현하듯이) 인과적으로 설명하는 과학이라 주장하는 사람들의 견해는 이미 치유되기 어려운 여러 난점들을

자체 내에 가진다 : 흔히 자연과학이 다룬다고 하는 거개의 모든 현상들은 실상은 자연적으로 주어진 것이 아니라 인위적인 것들로 실험실이나 인공적 관찰 조건 하에 만들어진 것들이다. 그러한 (생물과학의 지식들을 포함해) 자연과학적 지식들에는 우선 기술공학적 지식이 개입되어 있다. 특히, 자연과학 분야에 종사하고 있는 사람들은 자연과학 이론이나 자연과학적 설명들을 인정 혹은 부정할 때, 이 문제를 실험의 기술적 성공이나 적용에 의존해 결정하고 있는 실정이다. 바로 여기에 자연과학적 경험이 가지는 고유 특성이 놓여 있다.

자연과학이 자신의 설명 대상으로 삼고 있는 (인간에 의해 만들어지지 않았다는 의미에서의) 자연 현상들은 먼저 기술적으로 잘 통제된 실험 현상을 통해 (태양계 행성들의 케플러 운동에 대한 운동역학적 기술에서처럼) 시뮬레이션됨으로써 "설명"되게 된다. 그리고 인간의 지식을 기술공학적 수단을 가지고 통제하는 과학 영역에서는 그러한 시뮬레이션 혹은 모델링은 실험이라는 형태로 행해지고 있다(아래의 "과학에서의 실험" 단원 참고).

그 주제에 대한 문헌들이 부지기수로 많을 정도로, 자연과학에서 "설명"이란 개념은 논쟁이 아주 분분하다. 예를 들어, 비탈진 평면 위로 공을 굴려 내려보내는 갈릴레이 식 낙하 운동 실험이 있다고 하자. 이때의 이 사건은 비록 하나의 실험이긴 해도 거기에서는 아직 사건의 원인과 결과는 논의 테마가 아니다. 그런데도 우리는 (저 유명한 "헴펠-오펜하임-설명 도식"에 따라) 위 같은 개별 사건을 일반 (낙하) 법칙에 포섭시키는 것을 두고 아미 자연과학적 설명이 라고 할 수 있는 것인가? 아니면 인과론적 설명을 이해하는 데는, 사건들의 인과 관계가 사실은 실험과학자의 잘 숙달된 수공 기술을 통해 그리고 그것도 반복 가능한 기술적 성공을 통해 만들어지는 것이라는 사실을 아는 것으로 이미 족한 것이라 말해야 하는가? 언제나 그래왔듯이 자연과학에서의 인과론적 설명과 관련해 사람들은 첫 번째의 가능성에서 보통 그 해답을 찾고자 한다. 그리고는 곧이어 이 전자적 타입의 자연과학적 설명 방식이 더 나아가 인간의 행위나 운명을 설명하는 데도 적용될 수 있는 것은 아닌지 물으면서 그에 대한 긍정적 답이 가능할 수 있으리라 희망한다. 이러한 사고 노선을 따라 우리는 또, 오늘날 많은 사람들에 의해 광범위하게 수용되고 있기는 하지만 그럼에도 문제의 소지는 충분히 있는 견해를 따라, 다음과 같은 억지 섞인 질문들도 한번 해볼 수 있을 것이다 : 인간이란 결국 생물학적으로 기술될 수 있고 그리고 그 작용 방식 모두가 자연과학적으로 설명될 수 있는 그러한 유기체가 아닐까? 그래서 인간은 자연 법칙에 종속되는 것이 아닌가? 그래서 또한 그들의 행위와 운명은 인과적으로 설명될 수 있는 것이 아닌가? 만약 그렇다고 한다면 이제 "이해"의 방법을 사용하는 정신과학자들이 이해하고자 하는 그 어떤 것들도 더 이상 남지 않게 되는 것 아닌가? 이러한 질문들은 그러나, 사람들이 실제에서 그러한 견해를 받아들이고 있음에도 불구하고, 오해의 여지가 충분한 것들임을 우리는 알아야 한다.

현재에도 여전히 적용되고 있는 과학 분류의 세 번째이자 마지막 예를 논해보자 : 사람들은 대학에서 운영되고 있는 과학들을 대충 자연과학과 정신과학으로 나누는 경향이 있다. 이를 통해 그들은 스노우(C. P. Snow)의 저서에서 논해지는 "두 개의 문화"라는 테제에 걸맞게, 서로 다른 두 개의 문화가 존재한다고 말하고자 한다. (이 경우 수학자와 기술자들은 자신들의 작업이 자연과학에 속하고 있다고 생각하는 반면, 법학이나 사회학 혹은 경제학 같은 비자연과학들은 정신과학에 포함된다고 생각한다.) 이러한 좀 억지섞인 과학 분류 작업의 배후에는 사회학적 논의에서 사용되는 스타일의 분류 기준이 사용되고 있다. 이 기준에 따르면 각 과학자들의 재능, 성향, 지능 타입 그리고 특히 과학을 운영하는 형식들은 크게 자연과학과 문화과학 둘로 나눌 수 있다고 한다. 그리고 이러한 두 개의 서로 다른 문화들은 자명하게도 세계를 보는 다양하지만 그러나 상호 조화될 수 없는 제 각각의 시각들을 태동시킬 것이라 한다. 자연과학과 정신과학은 지속적인 자기 전문화의 길을 가게 될 것이고, 이러한 자기 전문화 및 세분화를 통해 이 둘간의 골은 점점 더 깊어지게 되어 과학은 결국 자신의 세계사적 과제, 즉 자연적 그리고 문화적 시야 모두를 마침내 하나의 틀로 통합하는 과제를 해결할 능력을 점차 상실하게 된다는 것이다.

이 책의 제Ⅰ부에서 이미 다룬 논의를 우리가 기억한다면, 이러한 구분법에 대한 최초의 반론이 이제 가능해진다. 과학에 대한 (자연과 문화의) 이러한 구분 방식은 사회학적, 경험적 사실을 기술해줌으로써 과학을 규정하고자 하며 또한 이를 통해 "과학성"이라는 주제에 대해 이유 있는 설명을 제공할 수 있다고 생각한다. 그뿐만 아니다. 그러한 과학 구분 방식은 과학에 아주 결정적 혹은 중요한 역할을 하는 특성들을 작업해내고자 한다. 하지만 우리는 어떻게 그러한 구분법에서 — 스노우의 견해가 옳다 치더라도 — 과학의 각 분과 그룹들에 본질적이라 할 수 있는 현상 형식들이 다루어지고 있다고 단정할 수 있을 것인가? 그러한 구분법에는 아마도 자연과학과 정신과학 각 영역에서의 과학적 특징들과는 전혀 상관없는, 단지 역사적으로 우연히 형성된 유행 현상 혹은 그러한 삶의 스타일에 대한 구분만이 이루어지고 있는 것은 아닌가? 과학을 상이한 두 문화로 보는 그러한 견해는, 비록 그것이 자연과학적 연구 활동을 일종의 문화적 현상으로 파악하고 있다고는 하지만, 그럼에도 불구하고 과학들간의 분업 작업과 관련된 모든 과학철학적이고 인식론적인 논의 주제들은 그냥 모두 덮어놓고 다루지 않고 있다.

　　단지 학적 논의에서 특히 자주 등장한다는 이유로 해서 여기에 소개된 이러한 세 가지 타입의 자연과학과 정신과학의 대조 예들은 과학에 대해 무척이나 엉성한 분류를 시도하고 있는 여러 예들 중 그 일부에 불과하다. 과학을 분류해 체계화하는 작업은 또 다른 경우 아주 특수한 문제들과 관련해 시도될 수도 있다. 예를 들어 물리학과 화학 간의 관계, 화학과 생물학 간의 관계 (한 분과를 다른 분과로 환원하는 문제를 거론하는 경우) 혹은 물리학과 수학 간의 관계 (예를 들어, 물리학에 대한 수학의 기여 문제를 논하는 경우) 혹은 역사학과 법학 간의 관계가 다루어지는 곳에서 뿐만 아니라 행동심리학, 인지심리학, 역사학 그리고 역사학의 역사학 등과 같이 한 학문 내부에서의 각 학문 방향에 대한 분류가 이루어지는 경우에도 과학의 분류 및 체계화 시도는 일어날 수 있다. 그러나 이러한 학문 체계화 작업 시 모든 과학 분과들이 하나의 유일한 목적을 추구한다는 전제 하에 그것들을 일목요연하게 구분할 수 있는 하나의 구분 도식을 찾아보겠다는 시도는, 그리고 그것도 다른 여타의 대안적 체계화 방법보다도 훨씬 더 나은 체계화의 도식을 찾을 수 있다는 희망 섞인 시도는 여태껏 한 번도 근거지워진 바도 없을 뿐더러 또한 실제로 현실화된 적도 없다. 그래서 여러 타입의 과학철학적 문제들을 논하는 아래의 논의에서 우리는 과학에 대한 어떠한 형태의 보편적 분류 혹은 체계화를 시도하지 않을 것이다.

대신 아래에서 논의되는 구성주의 과학철학 각론은 논리적 추론 (logisches Schließen), 계산(Rechnen), 실험(Experimentieren) 등과 같은 인간의 다양한 행위 방식들에 대해 논한다. 우리가 이러한 방향의 논의 방식을 선택하는 이유는, 과학을 체계화하고자 하다 보면, 누구나 다 알겠지만, 우리들은 각 과학들이 서로 중첩되는 부분들을 갖는다는 것을 알 수 있기 때문이다. 예를 들어, 역사학에서는 (우리가 출토된 도구들의 제작 과정이나 그 사용 목적을 해명하고자 할 때) 계산이나 실험이 사용되기도 하며, 반대로 자연과학이나 수학에서는 때때로 미적 기준들이 그 나름의 역할을 하기도 한다. 이는 또한, 과학을 체계적으로 분류하겠다는 시도가 포기된 상태에서, 각 학문 분과적 특수성이라고 하는 것은 바로 자기만의 수행 과제, 연구 방법 그리고 작업의 성공 여부에 대한 판단 기준을 가지고 있는 행위 영역들을 두고 의미될 수 있다는 것을 말할 뿐 아니라, 그러한 것들이 그 작업적 합목적성에 따라 대학의 여러 분과들에 실제로 도입되어 실천되고 있다는 것을 말한다.

2. 과학에서의 논리

제 I 부에서 이미 논의된 것처럼 모든 과학적 결과들은 언어로 논리정연하게 정리, 기술되기 때문에, 얼핏 보기에 "논리적 논증을 자체 내에 사용하고 있는" 과학들의 특징을 기술한다는 것은 별반 소용없는 일처럼 보인다. 사실 논리적 논증 없이 자신의 주장을 펼치는 그 어떠한 과학도 없을 것이다. 다른 한편, 어느 과학이라도 논리적 오류를 저지르지 말아야 한다는 사실을 인정하고 있는 것을 보면, 우리는 다양한 각 과학들이 그들 나름의 다양한 방식으로 논리에 의존하고 있음을 쉽사리 알 수 있다.

아마도 **논리적 추론**이 가장 중요한 **역할**을 하는 분야는 분명 수학의 경우일 것이다. 누구나 다 알 수 있듯이 수학은 주어진 전제들에서 논리적 추론의 수단을 빌어 하나의 주장을 도출해내는 자신만의 고유한 **증명술**을 발전시켰다. 다양한 타입으로 나타나는 증명의 섬세성, 증명가능성 일반에 대한 철학적 질문들 혹은 논증되는 주장과 논증 수단이 갖는 상호 의존적 긴밀성 관계에 대한 철학적 문제 등은 이 자리에서 다룰 수 있는 주제들이 아니다. 그러한 논의 테마들은 증명론과 초수학 영역에 맡겨질 수밖에 없다.

그러나 논리학이 안고 있는 문제가 무엇인지 잘 모르는 초보자라도, "논리적으로 논증하는" 과학들이 만약 다양한 논리학들이 서로 경쟁하면서 존재하는 경우가 있다면 즉시 정초 문제(Grund-lagenprobleme)에 빠질 수밖에 없다는 사실을 간파할 수 있을 것이다. 실제로 여러 논리가 존재하는 상황이 존재한다고 하면, 해당 분야의 각 과학자는 그 여러 **논리들** 중 하나를 그리고 그것도, 여기서의 관건은 과학이기에, 충분한 이유를 가지고 선택해야 하는 상황에 직면하게 된다. 마치 수학에서 그러하듯, 만약 서로 다른 다양한 논리학들이 (예를 들어, "무한"을 해석하는 데) 각기 다양한 서로 다른 이론들을 만들어낸다고 한다면, 수학자는 이러한 여러 논리(학)들간의 경쟁을 자신의 학문과 연관지어 심사숙고해야 하고 그리고 결국에는 그 여러 논리들 중 하나의 논리를 선택해야 하며 그리고 그 선택에 대해 나름의 충분한 이유를 제공해줄 수 있어야 한다.

여기서는 논리철학과 수리철학에 관련된 대안이 어떠한 형식의 것이어야 하는가의 문제는 논의되지 않을 것이다. 독자들이 알아야 할 것은 단지, 유일무이하며 아마도 "영원한 사고 법칙"을 표현한다는 영역으로서의 바로 "그" 논리학이라는 것은 존재할 수 없다는 것, 그 대신 — 행위로서의 모든 인식 추구를 그 목적과의 관계에서 파악하고자 하는 이들에겐 더 이상 놀랄 일은 아니지만 — 단지 추구되는 목적과 목표의 다양성에 따라 서로 상이한 방식으로 나타나는 역사적 산물로서의 논리학(들)이 있을 뿐이란 사실이다. 사실, 수학의 증명 과정에서 사용되면서도 간과하기 어려운 차이점들을 각기 보여주고 있는 논리학들을 언급해보자면, "**고전 논리학**" 이외에도 "**구성주의 논리학**"이 거론될 수 있다 : 이 각각의 논리학들은 서로 차이가 있다. 고전 논리학은 (물론 근거 없는 말이긴 하지만) 모든 명제는 항상 **참** 아니면 **거짓** 둘 중의 하나, 즉 제3의 가치 판단 영역은 없다고 가정하고 있어, "만약-그러면"(즉, 추론 개념)의 정의에는 참과 거짓의 "2치 논리"로 충분하다고 말한다. 그리고 무한에 대해서도 고전 논리는 그것이 실질 무한, 즉 대상의 무한집합 전체가 완전한 형태로 주어져 존재하고 있으며 그것은 이론적으로 파악 가능한 것으로 이해되고 있다. (이때 재론의 여지 없이 확실한 하나의 사실은 수학이 무한의 여러 타입들을 다루는 작업을 포기할 수 없다는 것이다.) 반면 **구성주의적 논리학**은 사람들 쌍방간에 벌어지는 논쟁 행위 맥락에 그 뿌리를 두고 구성되는 논리학인데, 이때의 논증에서 사람들이 취하는 입장이 항상 그럴 수 있는 것처럼, 구성주의 논리학은 배중률("tertium non datur"), 즉 (참 그리고 거짓 외에) "제3의 판단치는 주어질 수 없다"는 견해를 전면적으로 거부하고 있으며 또한 가치 판단 문제를 주장의 성격을 갖는 언어 행위에만 국한해 이해하지 않는다. 그리고 구성주의 논리학은 ("잠재적") 무한에 대해, 무한이란 것은 (예를 들어, 끝없이 지속되는 어떤 창조 작업의 범례를 들어 설명하는 가운데) 인간에 의해 고안되어 만들어지는 구성물임을 ─그 예로 이미 센 수(數) 다음에 그 다음으로 큰 수를 댄다든가 혹은 이미 쪼갠 반 토막의 물건을 또 다시 반으로 쪼개나가는 과정을 우리는 한번 생각해볼 수 있을 것이다 ─ 즉, 잠재적 무한은 물 컵 속의 물을 단번에 모두 비워버리는 상황과는 달리 그 진행이 정지하지 않고 꾸준히 지속적으로 반복되는 것으로 이해한다. 이는, 각 학문에서 논쟁과 증명의 수단으로 사용되는 논리란 것 그 자체가 (논리학자, 철학자 그리고 전문가들의) 행위에 의해 만들어진 문화적 생산물이라는 것이고 또 다양한 논리들이 서로 경쟁하는 경우, 그것들은 그들이 추구하는 합목적성에 비추어 비판적으로 판단되고 선택되어야 한다는 것을 말한다.

올바른 추론학(推論學)으로서의 논리학은 전통적으로 철학의 한 고유 영역이었고 그리고 과학 토대 문제와의 관계에서 아주 중요한 의미를 가지고 있었다. 이에 대해 독자들은 (이 책과 같은 시리즈로 발간된) 틸(Ch. Thiel)의 논리학 책을 참고하기 바란다.

결정적인 사실은, 현대의 다수 견해에 의하면 논리학은 공리(公理)와 정리(定理)로 구성되어 있다고 알려져 있는 (정리들은 공리에서 논리적으로 추론됨) 수학에서 뿐 아니라 그것이 응용되는 다른 많은 여타의 경우들에서, 그 중에서는 특히 법학과 수리 물리학에서도 결정적인 역할을 한다는 사실이다.

법학과 수리물리학 같은 학문 분야들은 어떻게 보면 그 방면의 전문가 자신들이 보기에도 그 어떠한 공통점도 공유할 것 같지 않지만, 그 둘의 공통점은 다음과 같은 경우다 : 두 경우가 있을 때, 즉 한 경우는 법의 기준에 따라 사건에 대한 법적 판단을 내리기 위한 논쟁이 있는 경우이고, 또 다른 한 경우는 실험 데이터들에 기초해 물리학의 정리들이 옳은지 아니면 그른지 판단하는 논쟁이 있을 때, 이 두 경우에서 공히 중요한 역할을 하는 것은 다름아닌 인간의 언어 행위, 즉 일군의 명제들을 다른 일군의 명제들을 가지고 논리적으로 근거지우는 작업을 하는 인간의 언어 행위다. 이때 법학자나 물리학자들이 서로 상이한 논리학들을 사용해야만 한다고 생각할 하등의 강제성은 있을 수 없다. 논리학은 단지 몇몇의 타당한 명제들에서 다른 타당한 명제를 추론하는 데 필요한 추론 규칙을 부여하고 있을 뿐이다. 법학자들은 여러 규제 조항들과 법 조항들에 관계하고 있다. 이런 이유로 해서 논리의 힘을 빌어 당위 명제들을 근거지우고자 할 때 그들은 하나의 좀더 특수한 논리학, 즉 "권장된", "금지된" 혹은 "허용된" 등과 같은 단어들에 대한 추론 규칙들을 담고 있는 당위론적 양상논리학(deontische Modallogik)을 필요로 하기도 한다. 그리고 물리학자가 자신의 작업에서 다루는 무한수의 대상들을 표현하기 위해 수학을 사용하는 경우, 이 때문에 일어날 수도 있는 무한 문제를 해결하기 위해 그는 ─ 법학자와는 달리 ─ 자신이 사용하는 논리학에 위와 같은 것 외에도 추가로 더 신경써야 할 것들이 있다.

여기서는 논리학 전문가만 접근할 수 있는 그러한 논리학의 세밀한 문제들이 논의되고 있는 것이 아니다. 여기서 논의되고 있는 것은 그 대신 전문 과학자들이 자신의 과학 운영에서 사용될 논리를 어떤 과학철학적 입장에서 선택·결정할 것인가 하는 문제다 : 예를 들어, 어떤 물리학자가 자신의 **물리학 법칙**에 대해, 그 물리학 법칙은 한 대상 영역에 있는 "모든 대상들에" (예를 들어 중력 법칙은 "모든 물체들에") 적용된다고 주장할 때, 그의 이러한 주장이 실질 무한의 의미에서 주장되는 것인지 아니면 잠재적 무한의 의미에서 주장되는 것인지의 문제는 아주 중요한 사안이다 : 그 물리학자가 만약 전자적 의미에서 위와 같은 주장을 펼치고 있다고 한다면, 그는 자신의 연구 대상 영역의 모든 물체들이 마치 완벽하게 혹은 남김없이 헤아려질 수 있는 것처럼 생각할 것이며 그리고 물체들 각각에 대한 각 명제들이 고전 논리에 따라 참 혹은 거짓의 진리 값을 가질 수 있으며 그리고 그 진리 값은 경험으로 결정된다고 생각할 것이다. 과학 명제들에 대한 이러한 방식의 이해는 사실 다음과 같은 주장을 과학자들이 할 경우에 취해진다. 과학자들은 종종 보편적 타당성을 갖는다고 하는 경험 명제들, 즉 소위 "자연 법칙"들은 그 타당성(혹은 진리성)이 단지 **잠정적으로만 보일 뿐**이라는 주장을 한다. 보편 명제로서의 그러한 자연 법칙들은 당연히 아직 모든 가능한 경우의 심급들에 비추어 증명된 것들이 아니기 때문이라는 것이 그들의 설명이다. 그리고 그들은 또 어느 하나의 법칙 명제가 각각의 사례들에 비추어 그만큼 자주 증명되어 보이면 보일수록, 그 명제는 앞으로의 모든 경우들에서도 타당할 확률이 그만큼 더 커진다고 말한다[이러한 설명 방식들에는 자연 법칙들의 전체적 참이 전제되고 있다. 이는 고전 논리를 적용한 경우다 : 역자 주]. 이렇게 2차 논리 혹은 고전 논리를 받아들이느냐 아니면 그것을 거부하고 다른 논리를 받아들이느냐의 문제는 물리학자들이 물리 이론, 즉 소위 "자연 법칙들"을 어떻게 해석하는가의 문제에까지 연관된 문제이기도 하다.

무한 문제의 경우, 무한을 구성해내고 또 **무한적 방식으로 행위**하고 있는 주체는 바로 인간이라는 사실을 알고 있는 사람이라면, 이제 물리학자들이 다루고 있는 대상 영역의 (무한적) 특징을 설명해주는 것이 다름아닌 어떤 경우에라도 끊임없이 지속적으로 전개되는 과정, 즉 (어떤 통의 내용물을 한 번에 쏟아버리는 경우와는 달리, 수(數)를 순서대로 차례차례 세어나가는 것과 같이) 끝없이 지속되는 그러한 인간의 행위 도식이라는 사실도 알 수 있을 것이다. 그리고 이를 잘 아는 사람이라면 또 소위 자연 법칙에서의 "법칙성"이란 것을 해석할 때도, 그것이 관계하고 있는 대상이 우주에 존재하는 모든 대상들이라거나 혹은 그것은 우주에 존재하는 모든 대상들을 상대로 타당한 진술을 해주고자 하는 요청을 가지고 있다는 식으로 생각지 않을 것이다. 그런 사람은 오히려 자연 법칙의 법칙성 혹은 보편성이란 것이 오히려 (과학자의) 행위 도식, 즉 물리학자의 연구 방법의 도식에서 찾을 수 있다고 생각할 것이다. 간단히 말해, 동일한 사건이 항상 (반복해서) 일어나는 것은(그래서 또한 하나의 법칙성이 구성될 수 있는 것은), 비로소 물리학자가 실험실에서 동일한 상황들을 반복해서 만들어낼 때이기 때문에, 바로 이런 이유로 해서 우리는 **자연 법칙**에 대해 말할 수 있는 것이다.

이 정도의 예라면 행위로서의 과학을 이해하는 데 논리가 얼마나 중요한 역할을 하는지 그리고 그것도 어떤 논리를 선택 혹은 배제하는지의 문제가 중요한 것인지를 보여주는 데 충분할 것이다.

　다양한 과학철학적 입장들간에 벌어지는 논쟁들, 예를 들어 방법적 구성주의, 비인학파의 논리경험주의, 비판적 합리주의 혹은 몇몇 현대적 형태의 분석과학철학 간의 논쟁들을 이해하는 데는 역시 그들의 논리학에 대한 이해 방식을 아는 것이 중요하다. 예를 들어 과학 이론들을 고전 논리의 힘을 빌어 재구성하고자 하는 사람들은, 그래서 또한 과학의 모든 명제들은 참 아니면 거짓이어야만 한다고 생각하는 사람들은 과학의 모든 명제들이 주장의 성격을 갖는다고 생각한다. 그러나 실제의 과학자들이 일정 명제들을 긍정하거나 부정하는 데 사용하는 기준들이 정말로 주장들과 관계된 것인지의 문제는 철학적으로 아직 확인된 바 없다. 즉, 그것은 아직 열려 있는 문제라 하겠다. 과학, 특히 자연과학적 이론들은 또한 다른 방식으로 이해될 수도 있다. 즉, 그것들은 실험과학자들이 혹은 자신의 작업에서 자연과학 이론들을 차용해 쓰고 있는 기술자들이 자신의 작업에서 기술적 성공을 거두기 위해 꼭 지켜야 하는 그러한 규제 조항들을 담고있는 명제 체계로 이해될 수도 있다. 과학 이론들이 이러한 방식으로 이해될 수 있는 성질의 것이라면, 자연과학 이론들 내(內)의 각 명제들은, 이론 전체로도 또 그렇기는 하겠지만 더 이상 (우리가 일상에서 말하는 참 혹은 거짓 의미에서의) 참이거나 혹은 거짓이어야만 하는 그런 것들이 아니다. 이 경우 그것들은 오히려 (마치 조리법에서와 같이) 행위 수행을 위한 목적 합리적 처방법이냐 아니면 그렇지 못한 처방법이냐의 기준에 따라 구분될 성질의 것들이다.

　어떤 논리학을 선택하느냐의 문제는 과학철학적 물음들과의 관계에서 아주 중대한 역할을 한다. 왜냐 하면, 과학이 어느 일정 논리학을 선택할 경우 다른 논리학을 선택했더라면 일어나지 않을 문제를 가질 수도 있기 때문이다. 예를 들어보자. 분석과학철학에서는 한때 "타는 성질이 있는(brennbar)" 혹은 "물에 녹는 성질이 있는(wasserlöslich)" 등과 같은 소위 경향술사들에 대한 오랜 철학적 논의들이 펼쳐졌던 적이 있다. 이때 이 개념들의 정의는 (예를 들어 "산소가 충분한 상태에서 일정 온도 이상으로 열을 가하면 일정 물질은 탄다" 혹은 "어떤 물질을 물에 집어넣으면 녹는다") "만약–그러면"이라는 형태의 논리연산자를 사용해 이루어지는데, 이 논리연산자를 고전 논리학적으로 해석할 경우, 이 해석은 패러독스를 낳는다. (예를 들어 고전 논리학의 진리치 계산법에 의하면, 조건문의 진리치는 그것의 전건이 거짓이고 그리고 그것의 후건이 참인 경우에만 거짓인 진리치를 갖고 그 외의 모든 경우들에 있어서는 참인 진리치를 갖는다. 이 말은 거짓 전건에서 임의의 진리치를 갖는 후건이 추론된다고 해도 조건 명제의 전체 진리치는 참이 된다는 것을 함축한다. 그런데 이 경우가 과연 타당한지 한번 살펴보자. 예를 들어 "숯이 물에 녹는 성향이 있다"는 말은 숯이 물에 넣어졌다는 전제 하에서나, 즉 전건이 참인 경우에나 그리고 그것도 후건이 참인 경우, 즉 물에 녹는 사건이 벌어질 때나 참일 수 있다. 그렇다고 한다면, 숯이 물에 집어넣어지지 않았을 경우는 전건이 참 아닌 거짓 값을 갖는다는 말인데, 위의 고전 논리에 의하면, 거짓 값을 갖는 전건에서 임의의 진리치를 갖는 후건 명제가 도출되어도 조건문의 전체 진리치는 참이 되기 때문이다. 이 경우 우리는 후건이 "물에 녹는다"를 선택해보자. 그렇다고 한다면, "물에 집어넣지 않은 숯은 물에 녹는다"는 결론이 나온다. 그런데 물에 집어넣지도 않은 숯이 어떻게 물에 녹을 수 있다는 것인가? 이는 분명 패러독스다. 즉, 고전 논리는 자체 내에 패러독스를 갖는다.) 확실한 것은, 과학들은 언어에 의해 표현되고 있으며 그리고 과학은 추론에 근간한 논증을 위해 일정 논리(학)를 필요로 한다는 사실이다. 비록 이러한 사실이 아주 사소한 발견에 불과하다고 하더라도, 과학 이론 구성의 근간에 어떤 논리(학)가 사용되고 있는지를 밝히는 일이 과학 이해에 별로 중요치 않을 것이라고 절대 속단해서는 안 될 일이다.

3. 과학에서의 수학

오늘날의 사람들은 이미 어렸을 때부터 수를 세고 셈하는 것을 배운다. 그러나 여러 전문 과학들에서 필요로 하는 수학 지식의 수준은 대부분 학교에서 가르치는, 즉 중·고교 수준의 수학 내지 자연과학 지식의 수준을 훨씬 넘어선다.

경제학, 심리학 혹은 사회학 등과 같은 많은 학문 분야에서는 통계학적 방법이 사용되고 있고 그 외 다른 학문 분야, 특히 인문과학 분야에서는 아주 적은 혹은 아주 간단한 수준의 수학만이 사용되고 있는 실정이다. 하지만 자연과학 이론 분야들은 생물학, 화학, 물리학으로 가면서 전문 수학자들에 의해 고안되고 발전된 고등 수학을 점차적으로 더 많이 사용한다(우리는 여기서 단지 수학자에게만 관심이 되는 그런 이론에 대해서는 논의하지 않겠다).

자신의 연구를 위한 보조 수단으로 수학을 사용하고 있는 현대의 모든 과학 분야들에서는 수학과 각 개별 과학 간에 더 이상 논란의 여지없이 합리적이고 효율적인 분업이 시행되고 있다. 이러한 와중에서는 수학에 대한 각 나름의 이해 방식이 발전되어 나오게 마련이다. 하지만 이러한 과정을 거치면서 수학이 갖고 있는 행위적 성격 또한 사람들의 시야 뒤로 숨어버리게 된다: 수학 이론들은 보통 "형식적" 특성을 갖는다고 말해지고 있으며 그리고 그것들은 또 각 과학들에 "사용" 내지 "응용"되는 이론들로 이해되고 있는 실정이다. 즉, 수학 이론들은 단지 명제들의 구조 형태라고, 논리학의 용어로 표현해, 명제 형식의 체계라고 이해되는데(그래서 수학과 관련해 "형식적"이라는 표현이 사용되는데), 그것들이 추후에 일정한 방식으로 "해석"됨으로써 비로소 (구체적인 내용을 갖는) 명제들이 되는 것으로 이해되고 있다. ("x는 철학자다"는 하나의 명제 형식을 갖는데, 이 명제 형식 내의 변수 x를 고유명사 "소크라테스"로 바꾸어 넣으면, 구체적 내용을 갖는 하나의 명제가 된다. 더 나아가 "x는 P다"는 "x는 철학자"라는 명제보다 훨씬 더 개진된 형식화를 보여주는데, 그 이유는 그것이 "철학자"라는 구체적 술어 대신 변수를 사용하고 있기 때문이다.) 이렇게 명제 형식에 대한 해석은 수학적 공식의 일정 부분이, 즉 개개의 변수들이 개별 사물을 나타내는 명사 혹은 술어로 대입됨으로써 행해지게 된다. 이론들의 명제 형식들이 이러한 방식의 해석을 통해 참인 명제가 되면, 이를 두고 사람들은 명제 형식이 해석된다고 말하는데, 이런 해석을 통해 파악된 대상 영역(예를 들어, 각 학문에서의 연구 대상 영역)은 형식적 수학 이론의 한 모델이라고 칭해진다.

오늘날 수학자들 사이에서는 — 이는 특히 저명한 수학자 힐버트(David Hilbert : 1862~1943)의 작업을 통해 널리 퍼지게 된 것인데 — 잘못 현대화된 고전 유클리드 기하학 형식이 널리 받아들여지고 있다. 이 현대 수학 이론이 주장하는 바에 의하면, 우리가 아는 수학적 지식 영역 전부를 그 기술 대상으로 한다는 수학적 명제 체계들은 맨 먼저 "공리 형식으로", 즉 공리 체계 형태로 주어진다고 한다. (여기서 "잘못 해석된"이라고 말하는 이유는, 유클리드의 저작에서는 공리들이 구성되기 이전에 이미 (개념) 정의 체계들이 선행되고 그리고 그 후에 아주 합리적 이유에서 서로 다른 두 종류의 공리들이 출현하고 있는 반면, 이것이 현대의 힐버트적 공리 이론 형식에서는 더 이상 지켜지지 않고 있기 때문이다.) 기하학에 대한 이러한 식의 이론 이해는 그 후 다른 여타의 학문 영역, 즉 연구 프로그램 차원에서는 수학의 모든 연구 영역들로 확장되었을 뿐 아니라 그것은 또한 이론적 자연과학 영역에까지 적용되기에 이른다. 이러한 연유로 이 테마가 여기서 논의될 가치가 있는 것이다. 기하학에 대해 그리고 기하학이, 과학철학적 측면에서, 대수학과 갖는 차이점에 대해서는 나중에 다루기로 한다.

"공리"라 함은 다음과 같은 요구 조건들을 만족시키는 명제들을 말한다 :

▷무모순성 : 어떤 한 이론의 공리들로부터는 그것의 부정인 어떤 명제들도 논리적으로 도출되어서는 안 된다(논리적 모순이란 어떤 한 명제와 그것의 부정이 동시에 주장되는 것을 말한다).

▷(공리 체계의) 최소성 : 어떠한 공리도 다른 공리로부터 도출되어서는 안 된다(이는 종종 "공리 독립성"이라고 명명되기도 한다).

▷완전성 : 어떤 한 이론에 의해 기술되고 있는 대상 영역에 대해 타당성 있는 진술을 제공하고 있는 그 어떠한 명제도 공리 체계로부터 도출될 수 있어야 한다.

이러한 규정에 의하면 공리들은, 직관적으로 말해 한 영역의 지식들을 가능한 한 간단하면서도 전체적 형식으로 조직한다. 그러나 이론들은 공리형식으로 먼저 주어져야 한다는 견해를 표방하는 공리우선주의(Axiomatizismus)는 수학 분야, 특히 앞서 언급했던 사실 때문에, 즉 수학 이론을 만들어내는 일과 그것을 과학에 적용하는 일은 서로 독립된 것이고 또 후자는 전자가 있고난 후에라야 비로소 가능하다는 해석 때문에 또한 "형식주의(Formalismus)"라 칭해지기도 한다. 이 형식주의에 의하면 공리 형태로 이루어진 이론들 그리고 이론 내에서의 각 공리들은 더 이상 어떤 구체적인 사실들을 기술하는 명제 혹은 그 체계가 아니라 단지 그러한 명제들에 대한 **논리적 형식들**을 표현하고 있을 뿐이다. 공리우선주의나 형식주의에서는 그래서 수학자들의 과제가 형식 체계들을 만들어내고 공급하는 일로 여겨진다. 비유를 들어 설명하자면, 수학자들은 각 전문 과학자들이 필요에 따라 사용할 공구들을 생산하는 사람들로 이해된다. 독자들은 여기서 "형식주의"라는 말의 의미가 두 가지 방식에서 사용되고 있음을 기억할 필요가 있다. 그 중 하나는 이미 앞서 논한 바처럼 일종의 과학철학적 해석인데, 이때의 형식주의의 의미는 다음과 같다 : 유의미한 형식적 이론 구조들은 그것들이 사용되기 전 혹은 사용과는 전혀 무관한 맥락에서 태동되어 나올 수 있거나 혹은 그래야만 한다. 그래서 그것들은 비로소 추후에 사용될 이론적 도구들인 셈이다. 다른 한편으로는 "형식주의"라 함은 일정한 기호 체계를 지칭하기도 한다(이때 우리는 기호의 사용 정도에 따라 "부분형식주의" 혹은 "완전형식주의"를 구분할 수도 있다). 하지만 형식화의 테크닉 문제들은 여기서 다뤄질 수 없다.

위에서 우리는 수학이 일종의 도구에 비유될 수 있는 방식으로 취급되고 있음을 보았다. 그러한 도구 비유 방식으로 수학을 대하고 있는 사람들은, 수학자들이 사용을 위한 일종의 도구를 만들어내기는 하지만 그것의 사용 측면은 염두에 두고 있지 않아 그 도구의 사용법은 (그리고 이에 따라 도구의 특성도) 비로소 나중에 그리고 그것도 그것의 제작자인 수학자가 아닌 제3자에 의해 발견될 수 있는 것으로 여긴다. — 그러나 실제의 도구 제작 측면을 살펴보게 되면 우리는 이러한 견해가 도저히 받아들여지기 어렵다는 것을 알 수 있다. 사실 자신들의 연구 분야에서 수학 이론들을 빌어 사용하고 있는 전문 과학자들은 수학과 같은 형식 이론들이 실제로 생산되기 이전에 자신의 연구 맥락에서 이미 자신 스스로가 성취해내려 하는 것이 무엇인지 혹은 그러한 형식 이론들이 자신의 연구 분야에 적용되기 이전에 혹은 그러한 이론들에 고안되기 전에 무엇이 벌어져야 하는 것인가에 대해 미리 한번 숙고해봐야 한다 : 즉, 자신의 과학 영역에 수학을 차용해 쓰고 있는 전문 과학자들은 그러한 형식 이론들에 의해 그 구조적 형태가 기술된다고 하는 자신의 연구 영역들을 형식 이론의 적용에 앞서 미리 명시적으로 기술해줄 수 있어야만 한다. 이는 "실질적 혹은 구체적 측면을 기술하는" 작업 혹은 그런 이론이 형식적 이론에 방법적으로 선행한다는 것을 말한다. 하나의 예를 들어 설명해보자. 이 예는 산술의 방법적 재구성이 과학에서 어떠한 성취를 일구어내는지 밝히는 데도 도움이 될 것이다.

아주 간단한 예로 더하기·빼기·곱하기·나누기 같은 네 종류의 기초 산술 방식들과 그리고 모든 (양과 음의) 자연수들을 분수 형태로 표현함으로써 기술될 수 있는 유리수들을 한번 생각해보자. 여기서 "자연수"란 어린이들이 순서에 따라 차례로 숫자를 셀 때 만나게 되는 그러한 수를 말하는 것으로, 이러한 자연수들은 한 수에서 그보다 더 큰 수가 어떻게 만들어지는지를 규정하는 규칙에 의해 완전히 기술된다.

형식주의 혹은 공리우선주의 입장에서 수학을 대하는 이들은 물론 위와 같은 자연수 체계를 하나의 공리 체계로 기술하고자 한다. 이것이 바로 소위 페아노(Peano) 공리라는 것이다. 이 공리 체계에는 — 여기서 우리는 그것의 세부 사항들이 어떻게 기술적(技術的)으로 조작되는지에 대해서는 논하지 않기로 한다 — 예를 들어, 1은 가장 작은 자연수라는 것 그리고 각 자연수에는 1만큼 더 큰 자연수가 존재한다는 것 그리고 자신의 수에 1을 더해 서로 동일한 수가 되는 두 개의 수들은 서로 동일한 수라고 명기하고 있다. 그런데 이를 통해 우리가 이미 알 수 있는 것은, 수를 세거나 계산하는 일상의 일에서 "1"이 무엇을 뜻하며, 주어진 수에 1을 어떻게 더하며 그리고 두 개의 수가 동일하다는 것이 무엇을 의미하는지 아는 사람에 의해서만 이 페아노 공리가 "이해"될 수 있을 뿐이라는 사실이다. 페아노 공리의 이해를 위해 혹은 그런 것을 위한 전제로 사람들은 그래서 수를 셀 수 있거나 계산할 줄 아는 능력을 먼저 갖추고 있어야 한다. 형식공리주의 입장을 견지하는 어떤 수학자는 그러나 이러한 류의 논지에 대해 공리 체계에는 이해해야 할 그 어떠한 것이 전혀 없다고 반박할는지도 모른다. 게다가 혹시 그는, 공리 체계는 단지 정의된 규정들의 체계로 볼 수 있는 것이어서 공리 체계에 사용되고 있는 표현들, 예를 들어 "1"이라는 숫자 혹은 동일성을 표현하기 위해 사용되는 "="이라는 기호는 아무것도 의미하지 않는다고 주장할지 모른다. 그러나 여기서 간과되고 있는 사실이 하나 있다. 그것은 형식 공리 형태의 이론들도 그 자체 인간에 의해 발명된 고안물들로서 그리고 또 일정한 행위를 거쳐 만들어진 생산물들로서(수학자도 최소한 말을 하거나 글씨를 써야 한다), 그것들은 사람들이 그것과의 관계에서 묻는 그것의 목적, 목표에 개방되어 있어야 하며 그리고 그러한 목적 내지 목표 도달을 위한 수단으로서 그것들이 합목적성을 갖는 것인지를 사람들이 물을 때, 그것들은 그러한 질문에 언제나 개방되어 있을 수밖에 없다는 것이다. 그런데 이러한 측면이 그러한 형식공리주의에서 간과되고 있다. 게다가 형식공리주의에서 간과되고 있는 것은 이것만이 아니다. 거기서는 또, 최소한 여기에서 다루고 있는 경우들에 국한해 말해보면, 그러한 이론들은 항상 기존하는 행위 그리고 그것도 시간적 순서를 가지고 존재하는 (수를 세거나 숫자를 쓰는 것과 같은) 사람들의 발화하고 쓰는 행위들을 단지 추후적으로 형식화시킴으로써 구성되는 것들이라는 사실이 간과되고 있다. 이는 ― 전문 용어의 사용을 피해 말하자면 ― 먼저 구체적 수학 혹은 응용 수학이 먼저고 추상(형식적) 수학은 추후적으로 만들어진다는 것을 말한다. 여기서 "추상 수학"이라 불리는 것이 의미하는 바는 아주 크다 : 다음과 같이 과일이나 사탕을 분배하는 실천 영역을 한번 생각해보자. 이때 물건을 받는 사람이나 주는 사람은 개수를 세고 또 누가 얼마나 받을 것인지 계산을 한다. 그리고 이러한 성격의 일은 그와는 다른 영역 혹은 다른 경우들에서도 언제나 빈번하게 일어나기 때문에, 수를 세고 셈을 하는 일을 사람들은 그것의 개인적 용도를 떠나 일반적 혹은 보편적으로 배울 필요가 있다. 구체적 내용을 가진 수학 명제들에 대해 형식적 이론들이 갖는 관계도 이와 비슷하다 : 동일한 형식 구조가 여러 경우들에 걸쳐 반복해 나타나는 곳에서 형식 수학이 일종의 구조 학문으로 태동되어 나온다. 물론 이는 일정한 의미에서 매우 바람직한 일이다.

이 책의 독자들이 잘 숙지하고 있어야 할 사항들 중 하나는, 수학자들이 자신들의 공리 체계에 임의로 끌어들여 이론화하고자 하는 대상들인 수, 함수, 집합 등과 같은 추상적 대상들은 그 자체 자족적으로 존재하는 대상들이 아니라는 사실이다. 모든 수학 그리고 추상 수학도 그것들이 (유한적) 인간에 의해 그리고 일정한 목적 하에 만들어지는 한, 그것들은 (저 세계가 아닌) 현실의 인간 세계에서 그 의미를 가질 수밖에 없다. 그래서 예를 들어 어떻게 해서 셈 행위가 수(數) 개념으로 그리고 이에서 더 나아가 다양한 형태의 수 개념들로 이행되어갈 수 있는 것인지, 어떻게 해서 셈 동일성에서 (이미 어린아이도 자신의 손가락을 이용해 수를 세게 되는데, 이때 그 아이는 셈 동일성, 즉 한편으로는 손가락을 다른 한편으로는 수를 표현하는 데 사용되는 여러 가지 언어를 서로 관계지으면서 수 동일성을 만들어낸다) 수학적 (혹은 좀더 정확히 말해 "대수적") 동일성이 얻어질 수 있는 것인지 그리고 어떻게 해서 계산에서 "함수"로 그리고 더 나아가 "집합"으로의 이행 등이 가능한 것인지 밝혀져야 할 필요성이 있다. (이는 물론 실제로 수행될 수 있기도 하며 독자들은 또한 몇몇 철학 서적들에서 그에 대한 설명을 읽을 수 있다.)

하지만 다음과 같은 주장, 즉 "집합" 혹은 "한 집합의 원소" 혹은 (기하학에서의) "점" 등과 같이 아직 정의되지 않은 수학적 기초 개념들은 여전히 있을 수밖에 없다는 주장들은 전혀 근거 없는 주장들이다. 그러한 것들뿐 아니라 (거의) 모든 수학적 대상들은 인간에 의해 만들어진 "구성물"들이다 ― 여기서 "거의"라는 말을 따로 사용해 표현상 조심을 기할 필요가 있는 것은, 형식 이론들을 구성해나가는 데 수학자들은 자신들의 작업에 필요한 대상들이 자신들이 작업할 당시까지만 해도 아직 부재하더라도 마치 그것들이 그 이전에 아미 구성되기라도 한 것처럼 여기고는 작업을 진행해나갈 수 있기 때문이다. 물론 여기서 말하는 그 구성물들이란 셈에 사용되는 대수 기호들, 일련의 집합 기호들 혹은 그림 형태로 그려진 형태들 내지 물체에 형성된 공간적 형태들(기하학에서)과 같이, 인간의 행위를 통해 생산되는 것들을 말한다.

　역사적으로 몇몇 기초 개념들이 정의되지 않은 채 (분석과학철학에서는 이런 개념들은 구문론적 이유에서 "기초 용어들"이라 칭해진다) 사용되는 경향이 실재했었다는 하나의 과학사적 혹은 과학사회학적 사실을 근거로, 모든 전문 용어들은 명시적으로 정의될 수 없으며 그래서 또한 어떤 이론도 그 내부에 정의되지 않은 기초 개념들을 포함할 수밖에 없다는 견해를 체계적으로 피력하는 사람들이 있다면, 그들은 사실 문제를 규범 문제로 잘못 호도하는 사람들이다[왜냐 하면, 그러한 주장은 과학이 역사적으로 실제 그러했으니 과학은 앞으로도 그러한 방식으로 나가야 한다는 당위론을 펴고 있는 것이기 때문이다 : 역자 주]. 그것만이 아니다. 그런 사람들은 또 모든 과학 이론 분야들에는 이 이론들이 다루는 대상들을 (예를 들어, 기하학적 형태들을 구성하거나 산술 기호로써의 작대기 모양의 선분을 그리는 작업과 같이) 직접 구성해내는 (경우에 따라서는 비언어적 형태의) 인간 실천 영역이 함께 포함되어 있다는 혹은 포함될 수 있다는 사실을 간과하기도 한다. 그래서 그들은 과학 활동에는 각 개념들간의 이론 내적 그리고 논리적 관계들을 구성해내는 작업 외에도 그와는 다른 형태의 정의 도구들과 정의 방식들이 내재되어 있다는 사실을 또한 간과하게 되는 것이다.

계산을 요하는 과학들은 자신 고유의 논리 외에도 연구 시 필요한 계산 기술을 보완하기 위해 기존하는 수학적 구조 지식을, 그것의 태동 문제에 대해서는 깊이 연구하지 않고, 그대로 차용해 사용하기도 한다. 물론 이는 과학자들의 연구 실천에서 아주 실용적인 일이라 할 수 있다. 하지만 그러한 관행이 현실적으로 매우 효율적이기에 그 자체로 정당화될 수 있는 것이라 말하는 사람이 있다면, 이러한 류의 정당화는 과학자들이 실제 하고 있는 일의 내용과 관련해서 주장되는 것이 아니다. 그러한 정당화는 단지 모든 사람들이 모두 그렇게 하고 (즉, 어떤 목적을 어떤 수단을 통해 추구하고) 있기 때문에 어느 누구도 그에 대해 이의를 제기하지 않는다는 것 이상의 그 어떤 아무것도 말해주지 않는다. 수학이 각 경험과학에 사용될 수 있는 근본적인 이유는 사실 그와는 다른 데 있다. 수학적 형식 이론들이 차용되어 사용되고 있는 과학 영역들 그 자체는 그러한 이론들이 차용되기에 앞서 이미 과학자들 스스로에 의해 미리 셈이 가능하고 또한 계산될 수 있는 그러한 방식으로 구성된다. 이러한 구성 작업이 이미 진행된 이후에나 비로소 수학자들에 의해 준비된 (구조) 지식이 과학자들의 연구 맥락에 차용될 수 있는 것이고 그리고 또 이러한 조건 하에서 이것들이 과학자들에게 경제적이고 효율적인 수단이 될 수 있는 것이다.

4. 과학에서의 측정

논리적 추론, 셈, 계산 등과 마찬가지로 측정하는 일도 흔한 일상적 일 중의 하나다. 이 책의 제 I 부에서는 이미 예제를 통해, 일상 수준의 측정 기술이 어떻게 보편화 과정 혹은 세련화를 거치면서 과학적 수준의 측정 기술로 성장해나갈 수 있게 되는지 논해졌다.

측정 도구들이 사용되는 곳이면 어디든지 **측정 행위**에 대한 논의가 가능하다. 여기서 "도구"라는 말은, 이 말 대신에 종종 "기구" 혹은 "장치"라는 단어들이 쓰이기도 하는데, 그 언어적 사용에서 주의가 요구된다 : 위의 세 단어들의 의미에서 볼 수 있는 바와 같이, 그것들은 그 무엇인가를 위해서 (수단으로) 만들어진 것들이고 설비된(eingerichtet) 것이고 (이 단어에 대한 라틴어는 instruiere : 지시하다) 혹은 인간에 의해 준비된 것, 즉 그것들은 **인간에 의해 인간의 목적을 위해** 만들어진 것들을 의미한다. 측정 도구란 따라서 인간에 의해 만들어진 것을 말하고, 라틴어적 의미로 말해서는 **인공물**을 말한다. (자연과학적 방향의 실험과학에서는 "인공물 (Artefakte)"이라는 단어는 이와는 다른 의미에서 사용되기도 한다 ― 즉, 교란에 근거한 그래서 또한 잘못되거나 소용이 없는 관찰을 의미하거나 혹은 그러한 류의 측정 결과를 의미하기도 한다. 여기서는 측정 도구란 "인위적" 혹은 "인위적으로 만들어진 것"이라는 의미로 이해된다.) 혼란을 미리 방지하기 위한 차원에서 말하자면, 인간의 감각 기관과 같은 것들은, 우리가 비록 그것들을 사용해 거리를 측정할 수 있다고 하더라도, 측정 도구로 여겨질 수 없다. ("기관(Organen)" ― 독일어로는 Werkzeug(연장) ― 에 대한 논의도, 플라톤이 그러한 논의를 정신사에 끌어들인 이후 그것을 매개로 계속적인 개념적 혼란이 일어나게 되었다.)

측정 도구의 발명자와 제작자의 — 그리고 후에 볼 수 있는 바와 같이 그것을 사용하는 사람들의 — 기술 혹은 기예(Kunst)란 것도 알고 보면 이 측정 도구를 측정 목적에 적합하게 제작하거나 측정 도구의 기능을 적절하게 잘 유지하는 일과 연관해 그 의미가 있다[그리고 측정 도구의 기능은 측정 목적과 긴밀하게 연관되어 있다 : 역자 주]. 그런데 측정의 목적은 무엇인가?

생활 세계에서 찾아볼 수 있는 쉬운 예들을 들어보자 : 시장에서 사람들은 저울에 물건을 재고, 길이나 넓이에 따라 혹은 부피에 따라 물건들의 다양한 양적 관계들을 측정한다. 이때 사람들간에 최소한의 관건이 되는 것이 있다고 한다면 그것은 예를 들어 일정량의 버찌 한 바구니와 이미[평형 저울로 물건들의 무게를 잴 때, 물건 반대편 쪽에 걸어 사용되는 : 역자 주] 검인된 쇠뭉치 무게 간에 성립하는 무게 동일성일 것이다. 이때 우리는 측정 기술이 고도로 발달된 오늘날 백화점 같은 곳에서는 물건의 무게가 전자(電子) 저울로 측정되어 곧바로 돈으로 환산되기에, 측정된 물건이 무엇과 그 측정치가 동일한 것인지 종종 잘 알 수 없다고 해서 전혀 혼동할 필요는 없다. 그리고 또 20세기를 넘어서는 시기에 살고 있는 우리가 적어도 국가 검인된 계측 단위인 킬로파운드, 센티미터, 초(秒) 등이 무엇을 의미하는 것인지 이미 잘 알고 있고 또 사용할 줄도 알고 있는 마당에, 위에서의 우리 논의가 이러한 류의 계측 단위들을 전제하지 않고 수행되는 측정 현실을 대상으로 한다고 해서 혼동할 필요도 없다. 이런 것들을 생각하기보다 우리는 오히려 외딴 섬에서 처음으로 측정 기술을 만들어내고자 하는 로빈슨 크루소를 생각하는 편이 더 낫다[왜냐 하면, 우리는 여기서 측정 도구를 처음으로 만들어내는 경우를 논하고 있기 때문이다 : 역자 주]. 이 경우 아직 위에서 예시된 것과 같은 계측 단위들이 정해지지 않은 상태이긴 하지면 그럼에도 불구하고 처음부터 이미 사물들의 무게나 길이를 표현하는 표현들이 사용될 수 있다. 그 예로 "동일하게 무겁다" 혹은 "동일한 길이다", "더 무겁다" 그리고 "더 길다"(반대로 "더 가볍다", "더 짧다") 등이 거론될 수 있다. 그리고 이 말들이 의미하는 바가 무엇인지는 **일정한 방법을 고안해냄으로써 확정될 수 있다.** 이러한 방법을 두고 우리는 "조작적 정의"를 한다고 말하는데, 이런 방법을 쓰게 되면, 측정을 하고자 하는 사람들은[미터, 센티미터, 밀리미터 등과 같은 : 역자 주] 계측 단위(Maßeinheit)를 **정의하지 않고도** 측정을 수행할 수 있는 현명함을 보일 수 있다. 예를 들어, 이미 고대의 기하학자들은 길이가 서로 다른 두 구역간의 거리 관계가 어떤지 알아보기 위해 "교차 빼기" 기술을 고안해 사용한 적이 있다 : 어느 구역이 하나 있다고 치자(이를 우리는 d1이라 하자). 그리고 일정 길이를 갖는 막대 하나가 있다고 하자(이를 우리는 d2라 치자). 교차 빼기는 다음과 같은 과정을 밟는다 : 문제의 구역 d1으로부터 막대의 길이 d2를 반복해 빼내게 되면 종국적으로 마지막에 더 이상 이 막대 길이로 빼낼 수 없는 구역이 남게 된다(우리는 이를 d3라 하자). 이젠 d2의 길이로부터 d3의 길이를 위의 과정과 같이 반복적으로 빼낸다. 그렇게 되면 역시 마지막에 이 막대에도 더 이상 빼낼 수 없는 길이를 갖는 부분 구역이 존재하게 된다(이를 우리는 d4라 할 수 있을 것이다). d3의 길이 역시 이 d4를 사용해 반복적으로 빼낼 수 있다. 이러한 방식의 교차 빼기는 임의적으로 더 진행될 수 있다. 그런데 이 교차 빼기의 요점은 이 방법을 쓰게 되면 기술적으로 계측 단위를 사용하지 않고도 얼마든지 정확한 수준에서 두 구역의 원래 길이가 (예를 들어 d1과 d2가) 어떤 관계를 갖는지 알 수 있다는 사실이다. 그리고 실험물리학적으로 갈릴레이가 최초로 수행했던 시간 측정도—각각의 물체들이 낙하하는 데 걸리는 시간을 잴 때, 갈릴레이는 이를 납작한 통에 물을 흘려보내 이 흘러내린 물의 양을 각각 저울에 재서 서로 비교함으로써 측정했다—시간 계측 단위를 사용하지 않았었다. 이러한 측정 예들은 미터, 초와 같은 계측 단위가 기술적으로 재생산 가능한지의 문제와 독립해 수행될 수 있는 것이어서, (프랑스 파리에 있는 원형 미터자 같은) 측정 도구 혹은 계측 단위가 공간 이동을 할 경우 이를 통해 생겨날 수 있는 문제, 즉 측정 도구가 공간 이동시 변형될 것인가의 문제와도 독립해 있다(아래 참조).

위의 논의가 계측 단위에 근간한 측정이 아닌 상관(相關) 측정을 말하는 것인 만큼, 그래서 우리가 여기서 잠정적으로 수행하고자 하는 것은 (물체들의) **상관 측정치를 정하는 작업**이다. 이때 측정하고자 하는 것이 어떤 성질의 것이냐의 문제, 즉 측정할 "도량형 종류"(이를 과학철학적으로는 "파라메터"라고도 한다)가 무엇이냐의 문제는 측정 방법이 무엇이냐에 의해 규정되는 사항이다. 우리가 저울을 사용하게 되면, 이 경우의 도량형 종류는 무게가 되고, 자나 혹은 팽팽한 줄을 사용해 측정을 하게 되면, 이 경우의 도량형 종류는 길이가 된다. 이는 세상에 소위 자연적으로 존재하는 무게, 길이, (시간) 지속 등은 있을 수 없다는 말로, 그러한 대상들은 인간의 측정 행위를 통해 비로소 세상에 등장하게 된다는 것을 또한 말한다.

일상 수준의 간단한 측정을 위해서라면 위에서 소개한 측정 기술로도 그 측정의 목적은 쉽게 달성될 수 있을 것이다. 그러나 이 책의 제 I 부에서 이미 과학성이라고 하는 것은 **측정 과정이 갖는 목적합리성 자체가 엄밀하게 근거지워질 수 있을 때라야 비로소 보장될 수 있는 것**이라고 규정된 바 있다. 그러면 측정을 기저로 해서 이론을 구성하는 과학들에서 이 과학들이 추구하는 "과학성"이라고 하는 특수한 목적은 어떠한 방식으로 제기되고 또 도달되는 것인가?

먼저 예를 하나 들어보자 : 우리들의 일반적 이해에 따르면, 과학에서의 측정 결과들은 측정 주체가 누구냐, 측정 상황이 어떠냐, 측정 도구가 어떤 것이냐에 전혀 상관하지 않는다. 예를 들어, 두 막대의 길이 관계 혹은 두 물체의 무게 관계를 규정하는 데는 어느 특정의 사람이 그것을 수행했느냐, 어느 특정의 상황에서 그것이 수행되었느냐, 어느 특정의 측정 도구를 사용해 그 관계가 규정되었느냐 등의 문제는 하등의 역할을 하지 못한다. 측정 작업은 이렇게 임의적 성격의 작업이 아니다. 왜냐 하면, 측정에서 서로 다른 막대나 물체들이 서로 비교될 경우, 우리가 경험하고자 하는 것은 그러한 대상들(의 일정한 속성)에 대한 것이지 측정 주체나 측정 도구들에 대한 것들이 아니기 때문이다. 다시 말해, **측정 결과는 어떤 측정 도구를 사용하느냐와는 독립적으로 타당할 수 있어야 한다.** 이때 측정 도구가 갖추어야 할 특성은 그 측정 도구를 제작하는 사람 내지 기술자가 인위적으로 구성해내야 하는 것으로, 그것은 **측정 도구들을 상대적으로 서로 비교함으로써** 규정될 수 있다. 만약 두 개의 서로 다른 물체들이 하나의 일정한 저울에 각각 재어져서 1:3이라는 무게 관계를 가질 경우, 이 관계는 다른 저울을 사용해 그것들의 무게가 재어졌을 때도 역시 성립해야 한다. 그리고 두 개의 막대 혹은 사건 과정들이 어느 일정한 자나 시계를 가지고 측정되어 n : m이라는 비율의 길이 혹은 시간 관계를 갖는다고 한다면, 이 관계는 길이 측정이나 시간 측정에 쓰이는 다른 도구나 시계를 사용했을 경우에도 역시 해당되어야 한다.

그래서 과학적 수준의 측정 기술을 위해서는 측정 도구 제작을 위한 특수한 제작 규범 체계가 요구되는데, 그 제작 규범 체계는 사람들이 그것들을 따라 측정 도구들을 제작하게 되면, 제작된 도구들이 이미 앞서 말한 의미에서의 동일한 측정 결과들을, 즉 사람들이 그 측정 도구들을 서로 바꿔가며 사용하더라도 항시 동일한 측정 결과들을 산출해낼 수 있는 방식으로 구성되어야 한다.

그런데 측정 도구들이 만족시켜야 하는 위에서와 같은 속성들은 어떻게 실현될 수 있는 것인가? 이 물음에 답하기 전에 미리 언급해둘 사항이 하나 있다. 측정에 대한 현재의 이해 방식에 따르면, 측정에 사용할 (기준) 계측 단위의 크기는 그것이 여러 다양한 측정들에서 얼마나 자주 (경우에 따라서는 분수의 형태로도) 하나의 통일적 계측 단위 크기로 나타나는가에 따라 혹은 반대로 하나의 기준 계측 단위 크기가 여러 다양한 측정들에서 얼마나 자주 반복적으로 출현하는가에 따라 결정된다고 한다. 그러나 측정에 대한 이러한 정의는 측정 도구가 가져야 할 특성 문제를 아주 특이한 방식으로 미루어놓고 있을 뿐이다. 즉, 측정에 대한 이러한 방식의 정의는 측정 도구 제작자의 주임무가 마치 (기준) 계측 단위를 재생산해내는 일이라도 되는 것처럼 말한다. 불행히도 측정술 역사의 일부가 — 우리가 곧 보아 알 수 있는 것처럼 — 이러한 잘못된 견해를 뒷받침해주고 있다 : 우리는 (최소한 물리학적으로 더 유용한 길이 단위의 정의가 있기 전까지는) 프랑스 파리에 길이 측정의 기준 계측 단위였던, 그래서 또한 세계에 존재하는 모든 측정자들의 검인 기준이 되었던 소위 플라티늄이라는 물질로 만들어진 원형 미터자가 아주 특수한 방지책 하에 미동도 없고 일정 온도를 지속적으로 유지하는 지하실 안에 잘 보관되어 있다는 말을 종종 듣게 된다. 이런 진술들에 의하면, 길이측정술의 핵심은 기준 계측 단위인 원형 측정 도구를 어떻게 하면 최대한도로 잘 복사해낼 수 있는가에 있다. 그러나 우리는 이러한 견해에 오류가 있음을 안다. 왜냐 하면, 예를 들어 파리에 있는 원형 미터자의 복제물이 운반 시 변형되지 않으리라는 것을 무엇으로 장담할 것인가? 이에 대해 누군가가 운송 과정에서 측정 도구가 변형되었는지 혹은 변형되지 않았는지는 그 측정자의 길이를 측정해보면 알 수 있는 것 아니냐고 반박할 수도 있다. 하지만 이러한 반론성 제안은 위의 문제에 대한 해답이 물론 될 수 없다. 왜냐 하면, 어떤 하나의 측정 도구를 그것과는 또 다른 측정 도구를 사용해 제어한다 함은 이 후자의 측정 도구, 즉 제어에 사용되는 측정 도구의 성질이 불변한다는 것을 이미 전제하기 때문이다. 누군가가 위에 제기된 질문에 만약 이런 방식으로 답을 구하고자 한다면, 그는 하나의 측정 도구를 또 다른 측정 도구를 사용해 제어해야 하는 과정을 (실제로는 끝까지 수행할 순 없지만) 끝없이 진행시켜야만 할 것이다.

이 같은 문제에 대한 (구성주의적) 해결 방향은 우선 측정이란 것은 원래 계측 단위의 (크기) 정의와는 아무 상관이 없는 것이라는 사실을 간파하면서 시작한다. 사실 측정 현실에서는, 예를 들어 "센티미터"를 사용하든 "인치"를 사용하든 그 측정의 성공도에는 전혀 변함이 없다. 그리고 시간의 "초" 단위를 낮 하루 평균의 8만 6400분의 1로 정하든 혹은 10만 분의 1로 정하든, 그것을 가지고 달리기 경주에서 두 선수가 일정 거리를 각각 뛰는 데 소요되는 시간의 상관 관계를 표시하는 데는 하등 차이가 없다.

사람들이 **계측 단위를** 정해 사용하는 목적은 그들이 측정 결과들에 대해 단지 실용적이고 **좀더 간편하게 의사 소통을** 하고자 하기 때문이다. 예를 들어, 우리가 지구상의 서로 다른 지역에서 길이 단위인 "1미터"를 매번 재생산할 수 있는 방법을 알게 된다면, 우리는 위에서 언급한 종류의 문제를 안고 있는 원형 측정 도구 (예를 들어, 파리의 원형 미터자)를 측정을 위해 이 장소에서 저 장소로 일일이 옮길 필요도 없이 상호 신빙성 있는 측정을 하고, 측정치에 대한 서로간의 직접적인 확인 및 상호 비교 없이도 그것들을 서로 교환할 수 있게 된다. 측정에 이렇게 계측 단위를 정해 사용하는 일이 유의미할 수 있다는 사실을 인정하더라도, 신빙성 있는 측정을 위해 근본적으로 중요한 것은 측정치들간의 관계 규정이 어떤 측정 도구를 사용하느냐에 상관없이 그리고 **계측 단위를 구체적으로 어떻게 정하느냐에 구애받지 않고** 확정될 수 있어야 한다는 사실이다.

추가로 기하학에서의 예를 하나 더 들어보자. 기하학 수업을 받아본 사람은 세 변의 길이가 서로 동일한 정삼각형의 길이와 높이 관계는 일정하다는 사실을 알 것이다. 그리고 이는 여기서의 삼각형 크기가 — 예를 들어 우리의 손 뼘과 비교해 혹은 측정자의 센티미터 눈금과 비교해, 즉 일정한 하나의 계측 단위에 비교해 측정되든 상관없이 — "실제로" 얼마나 "큰지"와는 상관없이 타당하다.

여기서는 물체들의 상관(相關) 크기 혹은 상대적 크기들 다루어지고 있으며, 그러한 크기들에서 관건이 되는 것은, 마치 모든 구면체, 6면체, 4면체 등이 그 실제의 (절대) 크기와는 상관없이 동일형태들을 갖는 것처럼, 단지 (크기 내용이 아닌) 크기 "형식"이다. 사물들의 이 같은 크기 형식들을 우리는 일상적으로 잘 알고 있다. 우리의 이러한 상식은, 측정이란 것을 계측 단위들을 정의해서 수행하는 일로 여기는 널리 알려진 견해보다도 훨씬 더 혜안이 있고 또한 현명한 견해라 할 수 있다. 왜냐 하면, 과학에서의 측정은 실제로 어떤 측정 도구가 사용되는가와는 상관없이 단지 위에서 말한 것과 같은 크기 형식들을 확정함으로써 성립되기 때문이다. 만약 바로 이러한 일을 수행해낼 수 있는 측정 도구들의 생산이 가능하고 이러한 측정 도구들을 생산해내는 제작 방법과 사용 방법을 규정하는 한 무리의 제작 규범 체계가 있다고 한다면, 바로 이 규범 체계들이 과학적 측정술의 (방법적) 토대가 되는 셈이다. 물리학 분야에서 가장 잘 알려진 그리고 그것도 화학, 생물학, 심리학, 지리학 등과 같은 영역에서도 여전히 사용되고 있는 계측 단위들을 위와 같은 방식으로 규정하는 과제는 소위 "원(原)물리학(Protophysik)"[혹은 "물리학 토대론" : 역자 주]이라는 이론적 작업에서 수행되고 있다. 이 이론을 여기서 자세히 다룰 수는 없지만 그래도 그 구성 작업이 기본적으로 어떻게 진행되는지에 대해서는 최소한 언급될 필요성이 있을 것이다 :

모든 측정 도구의 제작은 "자연에서 얻어진" 물체들에다 일정한 공간 기하학적 변화를 일으킴으로써 행해된다. 이는 측정을 위해서는 공간 기하학적 크기(길이)를 만들어내는 일이 방법적으로 우선 요구된다는 것을 말한다. 그리고 물체들이 갖는 공간 기하학적 크기, 즉 길이를 측정하는 가장 단순한 방식은, 어느 측정 도구가 사용되든 상관없이 매개될 수 있는 작업, 즉 물체들의 상관 크기치 [한 물체의 길이가 다른 한 물체에 상대적으로 예를 들어 일정한 하나의 측정자 혹은 그 외 다른 종류의 측정자에 상대적으로 갖는 길이 값을 말함 : 역자 주]를 규정하는 방식의 일이다. 이 작업을 위해서는 우선 예를 들어 동일한 간격의 눈금들을 가진 직선 형태의 막대자 제작이 필요하다. 하지만 여기서 측정 막대가 가져야 하는 "곧은" 혹은 "직선" 특징이 과연 어떻게 정의될 수 있는가가 관건이다. 이는 과연 어떻게 정의될 수 있는 것일까? 어떤 사람들은 "직선"을 다음과 같은 방식으로 정의한다 : 측정 막대 위에 놓여 있는 두 점간의 거리가 가장 "짧은" 연결선일 경우, 그 측정 막대는 "직선"이 된다. 하지만 우리는 이런 방식의 "직선" 정의가 뭔가 가능하지도 않은 것을 요청하고 있음을 알아야 한다 : "직선"에 대한 정의를 이런 방식으로 내리는 사람은, 직선 막대를 이제야 비로소 손에 쥐려고 하면서도 어떤 막대가 직선 막대인지 이미 선택할 수 있기라도 한 것처럼, 즉 이미 벌써 (직선 막대를 가지고) 측정을 할 수 있는 것처럼 주장하고 있기 때문이다. ("직선"을 "두 점간의 최단 거리선"으로 정의하고자 하는 시도에서와 같이) 직선 같은 공간 기하학적 형태들을 수치적 양(量) 측면에서 규정하고자 하는 위와 같은 시도는 마치 닫혀 있는 방문을 그 방안에 있는 열쇠를 가지고 열려는 시도에 비유될 수 있다 : 이 경우, 문을 열기 위해서는 열쇠가 먼저 손에 들려 있어야 하나, 열쇠를 손에 가질 수 있기 위해서는 다시 문을 먼저 열어야 한다. 이런 상황에서 문을 열거나 열쇠를 손에 얻는 일은 현실적으로 불가능하다. 하지만 그러한 일이, 위의 직선 정의에서 이미 보이고 있는 것처럼, 과학의 경우에는 (아주 복잡한 사태 관계들로 인해 그 사태에 대한 조망이 거의 불가능한 상태에서) 마치 가능하기라도 한 것처럼 주장되고 있다. 구성주의 과학철학은 이러한 입장의 주장들을 악순환 논증이라 비판한다. (개념 정의 혹은 주장에서) "악순환 논법"은 물론 금기 사항이다. 왜냐 하면, 그것은 잘못된 주장이거나 실제 수행될 수 없는 행위의 순서를 주장하고 있기 때문이다. 그래서 "직선"은 (혹은 다른 공간 기하학적 형태들을 칭하는 용어들은) 그러한 악순환 논법을 피해 정의되어야만 한다.

언제인가부터 인간들은 자연물들에다 평평한 면을 만들어내는 작업을 시작했다. 이러한 작업이 제대로 하기만 하면 늘상 성공을 거둘 수 있었듯이, 우리는 오늘날 어떤 물체의 표면이 다른 두 개의 물체와 각각 서로 마주 겹쳐졌을 때, 이 물체들의 표면과 각각 정확하게 서로 딱 들어맞고 그리고 이것이 그 다른 두 개의 물체들을 상대로 수행했을 때도 역시 가능하다면, 우리는 그 물체들에 형성되어 있는 외면들이 "평면들"이라 말할 수 있다. 이 과정은 "3판 제어법"이라 불린다 ; 즉, 물체의 외면들이 서로 마주 겹쳐 서로 딱 들어맞으며 그리고 이것이 물체들을 서로 바꿔가면서 수행했을 때도 성립한다면, 이 경우 우리는 그 물체들에 형성되어 있는 면 각각을 "평면"이라 칭할 수 있다. 평면은 공간 기하학적 "기초 모양"이라 할 수 있는데, 그것은 그 모양이 그 어떤 다른 형태의 공간 기하학적 모양을 전제하지 않고도 곧바로 제작될 수 있기 때문이다.

이제 어떤 한 물체에 수공 작업을 통해 두 개의 평면이 그리고 그것도 그것들이 서로 이웃해 접하도록 만들어졌다고 상정해보자. 그러면 우리는 이 두 평면을 공통으로 나누고 있는 하나의 공간 기하학적 형태를 관찰할 수 있을 것이다. 즉, 한 물체에 생긴 두 평면이 서로 접하게 되면 그 접한 곳 가장자리에는 반듯한 선, 즉 **직선형 모서리** 하나가 생기게 된다. (우선 평면 그리고 그 다음에 여기에서와 같이 직선 형태의 모서리선, 즉 직선자가 만들어짐으로써, 우리는 이제 기하학에서 말하는 두 종류의 서로 다른 공간 기하학적 기초 형태들을 가질 수 있게 된다. 작업이 이 정도까지 진행되었으면 그 외의 모든 공간 기하학적 모양들은 컴퍼스와 자를 가지고 — 물론 여기서 이러한 작업들은 "평면" 위에서 작업되는 것이라는 코멘트가 첨가될 필요가 있을 것이다 — 구성될 수 있게 된다.)

여기서 우리는 직선자에 어떻게 눈금이 새겨지게 되는지(즉, 자의 눈금 단위를 조작적으로 정의하는 일)에 대해서는 더 이상 논하지 않는다. 그 대신 우리는, 평면 및 직선과 같은 **공간 기하학적 기초 모양들에 대한** 위에서와 같은 방식의 (**"조작적", 즉 공간 기하학적 모양들의 생산 과정이 어떻게 진행되어야 하는지 규정해주고 있는 처방 규범들 안에 내재되어 있는) 정의가** 행해질 수 있게 됨으로써, 이제 측정 도구들의 개별 특성에 구애받지 않는, 즉 보편적 타당성을 갖는 길이 측정이 비로소 가능할 수 있게 되었다는 점만 말하고자 한다 :

평평한 외면을 갖는 물체들은 서로 완전히 겹쳐질 수 있다. 이는 누구나 다 아는 사실이다. 이는 물체의 외면에 생긴 평면이 실제로 어떤 과정을 밟아 생겨났는지와는 별개로, 사람들이 일반적으로는 매우 이성적으로 생각할 수 있다는 것을 말한다. 우리 인간들은 물체의 외면들(예를 들어, 냄비의 바닥 면과 전기식 불판의 상판 면)을 각각 따로 제작해도 그것들이 서로 딱 겹칠 수 있도록 하는 평판(平板) 제작 기술을 갖고 있다. 만들어지는 제품이 어떤 종류의 것이냐와는 상관없이 그 제품들이 갖는 일정 속성을 일괄적으로 생산 가능하게 하는 제품 생산 방법의 이 같은 속성은 원물리학 이론에서 (기하학적 기초 모양들을—여기서는 "평면"을—제작하고 정의하는 방법이 갖는 특징으로서의) "일의성(Eindeutigkeit)"이라 불린다. "일의성"이란, 직관적으로 말해, 사람들이 어떤 일정 속성을 갖는 대상을 제작해낼 때, 문제의 그 속성이 오직 주어진 제작 방법만의 도움으로 그리고 그것도 필연적으로 제작될 수 있을 경우, 그 제작 방법이 갖고 있는 기술적 특성을 두고 하는 말이다. 즉, 위와 같은 일의성 정의에서 논해지는 주요 테마는 (제작) 행위 방식에서의 특수 지식과 관련된 것으로, 이때의 그 지식은 측정 경험을 통해 비로소 귀납적으로 얻어지는 그러한 지식이 아니라 오히려 측정 혹은 측정 경험을 비로소 가능하게 해주는 그러한 지식이다. "동일한" 평면들의 재생산 그리고 그 기반 위에서 제작될 수 있는 동일한 기하학적 모양들의 재생산, 또 이를 매개로 하는 길이동일성의 재생산 그리고 측정자의 재생산 등, 이 모든 과제들이 파리(Paris)의 원형 미터자 같은 기존하는 원형 측정 도구 없이도 단지 (제작) 행위 지침만의 도움을 빌어 성공적으로 해결될 수 있을 때, 과학적 수준의 측정 기술은 비로소 현실화될 수 있게 된다.

이 같은 통찰이 가져다주는 결과는 매우 광범위하다 : 예를 들어, 우리는 종종 일상에서 발견되는 대상들의 "질적 특성"들이 어느 정도로 "양화"될 수 있는지 혹은 측정될 수 있는지가 경험적으로 결정될 사안이라 주장하는 견해들을 접하게 된다. 그러한 견해를 피력하는 이들은, 길이는—원래 자연적으로—유리수로 표현될 수 있는 속성을 가진 반면, 인간의 지능, 실험용 쥐의 허기(虛飢) 혹은 어느 미식가의 기호(嗜好) 같은 질적(質的) 성질의 것들은 — 원래 자연적으로 — 그 같은 방식으로 측정될 수 없는 속성을 가졌다고 말한다.

아주 세심한 관찰력을 가진 독자라면 이러한 "경험주의적" (즉, 경험의 역할을 지나치게 강조하는) 입장에 대해 아마도 다음과 같은 비판적 질문을 던질 것이다 : "양화하는"(즉, 어떤 한 도량형 종류를 측정을 통해 조작적으로 규정하는) 것도 그리고 "측정하는" 것도 그 자체가 일종의 행위 도식 내지 행위 연쇄인데다 그리고 그런 작업들이 성공하느냐 혹은 실패하느냐는 그러한 행위들이 추구하는 원래 목적이 성취되느냐 아니면 성취되지 못하느냐에 달린 사안일진데, 어떻게 해서 그렇게[이러한 사실들을 전혀 고려하지도 않고 : 역자 주] 단정적으로 대상들의 질적인 것들이 "양화 가능하다고" 혹은 "측정 가능하다고" 주장할 수 있다는 것인가? 다른 말로 표현해, (일상에서 잘 알려진) 어느 한 대상의 속성이 단정적으로 측정될 수 있다 혹은 측정 가능하게 만들어질 수 있다고 말하기에 앞서 그때의 측정 목적이 무엇인지 먼저 밝혀져야 한다.

(다른 여러 도량형들, 특히 물리학적 도량형들을 측정하는 여러 경우들이 있긴 하지만) 길이 측정의 한 걸출한 예가 있는데, 이 경우는 그 측정이 심리학적, 사회학적, 경제학적 대상들을 측정하는 경우에서보다는 훨씬 더 간단하다 : 수공 기술을 발달시켰던 인간들은 이미 자신들의 주변 환경에 존재하는 자연 세계에다가 수공 작업을 통해 여러 형태의 공간 기하학적 형태들을 만들어내는 그리고 그것도 일의적 재생산을 가능하게하는 방식으로 만들어내는 기예

(Kunst. 그리스어적 의미로는 : 기술Technik)를 발전시켰다. 사물들의 공간 기하학적 관계들을 조작적으로 통제하는 이런 기술들을 인간들은, 측정 도구들의 제작 목적에 대해[즉, 측정 도구들이 갖춰야 할 이상적 속성들에 대해 : 역자 주] 논하는 이론들 — 예를 들어, 기하학적 형태들을 제작해내는 이론과 관련해서는 기하학 혹은 기하론(Geometrie), 시계 제작 기술 이론과 관련해서는 시간론 혹은 시계론(Chronometrie), 균질 밀도의 물질을 이용해 얻어낸 무게 표현 명제들 및 저울을 사용해 이루어지는 물질 측정에 대한 이론과 관련해서는 물질론(Hylometrie. 그리스어로 hyle는 물질을 의미) 등 — 그 자체가 하나의 독립된 이론들로 구성될 때까지 그리고 그것들이 과학 구성과 관련해 하나의 유용한 수단임이 증명되는 선까지 발전시켰다.

위에서와 같은 종류의 작업들은 예를 들어 물체의 온도를 (온도계를 사용해 조작적으로) 양화하는 작업과 차이가 있다. 다음의 예를 한번 보자. 사람들은 "길이" 개념을 정의할 때 그것을, 길이 측정치들이 서로 더해질 수 있는 것처럼 길이들도 애초부터 서로 더해질 수 있게끔 (가장 간단한 예를 들면 : 동일한 길이의 두 막대는 그것들을 이어놓았을 때 원래 막대 두 개 길이 분량의 막대가 된다) 함으로써 정의했다. 하지만 온도 측정의 경우 이는 적용되지 않는다(동일 온도를 나타내는 두 온도계를 연이어 붙여놓았다고 해서 원래 온도의 두 배가 되는 것은 아니다). 이렇게 무엇인가를 양화 혹은 측정 가능하게 만들고 또한 이러한 것들을 기술적으로 실현 가능하게 하는 데 결정적인 역할을 하는 것은 다름아닌 양화하고 측정하는 행위 도식들 자체가 기술적 측면에서 추구하고 있는 목적이라고 할 수 있다. 그럼에도 불구하고 측정가능성 문제가 경험에 의해 결정될 사안이라는 주장을 계속 고집하는 사람들이 있다고 한다면, 이런 사람들은 원래는 행위에 의해 매개되는 경험을 갖다가 혹시 그런 행위에 의해서는 전혀 구애받지 않는 가운데 존재하고 있다는 대상 세계에 대한 경험으로 잘못 혼동하고 있는 것은 아닌지 그리고 그때 우리의 행위와 독립된 — 종종 "자연"이라 불리는 — 대상 세계가 다시 인간의 기술적 관여를 통해서만 우리의 과학적 경험 영역으로 들어올 수 있다는 사실을 혹시 간과하고 있는 것은 아닌지 등에 대해 다시 한 번 생각해보고 그에 대한 분명한 입장 정리를 해둘 필요성이 있다.

질적 속성들의 양화 문제는 구성주의 과학철학과 (현재 지배적인 흐름인) 경험주의적 과학철학이 서로 구분되는 한 중요한 포인트다. 경험주의 진영의 과학철학자들은 현대의 자연과학 이론들이 측정을 통해 여러 경험적 인식들을, 예를 들어 공간과 시간에 대한 경험적 인식들을 생산해냈다고 말한다. 현대 자연과학들에 대한 이러한 해석 방식이 출현하는 데 역사적 한 계기가 되었던 것은 바로 아인슈타인의 (특수) 상대성 이론이었다. 왜냐 하면, 이 상대성 이론은, 이 이론에 대한 과거나 현재의 기술에 의하면(꼭 필연적으로 이렇게 기술되고 있는 것은 아니지만), 우선 공간과 시간에 대한 그 이전까지의 이해 방식들이 경험적으로 제대로 제어되지 못한 구석이 있거나 조작적으로 제대로 정의되지 못한 부분들을 포함하고 있다고 비판하면서 그 자신 이러한 이해 방식들을 경험적으로 수정하고 있다고 기술되고 있기 때문이다. (특수) 상대성 이론에 대한 이러한 경험주의적 해석은 그러나 상대성 이론을 따르는 물리학자들도 올바른 측정 결과를 얻어내기 위해서는 제대로 기능하는 측정 도구와 그렇지 못한 측정 도구 간의 차이를 구분하고 있으며 또 구분할 수 있어야 한다는 사실, 즉 (상대성 이론을 따르는) 물리학자들도 측정 경험에 앞서 측정 도구의 기능을 결정하는 선경험적 (혹은 선험적) 기준들을 이미 자체적으로 요구하고 있다는(혹은 그들이 그러한 기준들을 이미 실제로 가지고 있다는) 사실을 완전히 망각하고 있다.

이렇게 경험주의자들은, 과학자들 스스로가 (그들의 작업을 위해서는 어떠한 방식으로든 포기할 수 없는) 측정 도구들의 기능을 통제하기 위한 수단으로 사용하고 있는 (최소한 실제로 실천된 물리학자들의 인위적 기술로서의) 규범들을 만약 따르지 않게 되면 측정물리학은 자신의 측정 결과에 대해 그 어떠한 타당성 요구도 할 수 없을 것이라는 사실을 까맣게 잊고 있다. 측정 결과들을 생산해내는 실제의 과학 작업들은 모두 (그래서 그러한 측정 결과들은 흔히 "경험적" 측정 결과라 불린다) 측정 도구를 전제함과 아울러, 이 측정 도구들 또한 일정한 기능을 유지해야 하고 또한 이것은 다시 일정한 측정 도구 구성 방법을 통해 확정되기에, 측정 도구의 제작 혹은 올바른 사용을 위해서는 필요불가결한 요소인 처방적 (규제적 혹은 규범적) 전제들을 자체 내에 포함한다. 그리고 이것들 자체는 다시 측정을 통해 반증 혹은 부정될 수 있는 성질의 것들이 아니다.

(많은 "경험주의자들"이 이러한 주장들에 대해 다시 반론을 제기하기도 한다. 그러나 이러한 철학적 논쟁은 유감스럽게도 여기서는 더 이상 다뤄질 수 없다. 그러한 논쟁은 과학에 대한 서로 다른 접근 방식에서 기인하는 것이라고 할 수 있다 : 구성주의자들은 과학을 인간 행위의 합목적적 활동의 결과로 이해하는 반면, 경험

주의자들은 합목적적으로 행위하는 인간을 괄호에 치고는 과학을 일종의 명제 체계로 이해하며 그리고 이 명제 체계를 다시 인간들의 목적 중립적 신념 체계로 이해한다.)

(생활 세계에서 발견될 수 있는) 질적 성질의 대상들이 측정 가능하냐 아니면 그렇지 않느냐의 문제는 자연과학 영역에서의 측정 활동과 같은 조작 행위들이 추구하는 목적성과 연관되어 이해되어야지, 인간과 독립되어 존재하는 자연 내지 현실계에 내재하는 "자연적" 혹은 "자연 법칙적" 속성들로 치부되어서는 안 된다. 이러한 사실의 통찰은 자연과학 외적 영역에 중요한 시사점을 던져준다. 자연과학의 혁혁한 (기술적, 설명적 그리고 예측적) 성공은 심리학, 사회학, 경제학 등과 같은 과학 영역들에서도 커다란 모방의 붐을 일으켰다 : 이러한 과학 분과들은 자주, 자신들이 자연과학적, 특히 물리학적 선례에 따라 자신의 연구 분야에 측정 방법과 수학적 방법을 받아들일수록, 자신의 작업들이 더욱 과학적이 될 거라 생각한다 — 그러나 이러한 시도가 있다고 하더라도 그러한 시도들의 성공은 임의적으로 보장될 수 있는 것이 아니었다. 그러다보니 자연 법칙이 전혀 존재하지 않는 (많은 이들이 또다시 그래도 소수의 자연 법칙은 존재한다고 말하겠지만) 문화과학 분야에서의 경우, (또다시 경험주의적 시각에서 주장되길) 그들이 연구하는 대상 영역 자체에는 측정가능성의 한계가 도사리고 있기에 그런 성취가 이루어질 수 없는 것이라는 주장이 다시 제기되기도 한다.

하지만 지금까지의 논의 내용을 잘 이해하고 있는 독자라면, 질적인 것의 양화 및 계측화 가능성 혹은 그 한계 문제는 자연 법칙적으로 설명되어야 할 것이 아니라, 실은 행위를 통해 측정가능성을 구축하려는 인간의 노력 자체가 성공할 수 있는 것인지의 여부에 비추어 판단될 성질의 것들이라는 것 그리고 또 이러한 측정가능성의 정립 시도는, 예를 들어 인간의 측정 활동들이 원래 설정한 측정 목적과의 관계에서 전혀 의미가 없을 경우에는 그 한계에 봉착할 수밖에 없는 것이라는 사실을 간파할 수 있을 것이다. 이를 앞에서 언급한 예를 들어 다시 한 번 설명해보자:

　기술과 과학 영역에서 행해지고 있는 길이 측정이 추구하는 목적들은 "더하기" 특성을 잘 확인시켜주는 것으로 보인다(예전에 사람들은 이러한 종류의 크기 단위를 "외연적" 크기 단위라 했다): 길이가 같은 두 개의 막대를 이어놓게 되면, 그 전체 길이는 부분 길이의 두 배가 된다. 여기서 전체 길이라고 하는 것이 이어놓은 두 막대의 양 끝간의 (직선) 거리로 이해되는 것이라고 한다면, 이때의 "길이 더하기"에는 두 막대들이 서로 반듯하게 이어 붙여 놓여 있다는 암묵적 규약이 포함되어 있다. 규약에 의해 만약 그 막대들이 60도 각도로 꺾여 서로 연결되어 있다고 한다면, 이 경우 우리는 그 이어진 막대 전체의 길이를 계산하기 위해 $1 + 1 = 1$이라는 형식의 더하기를 사용하게 된다. 이와는 달리 온도 T로 데워진 두 막대는 그것들을 합해 이어놓아도 그 전체가 2T라는 온도를 나타내지 않는다 — 이는 두 막대를 서로 포개놓은 상태에서 그것들이 2T의 온도를 갖도록 동시에 열을 가한다는 규약을 도입하는 경우에도 (온도 측정의 목적과 관계해서는 이런 규약은 물론 전혀 무의미하다!) 사정은 역시 마찬가지다. 이렇게 온도는 "더해지지 않는" 크기라 할 수 있는데(이전에는 이를 "내연적" 크기라 칭했다), 온도의 이러한 특성은 온도라는 자연 대상 자체의 특성이 아니다. 온도의 그러한 특성은 오히려 동시적 가열을 통해 가열된 물체들의 온도를 더해보겠다는 인간들의 목적이 기술적으로는 전혀 실현 불가능한 것이라는 사실을 말해줄 뿐이다.

5. 과학에서의 실험

갈릴레이의 낙하 운동 실험과 함께 그 시작을 알린 바 있는 17세기 고전 물리학에서의 근대 과학은, 특히 그 실험적 특성을 통해 그리고 그 과학이 일체의 주장들에 대한 진위 판단의 시험 심급으로 실험의 방법을 인정했다는 사실을 통해 고대의 과학과 구별되고 있다. 이 근대 과학에는 한편으로는 학문적 논쟁과 이론화 작업, 다른 한편으로는 수공 작업과 기술이 혼재하고 있는데, 이 각 요소들은 서로 긴밀하게 연관되어 있다. 경험 획득의 이러한 특수 형식을 애초에 이용했던 것은 단지 물리학뿐이었다. 하지만 실험의 방법은 그것이 이후 다른 과학의 영역으로도 퍼져나가 사용되면서, 예를 들어 화학 혹은 (실험) 생리학과 같은 과학들이 태동하는 데도 그 본질적 역할을 하기도 했다.

정확치 못한 언어 용법의 경우, 사람들은 "실험"이란 말을 종종 뭔가를 관찰하거나 사람들에게 질문을 해보거나 경험들을 끌어모으는 경우에도 사용하곤 한다. 비록 "실험"이란 단어가 라틴어의 어원적 의미로 "경험"이란 단어에서 유래한다고 하더라도, 실험과학자는 "실험"이라는 개념을, 다른 류의 과학적 경험 획득의 타입과 구분하기 위해, 일정 **장치를 사용·조작함으로써** 일정 사건 과정 혹은 사건 흐름을 (인위적으로) 만들어내는 경우들에만 국한해 이해해야 한다. "실험"이 이러한 의미에서 이해될 경우, 고전적 의미의 실험과학에는 — 특히 소위 물질과학 같은 기술 과학 분야에서 볼 수 있는 특수한 형식의 과학들을 포함해 — 물리학, 화학, 생물학 그리고 (자연과학적 방향의) 심리학이 해당된다고 할 수 있다.

오늘날 측정 활동들이 이루어지고 있는 곳 거의 모든 경우들에서는 실험이 개입되어 있는데, 사람들은 이때 실험을 보통 어떤 사태 관계들을 양화된 형태로 표현하기 위해 사용한다. 하지만 "실험" 개념을 이해하는 데는 실험 결과들이 동시에 양화된 형식의 측정 결과들이어야 한다는 사실은 그리 결정적인 역할을 하지 않는다 (반대로, 모든 측정 결과가 곧 실험의 결과라 할 수도 없다. 천문학의 경우를 한번 생각해보라). 결정적인 것은 오히려 인과론적 설명을 하기 위한, 다시 말해 원인과 결과간의 관계를 규정하는 데 전형적이라고 볼 수 있는 하나의 독특한 경험 형식이 실험 과정 속에서 만들어지고 있다는 사실이다. 학교의 물리 수업에서 실제로 행해질 수도 있는 하나의 간단한 실험을 방법적 재구성의 차원에서 한 번 살펴보도록 하자 : 실험에서 중요한 역할을 하고 있는 것은 인간의 어떠한 행위와 인간의 어떠한 목적일까?

우선 실험자는 실험 장치 와 실험 설비를 기획해서 장치해야 한다. 이때 이 설비가 (마치 몇몇의 기계적 장치를 이용한 실험이나 화학 실험의 경우들에서와 같이) 아주 간단하냐 혹은 (예를 들어, 현대적 입자가속기 혹은 많은 생물학적 실험들에서와 같이) 아주 복잡하냐의 문제는 그리 중요한 문제가 아니다. 그 대신 이때 중요한 사항이 있다고 한다면 그것은 실험 장치에 대한 기술적 통제가 가능해야 한다는 것이다. 이는 실험 장치들의 속성들이 기술적으로 반복 생산될 수 있어야 하고 **실험의 성공적 반복 문제**, 즉 실험의 각 경우들에 있어서의 실험 장치들의 항상적 동일성이 실제 실험을 수행해 봄으로써 그리고 수행된 실험들을 관찰함으로써 규정해주는 경험적 방식으로서가 아니라 오히려 그와는 다른 비경험적 방식을 통해 보장될 수 있어야 한다는 것을 말한다. 이를 달리 말하자면 다음과 같다 : 우리가 어떤 한 사건 과정이 어떤 조건 하에서 일어났는지 실험적으로 확정하고자 한다면, 이를 위해 우리는 실험 당시의 조건들을 실험 수행 전에 미리 확실히 알고 있어야 한다.

위와 같은 작업이 수행되었으면, 그 다음 단계로 실험자는 실험을 출발시킬 준비를 해야 한다. 낙하 운동 실험을 할 경우, 실험자는 공 혹은 낙하시킬 물체를 출발점에 갖다놓아야 하며, 시계의 초침을 시작점에다 맞춰놓아야 하는 등의 준비를 해야 한다. 실험 준비에는 한편으로는 (실험을 고안하고 실험 장치를 구축한다는 의미에서의) **구성 작업**이 그리고 다른 한편으로는 (출발 준비를 한다는 의미에서의) 실험 수행을 위한 준비 작업이 포함된다.

세 번째 단계로, 실험자는 이제 무엇인가를 작동시키고 시계의 출발 단추를 누른다든지 등을 수행함으로써 실험을 출발시키게 된다. 그러면 실험은 이제 진행되어 나가게 된다. 이 단계에서 실험자는 실험 진행의 개개 과정에 일일이 **개입하는 것**이 아니라 그것을 단지 **관찰만** 하게 된다 ─ 이때 경우에 따라서는 고속 카메라 등과 같은 아주 세련된 기술적 보조 수단들이 사용되기도 한다.

이미 알 수 있는 바와 같이, 위와 같은 실험자의 행위들은 (실험 구성, 실험 준비, 실험의 출발) 그 이후에 일어나는 사건 과정, 즉 비록 그 자체로는 **행위는** 아님에도 실험에서 관심의 초점이자 실험자의 관찰 대상이기도 하고 실험자가 원래부터 실현시키고자 추구하는 목적이기도 한 하나의 사건 과정을 만들어내는 데 기여한다. 우리는 그러한 부분적 행위들을 전부 뭉뚱그려 "실험 행위"라 칭할 수 있으며, 이와 연관해 연속적으로 이어진 실험 행위들이라는 의미에서의 **실험들이** (그 전체로) 어떠한 의미에서 **성공** 혹은 **실패**할 수 있는 것인지 논할 수 있을 것이다. 한 행위의 성공과 실패는 정해진 목적이 성취되었는가 아니면 그렇지 못한가에 의해 정의될 수 있다. 그래서 실험의 성패 문제는 곧 (그때마다의) 실험이 어떤 목적을 추구하고 있는지 밝히는 문제이기도 하다.

위 물음에 대한 답은 다음과 같다. 실험이 시작되어 그 이후 **진행되는 사건 과정 그 자체는 행위가 아니다.** 하지만 그것은 **기술적으로는 제어 가능해야**(그리고 반복 가능해야) 한다. 이는 하나의 실험 과정 혹은 그 실험 과정의 도달점은 그에 필요한 적당한 설비 조건이 인위적으로 강제화됨으로써 기술적으로 제어될 수 있어야 한다는 것을 말한다. 이러한 의미에서 우리는 실험을 활쏘기에 비유해 설명해 볼 수 있다 : 활과 화살이 만들어지고난 후, 준비하기(화살 시위 당기기, 화살을 목표점에 겨누기) 그리고나서 원래 하고자 하는 일을 시작하기(활시위 놓기) 등이 수행되고나면 화살은 일정한 "과정"을 거쳐 목표 지점으로 날아간다 — 물론 그렇지 않은 경우가 일어날 수도 있다. 화살을 쏜 사람은 화살이 날아간 후 일어나는 사건의 진행 과정 일체를 관찰하게 된다. 그러는 와중에 그에게는 경우에 따라 그가 제대로 (활과 화살을) 만들었는지, 활쏘는 일을 제대로 준비했는지 그리고 제대로 출발을 시켰는지(즉, 목표물을 맞추는 데) 혹은 (화살이 목표물을 빗나가) 제대로 출발을 시키지 못했는지 등의 문제들이 일종의 반위사로 경험되게 된다. 실험도 이와 마찬가지다. 실험자는 실험에서 진행되는 사건 과정 및 실험의 최종 목표점 도달 상태를 관찰하게 된다. 이러한 과정은 그가 인위적으로 어떤 장치를 통해서 만들어내는 과정이기에, 실험자는 결국 어떤 장치를 사용하는 가운데 그 과정에 일정한 "영향"을 미치게 되는 것이다. 다시 말해, 실험자는 한 사건의 원인이기도 한 실험의 구성, 준비, 시작, 그 모든 것들이 만들어내는 실험의 결과, 즉 실험 행위가 만들어내는 결과들을 관찰하게 된다. 실험은 그래서 실험자로 하여금 원인과 결과들이 맺는 관계에 대해 경험할 수 있게 해준다. 여기서 보아 알 수 있듯, 어느 사건에 대한 "원인"에는 실험자에 의해 인위적으로 만들어진 실험 장치들의 속성이나 실험 사건들이 속한다. 그런데 여기서 하나의 의문이 생길 수도 있다. 일식 현상과 같은 자연 사건들 혹은 자연 상태들은 인간에 의해 만들어지지 않은 현상들이다. 그러한 것들에 대한 인과론적 설명은 그러면 어떻게 되는 것인가? 그러한 현상들에 대한 인과론적 설명은 그러한 사건들이 먼저 관찰과 측정을 통해 말로 "진술되고"난 후, 그러한 사태 관계들이 다시 실험을 통해 기술적으로 "시뮬레이션"됨으로써 가능해진다(좀더 자세히는 아래를 참조).

(하지만 실제로 우리는 활쏘기를 실험이라고 말하지 않는다. 그 이유는 사람들의 다양한 활쏘기 솜씨를 서로 겨룰 경우에 그때 그들에게 관건이 되는 것은 활의 위치와 탄력 등을 기술적으로 반복 가능하게 만들어 그러한 정보들을 완전히 기술해내고자 하는 일

이 아니기 때문이다. 실험에서와는 달리, 활쏘기의 경우 그런 류의 정보 문제는 의도적으로 궁사의 기술적 능력에 맡겨져 있을 뿐이다.)

실험은, 그것을 우리가 우선 일종의 행위 연쇄 그리고 행위의 결과로 보게 되면, 우리들로 하여금 어떤 과정들을 기술적으로 반복 가능하게 해주는데, 이 일은 다시 우리가 (실험에서의 사건 진행들을 기술적으로 제어할 수 있기에 앞서 미리 통제할 줄 알아야 하는) 실험 조건들을 반복 가능하게 할 수 있음으로써 비로소 가능한 일이다. 전통적으로 사람들이 실험은 임의적으로 반복 가능해야 한다고 말할 때, 이 말에는, 실험에 대한 앞서의 행위론적 재구성을 통해 이미 밝혀질 수 있는 바와 같이, 실험이 갖추어야 할 두 가지 서로 다른 요구 조건들이 종합되어 표현되고 있다 : 그 중 하나는 구성하고, 준비하고, 시작하는 (실험) 행위들로 구성되는 실험 조건들은, 그러한 행위들이 — 행위 도식으로서 — 하나의 지시 혹은 처방을 반복해서 따르고 있다는 의미에서, 항상 동일하게 반복 실행될 수 있는 방식으로 정확히 기술되어야 하고 또한 규범화되어야 한다는 것이다. 여기서의 이러한 동일성은 실험 결과와는 별개로 확정되어야 된다. 또 다른 하나의 요구 조건은 실험이 이와 같이 진행됨으로써 항시 동일한 사건이 그 결과로 일어나야 한다는 것이다. 즉, 위와 같이 실험이 진행됨으로써 실험 과정 혹은 실험 과정의 최종 상태가 항시 동일하게 결과되어 나와야 한다는 것이다. 그렇게 될 경우라야 비로소 우리는 실험으로 확인된 경험에 대해서 말할 수 있게 된다. 이와 함께 우리가 주장할 수 있는 또 다른 사항은, 실험은 일회적 행위 혹은 일회적 연속 행위(그리고 뒤따라 일어나는 일회적 사건 과정들이)라기보다는 오히려 하나의 행위 도식으로서의 행위 연속이자 사건 흐름들이라는 사실이다.

실험적 경험을 통해 알려지게 되는 소위 "자연 법칙들"을 이해하는 데는, 그것들의 "법칙성"이라고 하는 것이 사실은 실험과학자가 행하는 실험의 반복 가능한 성질과 관계하고 있다는 사실을 알아둘 필요가 있다. 다시 말해, 과학에서의 "법칙성"이란 실험과학자들이 실험 수행 시 자신들의 행위 지침으로 삼는 기술적 처방들이 일회적으로만 지켜지는 것이 아니라 일반적으로 지켜질 수 있는 성질의 것이기에 성립될 수 있는 것이다. 그런데 여기서 말하는 "일반성"이라고 하는 것은, 어떤 한 법칙이 연구 대상으로서의 사물 혹은 사건들에 동일하게 적용되기 때문에 그 법칙이 일반성을 지니고 있다고 말하는 (예를 들어 칼 포퍼의 비판적 합리주의 철학에서처럼, 낙하 법칙이 "모든 물체들에 적용된다"고 말할 때, 사람들은 그 법칙의 일반성을 이러한 의미에서 이해한다) 경우와는 원리적으로 전혀 다른 의미의 일반성이다 ; 법칙성을 사물이나 사건 영역과 연관해 논하는 그러한 견해에서는 소위 "자연법칙성"이란 것은 연구 대상으로서의 사물들 혹은 사건들에 내재하는 속성으로 이해된다. 그러나 이러한 의미에서의 법칙성에 대해서는, 그 대상 영역이 항상 동일하게 수행된 행위를 통해 기술적으로 통제된다고 하더라도, 최소한의 지식조차도 얻어질 수 없다.

실험과학자는 위에 언급한 것 외에 다른 것들도 아울러 수행해야만 한다. 하지만 이에 대해서는 여기서 자세히 논할 수 없고 단지 짧게 언급만 하고 넘어가겠다. 예를 들어, 실험과학자는 실험적 조건을 항상 동일한 방식으로 반복 가능할 수 있게 만드는 것만으로는 충분치 않다. 그는 그 외에도 실험적 조건과 결과, 원인과 영향(결과)의 양적 혹은 수치적 관계를 확정하기 위해 실험 조건들을 경우에 따라서는 이리저리 변화시키는 그러한 일련의 실험들을 수행해야만 한다. 그리고 실제 실험과학자들은 그렇게 하고 있다. 이 일이 잘 진행되게 되면, 결국에는 실험 법칙들이 "만약-그러면 명제" 형식, 즉 조건문의 형식으로 형성되게 된다. "만약-명제들", 즉 조건문의 전건에는 실험을 구성하고, 준비하고, 시작하는, 즉 실험과학자 자신의 행위들을 통해 만들어지는 실험 조건들이 기술되고, "그러면-명제들", 즉 조건문의 후건에는 실험자에 의해 관찰된 그리고 경우에 따라서는 측정된 실험 진행 후의 사건 과정 내지 실험의 최종 결과가 기술된다.

이렇게 보면, 일종의 목적 지향적 행위를 펼치는 실험과학자의 작업 과제를 이해하는 데는 그를 "자연 세계"에 존재하는 그 무엇을 발견하는 일을 하는 사람으로 볼 것이 아니라 오히려 기계 제작자로 보는 편이 훨씬 낫다는 결론이 나온다. 한편으로는 실험과학자의 연구 활동, 즉 실험적 연구 활동, 다른 한편으로 기계 제작자의 활동 예를 들어, 엔진의 기술적 고안, 이 둘 간에 차이가 있다고 한다면, 그것은 실험과학자와 기술자 각자가 자신들의 일에서 사용하고 있는 선지식의 정확도 및 안정성에서 단지 정도 차이가 좀 난다는 데 있을 뿐이다. 실험과학자에게는 가설 테스트가 전면에 나서는데, 이 가설이 그로 하여금[그의 주임무 중의 하나이기도 하며, 그를 또한 준(準)기술자이게 하는 : 역자 주] 실험을 고안하고 또 계획하게 만든다 — 이에 대해 자연과학자들은 기꺼이 실험이 가르쳐줄 사항은 이미 이론에 의해 결정된다고 말한다. 반면, 기술자에게는 기계를 만들고 또 이미 만들어진 기계를 잘 다루는 일이 전면에 나설 뿐이다.

위에서 우리는 인공적 고안을 통해 사건 과정들을 통제하는 실험 과정을 "원인"과 "영향"(혹은 "결과")이라는 두 개념을 가지고 설명했다. 이때 원인은 행위 및 그것에 의해 생기는 **결과들**로 그리고 **영향**은 (실험) 행위에 의해 **결과된** 것들로 기술되었다. 그런데 여기서 하나의 의문이 생길 수도 있다 : 자연과학자들은 인과 관계를 인간이 기술적으로 도달할 수 없는 영역들에도 확대 적용해, 그러한 영역들에서 일어나는 사건들에 대해 하나의 인과론적 설명을 제공하고자 하는 것 아닌가? 예를 들어, 사람들은 일식의 원인이 달이 해와 지구 사이에 위치함으로써 생기는 현상이라 언급하거나 아니면 일식 때 지구에 생기는 그림자는 달이 태양을 가려 생긴 영향이라 언급하기도 한다[이렇게 하면서까지 그들은 인과 관계를 인간이 기술적으로 도달할 수 없는 영역들까지 확대 적용할 수 있다는 논지를 펴고자 함과 동시에 인과론에 대한 위에서와 같은 행위론적 설명에 의심의 눈초리를 보낸다 : 역자 주].

하지만 여기서 우리는 그러한 인과론적 설명이 어떻게 해서 신빙성을 얻게 되는 것인지 알아야 한다! 어떻게 우리는 일식 현상에 대한 그러한 **인과론적 설명**이 타당하다고 확실하게 말할 수 있는 것인가? 실제로 이러한 인과론적 설명이 알려지지 않았거나 인정되지 않고 있는 문화가 지구상에 있었으며 현재에도 현존한다. 이러한 문화권의 사람들은 달에 의한 일식 현상을 하나의 경이로운 사건쯤으로 혹은 재해나 좋지 않은 일이 일어날 징조로 여기기도 한다. 그래서 위의 질문에 대한 답은 이렇다. 자연과학적으로 계몽된 인간들은 일식의 인과론적 설명을 받아들인다. 왜냐 하면, 그들은 그 사건에 대한 아주 간단한 그리고 자신들 스스로에 의해 잘 통제될 수 있는 모델을 가지고 있기 때문이다 : 어두운 방에 (태양의 모델로 해석될 수 있는) 촛불 혹은 전등과 같은 전원을 갖다가 (지구의 모델로 해석될 수 있는) 하나의 공에 그림자가 드리워질 수 있게 (달의 모델로 해석될 수 있는) 또 다른 하나의 공에 빛을 비추었다고 하자. 이 간단한 실험 예는, 자연에서, 즉 인간에 의해 만들어지지 않은 영역에서의 인과 관계들이 기술적으로 잘 통제된 모델을 통해 인식될 수 있음을 잘 보여준다. 이보다는 좀더 복잡한 현상을 설명하는 경우, 예를 들어 태양 중력에 의한 유성들의 포물선 궤도 운동 현상을 뉴턴의 중력 법칙과 갈릴레이의 낙하 법칙을 사용해 인과론적으로 설명하는 그리고 그것도 역사적으로 중요한 의미를 갖는 인과론적 설명의 경우에는 자연적으로 존재하는 사물들 및 사건 과정들을 인위적 사물 및 사건 과정으로, 즉 인위적 모델로 "번역"하는 일 자체가 이미, 측정을 사용해 (천체 현상들에 대한) 관찰 작업을 해 그 기반 하에서 천체 현상들에 대한 양적 관계들을 기술해내고자 하는 천문학자에게는 하나의 커다란 숙제가 된다. 이는 (실험) 장치와 그 기능이 정말 자연 관계들의 모델인가, 즉 그것들이 자연 대상과 자연 과정들을 제대로 "시뮬레이션하고 있는 것인가"의 문제가 경우에 따라서는 관찰, 측정 그리고 실험에 드는 경비 문제가 될 수 있다는 것을 말해준다.

실험 문제에 관한 한, 실험과학인 물리학과 화학은 서로 비슷하지만, 심리학에서의 실험은 아주 특수한 문제를 안고 있다는 사실이 마지막으로 언급되어야겠다 : 예를 들어, 인간의 인지 현상을 실험하는 경우를 보자. 심리학적 실험에서 실험자는 일반적으로 피험자에게 먼저 실험 시 그가 무엇을 어떻게 해야만 할지에 대해 지시를 하고 실험을 진행한다. 즉, 실험자는 피험자에게 이 사람이 인지 실험의 일환으로 제시된 일정 대상을, 예를 들어 단추를 누름으로써 반응을 하라든가 혹은 사물들을 보게 되면 스위치를 돌려 그것들이 똑같은 크기임을 알려야 한다 등의 지시를 내리게 된다. 이는 심리학의 경우 실험심리학자는, 비록 앞서의 실험에 대한 논의에서는 실험에서 실험과학자는 자신의 실험 행위를 통해 더 이상 행위가 아닌 사건 과정을 만들어낸다는 사실이 강조되었지만, **피험자와 함께 실험을 진행하기** 때문에, 심리학적 실험에서는 실험자의 행위만이 아니라 피험자의 행위도 한 몫을 한다는 것을 말한다. 사실 심리학적 실험은, 피험자의 행위들도 함께 연구할 때 그 성공을 기대할 수 있다. 실제로 심리학 실험에서 피험자의 행위는 마치 실험 과정(의 일부)인 것처럼 대해진다. 이러한 암시는 실험심리학에서의 실험 문제는 물리학과 화학에서의 실험 문제에 대한 해명을 넘어서는 또 다른 과학철학적 해명을 필요로 한다는 사실을 말해준다.

우리가 이렇게 여러 과학들에서 실천되고 있는 실험을 분석해보면, 우리는 이제 또 다른 하나의 사실을 알게 되는데, 그것은 실험적 경험에 기반하고 있으면서도 역사적으로는 "자연과학들"이라고 명명된 과학 영역들이 사실 더 적당하게는 "기술과학들"이라고 명명되어야 마땅하다는 사실이다. 단지 기술, 즉 실험과학자들의 수공적 손재주와 기술자적 능력만이 자연을 자연과학의 영역으로 불러들여 이론 형태로 나타날 수 있게 해준다. 단지 그러한 종류의 기술적 영향력을 행사할 수 있는 지식이 가능한 곳에서만 (그 자체 기술적 결과물이 아니라는 의미에서의, 즉 인간에 의해 만들어지지 않았다는 의미에서의) 자연적 대상들과 사건들에 대한 이론적 설명이 가능해질 수 있다. 이는 일반적으로 자연사적 기술을 해준다고 하는 천문학, 생물학적 진화론 혹은 우주 태동에 대한 물리론적 설명들에서 등장하는 자연 대상들 혹은 자연 사건들의 경우에도 역시 적용된다. 이러한 논의는 또 우주가 혹은 다종 다양한 생물들이 실제로 어떻게 태동되었는가에 대한 지식은 항상 현재의 인간이 알고 있는 경험 지식에 의존해 구성될 수 있다는 것을 말해준다. 즉, 우리는 현재적 경험 지식을 가지고 자연의 역사를 가설적으로 재구성하게 되는 것이다—그러나 그러한 가설들을 우리는 마치 현재 직접적으로 관찰 가능한 과정들을 테스트하는 것과 동일한 방식으로 테스트할 수는 없다. 우리는 단지 현재의 실험적 지식의 조명 하에 과거의 흔적을 찾고 구성해내는 작업을 하는 것이며 그러는 가운데 그러한 자연사 기술들을 점차 확장해나갈 수 있는 것이고 또 점차 더 확률적 가능성이 있는 것으로 만들어나갈 수 있는 것이다. 그래서 만약 현재의 실험과학적 지식에 혁명적 변화가 일어날 경우, 자연사에 대한 전체 진술 또한 교정될 수도 있음은 전혀 배제할 수 없다.

실험과학들은 인간에게 최고 수준의 **신빙성**을 보장해주는 경험 타입의 모범이 되었다. 그러나 이러한 신빙성은 단지 **실험이 기술적으로 재생산 가능한 때**나 보장될 수 있는 것이라는 사실이 간과되어서는 안 된다 ; 반면, (문화-) 역사적 과정들 혹은 국민경제학적 결정들이 이루어지는 인간 활동의 영역에서는 이러한 재생산 가능성 특징은 아주 단순한 이유에서 전제될 수 없거나 주장될 될 수 없는 경우들이 종종 있다 : 과거에 대한 기억을 갖고 있고 또 자신의 경험을 기억해낼 수 있는 인간은 엄격한 의미에서 동일한 역사적 상황에 두 번 다시 동일하게 놓일 수 없기 때문이다.

6. 원(原)이론들(혹은 과학토대론들)

독자들이 앞서 논의된 논리적 추론, 계산, 측정 그리고 실험 등과 같은 과학에서 적용되고 있는 행위의 여러 타입들을 만약 기억하고 있다면(그리고 이 책의 제 I 부 구성주의 과학철학 일반론과 소위 전문 용어들의 사용, 조어 작업에 관한 논의들을 한 번 되돌아보게 되면), 독자들은 — 이 책의 제 II 부 초반부에서 소개되었던 내용, 즉 오늘날 시도되고 있는 과학의 체계적 분류 시도들에 대해 가해졌던 반론들에 의하자면 — 우리의 논의에서는 어떠한 형태로도 과학에 대한 체계화된 분류 시도가 감행되고 있지 않다는 사실을 잘 알 수 있을 것이다. 거기서 만약 과학 분과들을 칭하는 "물리학" 혹은 "심리학" 같은 표현들이 사용되었다고 한다면, 그것들은 단지 일상 언어 용법에서 혹은 대학의 강의 목록들을 칭하는 의미로 사용되었을 뿐이다. 이때 우리가 알 수 있었던 또 하나의 사실이 있다고 한다면, 그것은(이 사실은 물론 논쟁의 여지가 없는 것일 테지만) 어떤 특정의 과학 연구 방법이나 연구 타입들은, 그것들이 대학의 전통적인 연구 영역들에서 어떤 경우에는 제한적으로 그리고 어떤 경우에는 아주 광범위하게 적용되고 있기에, 과학 분야들을 체계적으로 구분 혹은 분류하는 데에는 적당한 수단이 될 수 없다는 사실이다.

과학 체계화 문제에 대한 이러한 회의적 측면의 논의 수준을 넘어 우리는 이제 우리의 논의를 한 단계 더 밀고 나갈 필요성이 있다. 왜냐 하면, — 이미 몇 번이나 논의된 것처럼 — 과학 **방법**들은, 일정한 의미에서이긴 하지만 그러나 좀더 설명이 필요한 의미에서, "대상 구성적" 특성을 갖기 때문에, 즉 과학의 연구 방법들은 전통적인 개별 과학들의 영역에 속한다고 하는 연구 대상들이나 연구 대상 영역들을 자신의 입장에서 (실제로 그리고 합당하게) 만들어내고 또 경계를 지어주는 기능을 하고 있기 때문이다. 예를 들어, 앞서 "측정"을 논한 단원에서, 길이 측정 (그리고 길이 측정 도구를 만들어내고 사용하는) 방법을 통해 과학의 연구 대상인 "(공간적) 길이"라는 것이 비로소 세상에 출현한다고 설명되었을 때, 즉 과학적 연구의 대상 영역이라고 하는 "길이"라는 영역은 비로소 인간의 언어적 그리고 비언어적 행위의 산물로 구성되는 것이라고 논해졌을 때, 이는 길이 측정 방법을 규정하고 있는 이론이 곧 길이 측정을 수행하는 모든 과학들의 기초 이론이 된다는 것을 의미한다. 이 사실은 또 과학들의 일부 연구 대상들은 이러한 류의 과학적 실천이 (물론 실제의 과학에서는 이러한 실천에 이미 과학 이론들이 적용되고 있기도 하다) 없이는 존재할 수 없다는 것을 의미하기도 한다.

그래서 우리는 과학들이 어떻게 자신들의 연구 대상들을 구성해 내는지 그 과정을 재조명할 필요가 있다. 이 작업은, 한편으로는 과학들간의 영역 구분이 어떻게 성립되며 그리고 그들간의 상호 의존성은 어떤 모습을 가지는지 밝혀 설명하는 데에 하나의 유용한 수단이 되기도 하며, 다른 한편으로는 과학 명제들의 전공 영역별 타당성 타입이나 전공 영역별 진리 타입들의 이해에 접근해 들어가는 통로가 될 수도 있다. 우리는 이 작업을 다시 다수의 사람들이 갖고 있는 과학들의 상호관련성에 대한 견해를 비판하는 가운데 진행코자 한다:

우리는 여기서 자연과학들의 광범위한 영역을 먼저 논의 대상으로 삼을 것이다(이 자연과학들은 자신들이 사용하는 방법들과 이 방법들에 의해 매개된 기술(技術)에 대한 의존성으로 말미암아 오히려 "기술과학들"이라고 불릴 수 있다는 사실 그리고 그렇게 함으로써 자연과학의 의미가 개념적으로 좀더 명확하게 규정될 수 있다는 사실은 앞서 이미 설명되었다).

다양한 관심 하에 현재 즐겨 논의되고 있는 테마들 중의 하나는 물리학, 화학, 생물학, 의학 그리고 심리학의 영역들이 상호 어떤 관계에 서 있는가 하는 테마다. 그래서 우리는 이러한 과학들의 연구 대상들이 어떤 경로를 통해 규정되는지 재구성하기 전에, 위와 같은 류의 과학들간의 관계가 그러한 논의들에서 어떻게 이해되고 있는지 먼저 살펴보고자 한다.

1) 자연과학에서의 "블록 쌓기 원리"

사람들은 물리학 같은 학문이 물질의 가장 작은 구성 단위들, 즉 전자, 양자, 중성자, 노이트리노스, 그 외 많은 입자들 그리고 그 연구를 위해서는 고자(高價)의 기계적 장비들을 필요로 하는 초미립자들 같은 것들을 연구한다고 말한다. 그리고 또 전통적으로 더 이상 쪼개질 수 없는 입자라고 하는 "원자"(그리스어로 "Atom"이라는 말은 "쪼갤 수 없다"는 의미) 내부로 들어갈 수 있었던 기술을 가졌던 것도 바로 물리학이다. 그리고 소위 "원자물리학"은, 이의 이론은 다시 "양자물리학"이라 불리는데, 빛의 방출과 흡수 현상 그리고 다른 종류의 물질 속성들을 (물리학적으로) 기술하고 설명하며 그리고 그러한 것들을 기술적으로 제어할 수 있는 능력을 갖고 있다는 사실은 물리학에 문외한이라도 흔히 들어 앎

직한 사실이다.

원자가 모여 분자가 되면, 그에 대한 이론적 설명의 역할은 이제 화학이 떠맡는다. 비(非)물리학적으로 일어나는 **물질들의 속성과 변화 관계들**을 연구하는 화학자는, 이 견해에 따르면, 소위 원자보다 좀더 큰 단위의 분자들을 연구하는 사람들이다. 화학을 잘 모르는 사람도 물과 같은 간단한 분자가 수소 두 개와 산소 하나로 이루어졌다는 것, 그래서 그것은 H_2O라 불린다는 것쯤은 안다. 우리는 또 사람들이 아주 커다란 분자, 예를 들어 다양한 인공 물질 분자 그리고 또 유기체의 기능에 중요한 역할을 하는 가운데 생명체, 세포 혹은 그러한 물질들에서 발견된다고 해서 그렇게 명명된 "유기" 화학 분자들에 대해 말하는 것도 듣게 된다. 특히 크고 중요한 분자들을 우리는 "아미노산", "단백질" 그리고 (자주 언급되는) "DNS-분자"라 칭해지는 대중적으로도 친숙한 여러 다양한 표현들에서 만나게 된다. 이 분자들에 대한 연구는 생화학적 연구 분야에 속하는데, 이 연구 분야는 **생명체의 구성 분자**를 연구하는 과학인 생물학이라는 학문의 전(前) 단계 영역으로, 즉 화학과 생물학 중간에 위치하는 학문으로 이해된다. 흔히 이해되는 바로는, 그러한 생명체의 구성 분자들은 세포를 이루고 그리고 이 세포에서 다시 생명체가 만들어진다.

생물학자들은 생명체들의 발달사 및 생명체들의 **분류 작업**, 즉 **생명체의 질서**를 기술하는 일에 관여하고 있다. (그리고 그들은 식물학과 동물학의 전통적인 구분 방식을 따르기도 하는데, 그래서 또한 생물학자는 다른 여러 가지 것들 중에서도 식물과 동물 세계를 연구하기도 한다.) 동물들은 **행동**을 보인다. 이 행동들은 (일군의 생물학자 집단으로 이루어진) 생태학자들(혹은 행동연구가들)과 그리고 — 심리학적 연구 방향에서 — 심리학자들에 의해 연구되는데, 이 후자는 동물들의 행동 실험에서 소위 인간 행동보다 훨씬 단순한 경우들을 관찰하고자 하거나 혹은 동물들의 행동 실험을 통해 인간 행동의 자연과학적 설명의 근간을 파헤쳐 밝히고자 하기도 한다. 행동 장애에 대한 연구 및 그 치료도 또한 미립자에서 시작해 원자와 분자를 거쳐 세포와 동물 그리고 인간에 이르기까지의 단계적 발달 단계를 연구하는 자연과학적 연구 영역의 한 켠에 위치하고 있다.

질병에 대한 예방 및 치료 차원에서 그리고 (건강-)장애를 일으키는 것들에 대한 혹은 병 치료를 위한 자구책적 지식으로 발전되고 적용되고 있는 (인간-)의학은 위의 지식들을 총망라하는 과학으로서, 그 배후에는 위에서 언급한 모든 대상 영역들이 포함되고 있다.

자연과학들에 대한 이러한 이해의 방식은 **블록 쌓기 원리(Baukastenprinzip)**를 따르고 있으며 또 (기술과 문화의 형성이 있기 이전에 존재한다는 의미에서의) **자연의 전(全) 영역**을 물질로 이루어진 세계로 파악한다. 이러한 이유에서 자연과학은 "**물질론적**" 과학 혹은 물질과학으로 여겨지거나 혹은, 과거 약 300년 동안 기계론이 물질과학의 전형으로 여겨졌던 시기가 있었기에, "**기계론적**" 과학이라 칭해지기도 한다. 위에서 언급된 분야의 과학들만이 아니라 철학도 함께 참여해 펼쳤던 아주 광범위한 논의가 하나 있었는데, 그 논의에서는, 위에서와 같은 단계적 질서를 갖는 학문 구조가 성립한다는 가정 하에, 다른 학문들에 대해 좀더 기초가 되는 학문 영역들은 그 상위의 학문들이 제기하는 질문들을 얼마나 잘 설명할 수 있을 것인가와 같은 물음을 던진 적이 있었다 : 예를 들어, 화학의 연구 방법에 의해 잘 통제된 물질의 모든 속성들은 물리학적 방법을 통해 설명될 수 있을까? 화학적 방법을 가지고 사람들은 살아 있는 물질들의 특성과 살아 있지 않은 물질들의 특성을 서로 구분할 수 있는 것일까? 신진 대사 과정을 연구하는 생물학자와 생리학자들은 또 외부 환경에 대한 인식 능력을 전제로 해서 일어나는 동물들의 행동과 같은 좀더 고차적 기능들을 설명할 수는 있는 것일까? 동물들의 행동에 대한 연구는 그보다 더 고등 존재인 인간이 만들어내는 언어, 기술 혹은 과학적 인식 같은 "좀더 고등한" 수행 능력들에 대한 설명적 기초를 종국적으로 제공할 수는 있는 것인가? (이러한 물음들을 두고 진행된 논쟁들은 경우에 따라 그와는 정반대의 반향에서, 예를 들어 의학이 생물학으로, 생물학이 화학으로, 화학이 물리학으로 — 이로부터 아주 커다란 건너뛰기를 해서 — 정신 작용은 (자연과학적으로 기술된) 육체적인 것으로 환원될 수 있는가 등과 같은 "환원주의"적 논의 형식으로 진행되기도 한다.)

이렇게 물리학, 화학, 생물학, 심리학 혹은 의학의 순서 하에 모든 물질은 원자로, 모든 세포는 물질로, 모든 유기체들은 세포 등으로 이루어졌기에(혹은 대충 말해, 모든 자연과 문화는 결국 물질로 이루어져 있고 그리고 물질은 물리학이라는 학문에 의해 설명되기에), 그래서 후자의 영역에서 연구된 사태 관계들은 전자의 영역에서 연구된 사태 관계들에 의해 설명될 수 있어야 한다는 주장 형태를 우리가 "블록 쌓기 원리"라 명명한다면, 이러한 류의 블록 쌓기 식 사고 방식에는 아주 심각한 문제가 도사리고 있다. 이 문제를 우리는 한편으로는 언어 비판적 논의를 통해, 다른 한편으로는 모든 과학을 (비언어적 그리고 언어적 행위를 통해 만들어지는) 인간 행위의 산물로 보는 시각을 통해 아주 명백히 백일하에 밝혀낼 수 있다 :

"분자는 원자로 이루어져 있다" 혹은 "유기체는 세포로 이루어져 있다"는 표현에서의 "~으로 이루어져 있다"는 표현, 그래서 또한 과학을 블록 쌓기 식 비유("뻐꾸기 시계는 시계집, 톱니바퀴, 기동축 등으로 이루어져 있다")를 들어 이해하고자 하는 이러한 사고 방식은 그 사고 논리의 뿌리를 수공 작업의 실천 영역에 두고 있다. 그 이유는 수공 작업에서 사용되는 연장들이 몇몇 구성 요소들로 조합되어 있기 때문이다. 예를 들어, 시계공은 우선 시계 조립에 쓰일 부속품들을 만들어내고 그 다음에 그것들을 하나의 완성된 시계가 되도록 일정한 방식으로 조합한다. 시계공이 그러한 방식으로 작업을 하는 이유는 그가 시계의 사용 목적을 이미 알고 있고 또 그것을 구현하려하기 때문이며 또 그는 시계의 기능에 대한 나름의 계획을 가지고 있고 그것을 실현시키고자 하기 때문이다. 바로 이러한 실현을 위해 시계공은 시계 구성품들이나 부속품들이 갖는 인과적 영향 관계(시계의 추 운동은 톱니바퀴를 통해 시계침으로 이월된다)가 결국에는 "복잡한" 기능을 갖춘 시계가 될 수 있도록 시계의 부속품들을 고안·조립해내고 있는 것이다.

여기서 우리는 종종 오해를 불러일으키는 일상 언어의 느슨한 의미 문제를 지적할 필요가 있다 : 일상적으로 사람들이 "구성 요소들"(라틴어의 componere는 조합하다의 의미) 대신 "부분들(Teile)"에 대해 말할 때, 이때의 부분들 — 언어론적으로 정확히 말해 — 예를 들어 쪼개진 사과의 조각들 혹은 갈기갈기 뜯어진 통닭구이 조각들과 같은 "부분들"이란 바로 인간 벌이는 행위로서의 분리 혹은 나누기 작업(Teilen)의 결과물들이라는 사실이 숨겨져 있다. 물론 일상 사람들은 그러한 부분들이 곧 구성 요소들(Komponenten)이 아니라는 것(왜냐 하면, 자른 후 그 조각들로 다시 원래의 사과나 구운 닭이 조합될 수 없기에) 그리고 또 구성 요소들은 (시계공은 시계를 자르는 것이 아니라 분리해냄으로써 시계의 톱니바퀴들을 구성해내기에) 블록 쌓기 원리에 따라 이해되는 바의 그러한 부분들(Teile)이 아니라는 것을 알고 있다.

이러한 서술을 통해 알 수 있는 것처럼, 구성 요소(Komponente)와 부분(Teil) 간의 차이를 구분하지 않고 논의를 진행하는 사람들은 한편으로는 인간의 나누기 혹은 분리 행위, 다른 한편으로는 구성 요소들의 조립 혹은 조합을 통해 복잡한 시스템을 만들어내는 인간의 행위가 어떠한 목적을 가지고 진행되며 또 그러한 행위가 어떠한 관계 속에서 태동하게 되는지와 같은 문제에는 전혀 관심의 시선을 주지 않는다.

이제 이러한 논의를 위에서 언급했던 테마, 즉 유기체는 세포로 이루어져 있고 분자는 원자로 이루어져 있다는 주장들에 적용시켜 보면, 우리는 이때 위에서의 우리 논의가 최소한 아주 의도적으로 진행되었음을 알 수 있을 것이다. 알다시피 자연과학이 다음과 같은 의미에서 이해된 바의 블록 쌓기 원리를 기술적으로 완전히 정복하려는 요청을 가지고 있다고 생각하면, 그것은 완전한 착각에 근간한 것이라 할 수 있다 : 어떤 화학자가 인간의 몸이 얼마만큼의 물, 칼슘, 탄소, 황 등의 체적 혹은 무게 비율로 이루어졌는지에 대한 화학 분석을 한 후 — 마치 시계공이 시계를 만드는 것처럼

— 이 모든 (최대한 순수한 형태의 화학적) 물질을 다시 적당한 비율로 섞게되면, 그는 분자와 세포뿐 아니라 결국에는 인간을 만들어낼 수도 있을 것이라 생각한다고 하자. 그러나 이러한 생각은 전적으로 잘못된 생각이다. 이유는 다음과 같다. 자연적으로 주어진, 위에서 말한 상위 영역에 해당되는 대상들(예를 들어, 세포에 대해 상대적으로 더욱 복잡한 유기체, 원자에 비해 상대적으로 더욱 복잡한 분자)의 분리 작업조차 자연과학자들에게는 기술적으로 그리고 이론적으로 불가능한 실정이다. 그 이유는 시계의 구성 요소들과는 달리, 유기체가 자신을 이루고 있는 세포들로 분리되거나 (커다란) 분자가 원자들로 분리되어서는 그것들 각각이 마치 시계가 완전한 분리된 후 그 부속품들이 다시 실험실 탁자 위에 (혹은 시계집에) 놓일 수 있는 그러한 방식으로 놓일 수는 없는 노릇이기 때문이다.

여기에 기술된 유물론적 해석 방식의 블록 쌓기 원리가 가지고 있는 근본 문제는, 그것이 자신이 사용하고 있는 언어적 수단들의 의미론적 문제를 전혀 무시하고는 또한 이 언어들이 인간의 다양한 (특히 자연적으로 주어진 것들의) 나누기 행위와 (복잡한 인공물들의) 조합 혹은 조립 작업과 맺고 있는 관계를 전혀 무시하고는, 원래 나누어졌던 것들이 마치 조합 혹은 조립 작업을 통해 임의적으로 다시 원상 복귀될 수 있기나 한 것처럼 그리고 어떤 일정 대상들이 (훈제된 닭을 찢어 나눌 경우에서와 같이) 분리 행위를 통해 만들어진 부분(Teile)으로 여겨져야 할 것인지 아니면 원래는 그것들이 (방법적으로 보아) 복합 구성물의 부속품이 되기 전에 그 자체로 먼저 인간의 생산 작업을 통해 만들어져야 하는 구성 요소들(Komponenten)로 여겨져야 할 것인지의 문제를 전혀 고려하지 않는 가운데, 마치 나누기와 조합하기 두 작업이 임의적으로 조합될 수 있기나 한 것처럼 생각한다는 데 있다.

한 생물학자가 예를 들어 유기체는 세포로 이루어졌고 분자는 원자로 이루어졌다고 말할 때, 우리는 이를 단지 은유적 의미에서만 이해할 필요가 있다. 사실 우리는 그러한 진술을 이해할 때 그것을 어떤 것에 대한 하나의 유의미한 설명 모델 혹은 그러한 류의 작업 가설로 취급해 이해할 필요가 있다 : 예를 들어, 화학 가스들이 그것들 상호간의 화학 반응 시 왜 항상 일정 체적 관계를 갖는지 (즉, "일정 비율의 법칙"을) 설명하고자 할 때, 우리는 화학이 이를 위해 블록 쌓기 식 원리를 고안해냈으며 그리고 이 원리가 실제로 대단한 설명력을 보이고 있음을 알기에, 우리는 또한 거기서 이 블록 쌓기 원리가 화학 역사가 만들어낸 모델 중 가장 성공적 모델 표상으로 증명되고 있음도 알 수 있다.

2) 과학 서술에서의 시각들

자연 세계에 대해서는 유물론적 해석을 그리고 세계 일반에 대해서는 실재론적 해석을 가하고 있는 블록 쌓기 식 표상 방식이, 위에서 본 바와 같이, 얼마나 유지되기 어려운 생각이고 또 어불성설의 주장인지 이해하게 되면, 아마 아무도 그런 사고 방식을 지지하려 들지 않을 것이다. 하지만 현실은 그렇지가 않다. 현재 진행되고 있는 신경생물학, 컴퓨터 기술 및 인공 지능 연구를 기반으로 반전되고 있는 인지과학 그리고 진화론적 생물학 등과 같은 많은 자연과학적 방향의 과학들에서 그리고 또 이러한 과학적 시도들로부터는 일정 거리를 두고 있으면서도 그러나 그 일에 철학적 시각을 가지고 동참하고 있는 소위 분석철학 진영의 마음 이론(혹은 심리철학)에까지 이르는 모든 분야에서 위에 언급한 유물론적 버전의 블록 쌓기 원리를 추종하고 있는 사람들은 부지기수다. 그 이유로 우리는 그들의 사고 깊숙이 뿌리내리고 있는 자연주의적 사고(Naturalismus)를 거론할 수 있다 :

현재 통용되고 있는 자연과학에 대한 분류 방식이 역사가 발전되면서 태동된 하나의 우연한 결과물이라는 사실은 누구나 알 것이다. 하지만 우리는 종종 그러한 문화적 우연성들을 넘어 자연과학들 전부를 하나로 묶어 설명하고자 하는 시도들이 있음을 발견하게 된다 : 거기서는 종종 모든 자연과학들은 동일한 대상인 바로 그 자연(dieselbe Natur)을 연구하고자 하는 의무감을 가지고 있다고 말해진다. 다시 말해, 각각의 자연과학들이 이루어 놓는 연구 성과물들이 서로 빈틈 없이 잘 꿰맞출 수 있는 이유는 자연과학들의 연구 대상인 그 자연이 그 근저에서 이 과학 이론들을 하나로 묶어주는 기능을 하기 때문이라는 것이다.

이러한 생각에 대해 비판적인 견해들을 보자 :

우선 자연과학들은 바로 "그 자연"에 대해서가 되었든 아니면 자연 전체에 대해서가 되었든 전체로서의 자연에 대해 어떤 아무런 유의미한 명제들도 만들어내지 못한다는 사실을 알아야 한다. 그 대신 각 자연과학들은 자신들의 각 연구 방법에 따라 실험실 관찰, 야외 관찰, 측정, 도구 혹은 기구들을 사용한 측정 및 실험을 매개로 초주관적으로 타당한 과학적 명제들을 생산해낼 뿐이다.

이런 명제들이 "자연 법칙"이라고 일컬어지는 것은 왜곡된 정신사에 (혹은 경솔함에) 그 이유가 있다. 그리고 또 인정된 모든 자연 법칙들의 집합이 자연의 모상(模像)이라든가 자연의 거울이라고 불릴 때, 그것은 단지 무지의 소치에서 그렇게 불린 것이거나 아니면 자신들의 이론을 선전하기 위한 목적에서 사람들이 그렇게 표현한 것이라고 봐야 한다.

앞에서는 이미 측정과 실험을 매개로 구성되는 자연과학적 명제들의 타당성은 인간들의 정교하게 잘 통제된 행위 도식에 근간해 성립되는 것이라고 말해졌었다. 달리 말해, 자연과학적 명제들의 타당성 기반은 예를 들어 측정 도구에 일의적으로 새겨지는 혹은 만들어지는 형식들이 기술적으로 그리고 임의적으로 재생산 가능하게 됨으로써 혹은 일체의 실험 과정에 대한 통제력이 제대로 서게 됨으로써 준비된다. 그러나 각 자연과학의 연구 방법들이 각기 다양한 형태의 연구 목적들을 추구하고 있다면, 예를 들어 화학자가 물질 속성을, 물리학자가 에너지 변환을 그리고 생물학자가 유전 기능이나 장기 기능을 기술적(技術的) 및 이론적으로 잘 통제하고자 하는 목적을 추구하고 있다면, 우리는 그러한 각 과학들의 연구 목적들이 ─ 화학자와 생물학자가 (무게를 측정하거나 온도를 재는 것과 같은) 물리학적 방법을 사용하는 것이 비록 유의미한 일이라 하더라도 ─ 과연 하나의 동일한 자연에 관계하고 있는 것인지 의심하지 않을 수 없다.

마지막으로, 과학자들로 하여금 블록 쌓기 식 비유와 환원주의 논쟁 같은 것을 하게끔 부추기는 요인과 연관해, 그들의 부정확한 언어론적·행위론적 결함들이 언급되어야 하겠다 : 다시 앞서의 예제인 시계와 그 구성 요소 간의 관계 예에서와 같이, "x는 y로 이루어져 있다"는 어법은 "x는 일반적으로 다름아닌 y로 이루어져 있다"는 것을 암시한다. 그렇게 되면 물리학과 화학 혹은 화학과 생물학에 대한 관계에 대해서는 다음과 같은 진술이 가능하게 된다 : 유기체는 물질이다. 혹은 ; 인간은 (물리학적 의미에서의) 육체 혹은 물질이다. 여기에서 "이다"라는 단어가 일방적으로 해석될 경우 하나의 심각한 문제가 발생한다. 사실 한 인간이 유기체로, 세포 덩어리로, 분자 덩어리로 혹은 (물리학적) 육체로 기술될 수 있다는 것은 물론 재론의 여지가 없다. 즉, 각 과학 연구 방법들이 인간 연구에 적용될 수 있다는 것은 충분히 이해 가능한 사실이다. 몸무게 측정을 위해 저울에 올라서는 사람은 이를 통해 자신을 일종의 물리학적 물체로 여기게 된다. 그리고 종양 세포가 악성 세포인지 아닌지를 조직학적으로 연구하기 위해 장기에서 세포 조직(組織)을 떼어내는 사람은 이 장기를 세포 덩어리로 본다. 그렇다고 해서 그때의 (저울에 올라가 자신의 몸무게를 재는) 사람은 "다름아닌" 하나의 물리적 물체라거나 장기(臟器)는 "다름아닌" 세포 덩어리라는 식으로 속단해서는 안 된다. 즉, 인간에 대한 그러한 방식의 기술이 가능하다고 해서 인간을 기술하는 과제가 그것으로 완전히 종결을 고한다고 생각해서는 안 된다는 것이다. 무엇인가를 육체, 분자 덩어리 혹은 세포 덩어리라고 규정하는 것은 일정한 방법을 사용해 인간을 기술하고 있다는 것을 말하며, 그것은 인간에 대한 (여러 시각들 중) 하나의 시각일 뿐이며, 이 시각은 또 원래 그러한 연구 방법들이 추구하는 목적과 연결되어 있는 요소이기도 하다. 물질적 대상들 간의 순차적 구성 문제 내지 그것들의 상호 환원가능성 문제를 주제로 해서 벌어지는 논박들이 합리적으로 따라잡을 수 있는 경우가 있다고 한다면, 그것은 그러한 논의들이 적

어도 사람들이 대상 기술을 할 시 취하는 각 시각들의 성격 및 그
것들간의 상호 관계들에 초점을 맞추고 진행될 때일 것이다. 이러
한 시각에서 보면[즉, 여러 언어적 기술들에서 나타나는 대상들간
의 상호 관계가 이렇게 대상 지향적 시각에서가 아니라 오히려 그
대상들을 바라보고 대하는 시각과 관련해 파악되어야 하는 것이
라면 : 역자 주], 도대체 어떻게 해서 물질이 정신을 만들어낼 수
있는 것일까와 같은 종류의 수수께끼[즉, 소위 "심신(心身) 관계
문제" : 역자 주]는 더 이상 존재하지 않는다[즉, 이런 문제들은
사이비 문제로 우리들이 해결해야 할 진정한 과제가 아니다 : 역
자 주]. [블록 쌓기 식 세계관 및 환원주의 그리고 자연주의적 사
고의 문제점들을 해결 내지 해소하는 일과 관련해 : 역자 주] 단지
중요한 과제가 있다고 한다면 그것은 과학들이 대상 기술을 할
시 그때 그들이 추구하는 각 자신만의 목적, 그에 따른 자신만의
목적 실현 수단 그리고 자신만의 연구 방법들을 밝히고 그리고
각 과학에서의 그러한 연구 목적, 목적의 실현 수단, 연구 방법들
이 학문들간에는 또 서로 어떤 관계에 서있는 것인지를 밝히는
일이다.

블록 쌓기 비유와 환원주의 논쟁에 대해 이제 다음과 같은 요약
을 해보자. 블록 쌓기 비유와 환원주의 논쟁들에 문제가 있다고 한
다면, 그것은 그러한 논지들이 이미 앞서 설명한 바 있는 사실, 즉
대상 영역들이 갖는 상호 관계들은, 사실에서는, 비로소 뭔가를 만
들어 구성해내는 일을 하는 인간 행위의 목적성에 의존해 구성되
는 관계들이라는 사실을 제대로 간파하지 못한다는 데 있다. 이러
한 비판적 지적은 또 위와 같은 형식으로 진행되는 논쟁과는 그
내용에서 동일하면서도 그 형식에서는 좀 다른 형식을 취하고 있

는 논쟁에도 적용 가능하다. 즉, 논쟁 방식이 이젠 더 이상 "어떤 것이 무엇으로 이루어져 있다"라는 "존재론적" 표현 형식을 사용하는 것이 아니라, 그 대신 상위의 **전문 용어**들은 그 하위의 전문 용어들에 의해 **정의될 수** 있는 것인지 혹은 상위 과학의 **명제**들은 그 하위 과학의 명제들로부터 **논리적으로 추론**될 수 있는 것인지 혹은 최소한 상위 과학에서 진술되고 있는 **사태**들이 그 하위 과학에서 진술되는 사태들에 의해 인과적으로 설명될 수 있는 것인지 (이는 여전히 이론적 환원주의의 세 가지 서로 다른 타입들이다) 같은 물음들을 제기하면서, 단지 각 **이론들간의 상호 비교**를 시도하는 (위의 논의를 비판적으로 재구성하고는 있지만 역시 오도된) 논쟁 형식들에도 위의 비판적 지적은 역시 적용될 수 있다. 이 모든 형식의 논쟁들에서는 각 제나름의 방식으로 이론들을 (언어적으로 그리고 방법적으로) 생산해내는 각 과학들의 행위 측면 혹은 행위 특성 그리고 그 목적 측면이 철저히 간과되고 있다. 만약 그렇지 않은 경우라고 한다면, "환원하기"란 것도, 앞서 초반에 이미 사용했던 말을 여기서 다시 사용해 말하자면, 하나의 행위(혹은 일련의 행위)일진대, 그러한 행위의 목적과 수단은 명시적으로 밝혀져야 하며 그리고 또 그러한 작업이 어떤 경우에 성공하고 어떤 경우에 그렇지 못한지 명백히 밝혀야 할 것이다.

오늘날 자칭 진지하게 논의를 진행하고 있다고 하면서도 사실에서는 진정으로 진지한 과학철학적 배경에서 논의를 진행하지 못하고 있는 위에서와 같은 과학철학적 논쟁들에 대한 우리의 이러한 진단 결과로부터 이젠 각 과학들은 어떠한 방식으로 자신들의 연구 대상들을 (혹은 연구 영역들을) 구성해내는지 그리고 이렇게 함으로써 그 과학들의 어떤 목적이 달성되고 있는 것인지 혹은 달성되지 못하고 있는 것인지를 해명해야 하는 과제들이 우리 앞에 떨어진다. 이러한 과제 수행이 완수될 때라야 비로소 각 과학 분과들과 그 분과 지식들간의 상호 관계 문제 혹은 그 경계 규정 문제가 나름의 근거를 가지고 답해질 수 있을 것이다.

3) 방법적 순서의 원리

체계화된 지식으로서의 과학은, 이미 제 I 부에서 기술한 것처럼, 인간의 목적 지향적 그리고 목표 지향적 행위를 통해서만 존재한다. 따라서 앞서 보았던 문제, 즉 블록 쌓기 원리에 따른 상위 과학의 하위 과학으로의 환원 문제 그리고 그 반대 방향에서 상위 학문을 하위 학문 위에 구축하는 환원 문제는 단지 사이비 문제로 볼 수밖에 없게 되는데, 이 문제는 사람들이 자연과학들이 이루어놓은 결과들을 해석할 때 그것들이 인간 행위의 결과라는 사실을 간과해 버림으로써 생기는 성질의 것이다. 그래서 이제 구성주의적 대안을 제시하는 아래의 논의에서는, 최소한 그 골격에서나마 행위 자체가 그리고 시행착오 및 그 대가를 치르면서 **행위 내부에 점차 고착되는 행위 순서들이 일종의 규율 질서**를 만들어낸다는 사실이 서술되어야겠다.

그런데 이런 논의의 저변에는 하나의 **합리성 규범**이 깔려 있다. 그것이 바로 **방법적 순서의 원리**(Prinzip der methodischen Ordnung)라는 것이다. 이 원리에 따르면, 과학자들의 연구 활동에서의 연구 행위 순서는 그 모든 일련의 행위들이 성공적이기 위해 꼭 지켜져야만 되는 행위 방식 이외의 그 어떤 다른 방식으로는 주장되거나 규범화될 수 없다.

여기서 우리는 이미 제 I 부에서 개진된 견해, 즉 모든 과학들은 역사적으로 그리고 체계적으로 **생활 세계적 실천으로부터** 발전되어 나온다는 사실을 돌이켜보자. 그러나 이러한 과학철학적 논의를 위해 우리는 과학의 태동 문제와 연관해 다음과 같은 방식의 설명, 예를 들어 네 발 달린 짐승이 두 발을 가지고 직립 보행을 하는 인간으로 진화됨으로써 손과 얼굴 부위의 감각 기관들이 그만큼 자유로워질 수 있었고, 이를 통해 손도끼의 사용이 가능해졌으며 그리고 그 이후에 자동화된 기계의 고안이 있을 수 있었다는 식의 경험주의적 방향에서의 인간학적 설명 이론을 참고할 필요는 없다. 여기서 우리는 오히려 인간이 **전 과학적 혹은 과학 외적으로** **발달시킨 인간 자신의 수공 작업 및 기술을** 고려하는 가운데, 우리의 과학철학적 논의를 개진하고자 한다. (분석적 견지에서 보아) 기술 장치들의 사용을 통한 경험 형식이 없이는 현대의 자연과학은 있을 수 없었다는 것, 즉 자연과학에는 관찰, 측정 그리고 실험을 위해 그에 합당한 기술 장치들이 사용될 수밖에 없었다는 것이 의심의 여지없는 사실이라고 한다면, 모든 자연과학들의 기술적 토대를 밝히기 위한 우리의 급선무는 자연과학에서 사용되는 (측정) 도구들의 기능적 속성들이 보편적으로 반복 재생산 가능하도록 이론화하는 일이다.

4) 공간 측정 토대론으로서의 기하론

어떤 도구든간에 인간들은 그것들을 **자연물들을** 이용해 만들어낸다. 이를 위해 인간들은 자연물들의 두 가지 속성들을, 즉 그것들의 (공간 기하학적) 형태들과 그것들의 물질 속성들을 변화시키고 제어하는 기술을 터득해야만 했다. 자연과학에서 사용되는 기술을 방법적으로 재구성할 때 맨 먼저 나오는 이론, 다시 말해 자연과학이 성립되기 위해서 방법적으로 "가장 먼저" 요구되는 측정 도구들의 (공간 기하학적) 형태와 물질 속성들에 대한 과학철학적 설명을 제공하는 이론은 그래서 **원이론**(Prototheorien)(그리스어로 "protos"란 첫 번째를 의미) 혹은 과학토대론이라 불린다["Prototheorien"이라는 표현은 직역하자면 "원이론들"이라 할 수 있다. 하지만, 이 표현은 이 이론들이 추구하는 이념을 금방 파악할 수 있게 하는 표현은 아니다. 그러한 목적 하에서라면 그보다는 "과학토대론"이라는 표현이 적당할 수도 있기에 여기서 "원이론"이란 표현과 "과학토대론"이란 표현을 병기한다 : 역자 주]. 이러한 이론들은 더 세분해서는 **"원물리학(Protophysik)"** 혹은 **"물리학토대론"** 그리고 **"원화학(Protochemie)"** 혹은 **"화학토대론"**이라 불린다(다시 이들간의 관계에도 하나의 방법적 순서가 성립되는지는 추후에 설명할 것임).

(목수가 나무 종류를 선택하는 일에서와 같이) 수공 작업을 하는 사람은 자신의 작업을 위해 어떤 재질의 물건을(그래서 또 어떠한 속성의 물질을) 선택하는가 하는 문제는 선(先)과학적, 생활 세계적 결정의 문제라 치부하더라도, 방법적 측면에서 볼 때 측정 도구 제작술에서 가장 먼저 취해지는 작업은 물체들에다 공간 기하학적 속성들을 올바로 작업해 넣는 일이다. 자연과학 내에서 사용되고 있는 이러한 류의 기술들이 생활 세계적으로 어떻게 처음으로 발단될 수 있었는가에 대한 설명을 제공하는 이론이 그래서 기하(학)론이

된다. (우리가 기하학이 한때의 역사적 상황에서는 토지 측정 기술을 의미했다는 사실을 기억하게 되면, 우리는 기하학자가 원래는 토지측량사로서 자신의 일에 있어 이미 인공물(人工物)로서의 자, 줄, 측량기, 각도기 등을 필요로 하고 있었다는 사실을 알 수 있을 것이다.)

"기하학"이란 말은 물론 다의적 의미를 갖는 단어다. 초등학교 학생들은 수업 시간에 기하학을 **평면도형학**(평면기하학) 형식으로 접하게 된다. 그리고 그것도 거의 기하학적 도형을 구성하라는 과제가 떨어지면 그것을 자와 컴퍼스를 사용해 해결하는 형식으로 말이다. 이러한 **기하학 도형들을 구성하는 데 사용되는** 것들, 예를 들어 공책 혹은 종이, 삼각자 그리고 컴퍼스는 문구점에서 쉽게 구입할 수 있는 것들이다. 그리고 학생들은 수직선이나 이등변 삼각형, (탈레스-원의 도움을 빌어 구성되는) 직각삼각형, 평행선 등을 구성하는 법을 배운다. 반면 그들은 "평면"(자신의 공책 종이 표면의 경우), "직선"(자의 모서리의 경우) 혹은 "동일 길이"(컴퍼스를 이용해 그려진 사선들의 경우)라는 표현들에 대한 정의는 배우지 않는다.

이러한 평면기하학을 수업에서 배운 후 학생들이 그 다음으로 배우는 것은 "**분석기하학**"이다. 분석기하학에서는 (철학자 데카르트의 제안에 따라) 좌표가 도입되어 사용됨으로써 기하학적 문제들이 일종의 계산되어야 할 과제들로 번역된다. 그러나 이때 사용되는 **좌표의 양 축들이 직선**이어야 한다는 것 그리고 또 좌표축의 눈금에 번호를 매겨 나가는 작업에는 이미 눈금간의 간격들이 동일한 길이를 가져야 한다는 조건이 전제되어 있다는 것 등은 수업에서 따로 특별히 언급되고 있지는 않다.

　기하학을 배우는 학생이 좀더 난해한 기하학적 과제들에, 예를 들어 물리 수업과 관련해 사용되는 기하 이론들에 관심을 기울이게 되다보면, 그는 공간 기하학뿐 아니라 그 외에도 다양한 목적 하에 고안된 다양한 기하학 이론들을 만나게 된다. 한편으로 거기에서는 두 가지 기하학적 표현 형식들이, 즉 이미 위에서 언급한 분석기하학 말고도 공리 형식으로 정리된 "합성"기하학이 사용되고 있다 : 기하학적 지식 전체는 공리(公理) 체계 형식으로 기술되는데, 이 공리 체계로부터 기하학적 정리(定理)들이 논리적으로 도출되어 나오게 되어 있다. 유클리드 기하학과 소위 비유클리드 기하학은 (유클리드의 평행선 공리 같은) 몇 개의 일정 공리들이 타당하냐 아니면 그렇지 못하냐의 기준을 두고 서로 구분되고 있다. 기하학의 종류들은 그러나 각 기하학들에서 유효한 혹은 구성 가능한 기하학적 복사 그림들의 종류에 따라 구분되기도 한다. 이를 여기서는 수학적으로 증명해보이는 것이 아니라 단지 독자들이 직관적으로 이해할 수 있게 하는 선에서 소개해보겠다 : 합동기하학은 합동인 (합치되는) 기하학적 도형들을 기술하는 수학의 한 분야다. 그리고 유사기하학은 기하학적 도형들이 서로 유사한, 즉 크기는 다르지만 각이 같은 도형들을 다룬다. 이때 수학론적 복사 개념은 말 그대로 어떻게 우리가 서로 합동인 도형들을 복사기로 만들어낼 수 있는지 그리고 복사기의 확대 / 축소 같은 기능을 통해 서로 모양이 비슷한 도형들을 만들어낼 수 있는지와 같은 의미에서 이해된다. 마지막으로 복사 그림들은 변형을 통해 임의적으로 더 복잡화될 수도 있고 또 일반화될 수도 있다. 예를 들어 불투명한 재질로 만들어진 삼각형 모양의 물체가 빛에 비추어졌을 경우 어떤 형태의 그림자들을 만들어내는지 알고자 한다면, 우리는 그것을 여러 형식의 광원을 사용함으로써, 즉 한편으로는 일정한 초점을 갖는 광원 그리고 다른 한편으로는 태양에서 방출되는 것과 같은 평행광을 사용해 각각 다르게 실험해 밝힐 수 있으며, 그것을 우리는 더 복잡하게는 그림자를 만들어내는 삼각형과 그림자가 비춰지는 평면을 이젠 더 이상 평행이 아닌 비스듬한 방향으로 위치시킴으로써 그리고 마지막으로 그린 그림자를 만들어내는 혹은 그림자가 생성되는 면(面) 자체가 이젠 더 이상 평면이 아닌 것들을 사용함으로써 수행할 수 있다.

초보적 수준의 기하학 수업에서 출현하는 위와 같은 기하 이론들, 그것들과는 다른 종류인 더 분화 가능한 기하 이론들, 이런 이론들보다는 좀더 난해한 수준이면서 이론물리학에 사용되는 기하 이론들 그리고 또 이러한 기하학 이론들에 대한 현대의 수학론적 해석 이론(이 해석 이론에 의하면 수학자는 더 이상 점, 선, 면, 직선, 평면, 직각 등에 대한 개념 정의 작업을 자신의 과제로 삼을 필요가 없다고 한다) 등과 같은 아주 복잡한 기하론적 관계들은 하도 복잡해서, 기하학이 원래는, 이는 이미 다른 곳에서 언급했던 문제이기도 한데, 그것을 구성해내는 인간들의 목적과 연계되어 이해될 필요성이 있다는 사실을 이제 더 이상 조망할 수 없게 만들기도 한다. 그래서 우리는 기하학의 대상들이 방법적 순서의 틀에서 어떻게 인간 행위를 통해 구성될 수 있는 것인지 묻고자 한다. (이때 앞에서 이미 근거지워졌던 통찰, 즉 공간 기하학적 형태들(혹은 모양들)은 예를 들어 "직선은 두 점간의 가장 짧은 연결"이라는 식의 수치적 크기를 표현하는 진술들에 의해서가 아니라, 오히려 그 반대로 수치적 크기를 표현하는 명제들이 예를 들어 "동일 길이는 공간 기하학적 형태의 일종인 평행사변형(평행사변형에서는 서로 마주보고 있는 한 쌍의 선들은 서로 동일하다)을 통해 정의될 수 있다"처럼 공간 기하학적 형태들을 통해 정의될 수 있다는 사실을 우리는 기억할 필요가 있다.)

수공 작업을 통해 물체들에다 기하학적 모양들을 만들어낼 때, **방 법적으로 보아 가장 먼저** 만들어지는 공간 기하학적 형태(혹은 모 양)이면서 그래서 또한 가장 기초적 공간 기하학적 형태가 되는 것 이 바로 **평면**이다. 이는 인간의 수공 작업을 통해 물체의 (애초에 는 평면이 아닌) 표면에 평면이 만들어질 수 있다는 것을 말하는 것으로, 우리는 이때 이미 평면 형태를 가지고 있는 어떤 물체들을 (이미 기존하는 평면 형태의 원형에 액체 석고를 부어 평면 석고 물을 주형해내는 경우나 아니면 학교에서 사용되는 플라스틱 자나 삼각자를 그와 동일한 모양을 갖는 주형 틀을 사용해 만들어내는 경우에서와 같이 평면을) 전혀 전제할 필요가 없다.

물체의 표면에 평면을 구현해내는 작업과 그에 대한 제어 작업 은 이미 앞서 언급했던 것처럼 "3판 제어 작업"이라 불리는데, 이 작업은 대충 평평한 면을 가진 서로 다른 세 개의 물체들을, 이를 테면 완만한 곡면을 가진 세 개의 서로 다른 돌판들을 각각 한 쌍 씩 번갈아가면서 갈아 그 돌판들의 표면들이 결국에는 서로 정확 히 딱 겹쳐지도록 하는 수공 작업을 말한다([그림-1] 참조). 그러 나 이 작업이 만약 단지 두 개의 돌판들을 사용해 진행된다면, 그 때 작업된 물체들의 각 표면은 아직은 정확한 의미에서의 평면이 아닐 수도 있다.

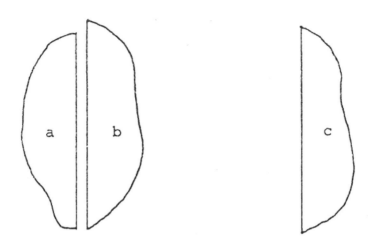

[그림·1]

"3판 작업"에서는 하나의 기하학적 단위가 만들어지는데, 그것은 기술적으로 잘 통제된 상태에서 만들어지게 된다. 이때 각 두 개의 판들을 이리저리 밀어보면 서로 완전히 겹치게 된다. 이를 형식논리학적 표기 방식으로 표현하면 다음과 같다(p는 "겹친다"를 의미) : apb, apc 그리고 bpc.

작업은 계속되어, 이젠 한 물체에 두 개의 평면이 만들어지는 경우를 상정해보자. 이는 위의 작업 과정을 반복하는 작업 과정이다. 하지만 이때 만들어지는 평면들의 각 한쪽은 서로 접하게 작업된다고 하자. 이 작업이 성공적으로 진행되었다고 상정하자. 그러면 두 평면이 서로 접한 곳에는 직선 형태의 모서리 선이 하나 생겨나게 된다. 이 모서리 선이 바로 다른 물체들의 평면 위에다 곧은 형태의 기하학적 그림을 그리는 데 사용될 수 있는 (직선)자가 된다([그림-2] 참조)[보통 알려진 견해, 즉 점, 선, 면의 순서로 기하학적 도형들이 만들어질 수 있다는 견해와는 달리, 여기서는 직선이 평면을 이용해 제작되고 있으며, 아래의 제작 과정을 보면 또한 알 수 있겠지만, 점은 꼭지점의 형태로 직선 제작 후에 이어지는 과정에서 만들어진다. 즉, 여기서는 점, 선, 면의 순서가 아니라 면, 선, 점의 순서로 기하학적 도형들이 제작된다 : 역자 주].

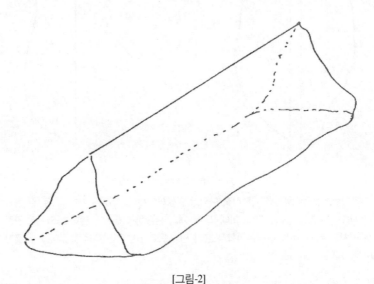

[그림-2]

서로 인접해 하나의 직선을 만들어내는 두 개의 평면을 가진 쐐기 형태의 물체. 이것이 방법적으로 보아 비로소 처음으로 제작되는 "자"다.

이제 우리는 위에서와 같은 쐐기 형태의 물체, 즉 자가 세 개 만들어졌다고 가정해보자. 우리가 이제 그것들 중 두 개를 골라 그것들의 면 및 모서리 선을 서로 접하게 한 상태에서 또 다른 하나의 평면체 위에 올려놓는다([그림-3] 참조). 이제 이 세 개의 물체들이 이루는 공간은 틈새가 없도록 해야 한다. 만약 처음에 틈새가 있다고 한다면, 더 이상의 틈새가 없도록 연마 작업을 진행할 수 있다. 작업의 결과 그것들 사이에 더 이상의 틈새가 없이 그것들이 서로 완전히 접한다고 하자. 그리고 이 상태가 쐐기 자나 밑판 각각을 서로에 대해 이리저리 밀어볼 경우에도 역시 성립한다고 하자. 그렇게 되면, 우리는 이제 직각 모양의 쐐기 물체를 얻을 수 있게 되며 또한 이를 통해 우리는 "직각"을 정의할 수 있게 된다[이 과정에서는 또한 "(꼭지)점"이 생겨난다. 그래서 이 과정에서 "점"이 조작적으로 정의될 수 있게 된다 : 역자 주].

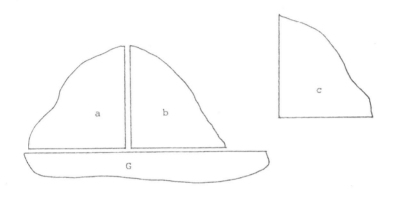

[그림-3]

직각의 제작과 그 정의 : 받침판 G 위에 놓인 a, b, c는 한 쌍씩 서로 이리저리 밀어볼 경우 그것들의 각 면은 서로 정확히 겹친다. 형식적 표기 방식은 다음과 같다(pG는 "받침판 G 위에 놓이면서 겹친다"를 의미) : apGb, apgc 그리고 bpGc.

이제 이렇게 만들어진 쐐기 자 중에서 어느 하나를 선택해 다음과 같은 작업을 한다고 하자. 우선 그것의 모서리 어느 한 곳을 (예를 들어 중간쯤을) 길이 방향에 대해 직각으로 자른다[직각은 위에서 이미 정의되었기에 여기서 이러한 표현은 얼마든지 허용될 수 있다 : 역자 주]. 그러면 두 조각의 쐐기 자가 생성될 것이다. 그리고 이 각각의 조작 쐐기 자에는 각 하나의 새로운 절단면이 생기게 된다. 이 면들이 쐐기 자 모서리 선과 이루는 각도는 두 경우 모두 직각이다.

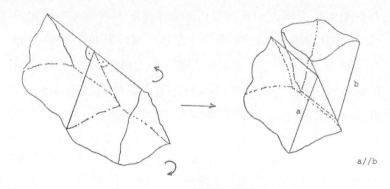

[그림-4]

쐐기 자를 모서리에 대해 직각 방향으로 자르게 되면 두 개의 동일한 각을 갖는 쐐기 조각들이 생겨나는데, 이것들을 다시 적당한 방식으로 포개놓으면 평행면 혹은 (한 쌍의) 평행선이 만들어질 수 있게 된다.

위에서와 같이 만들어진 두 개의 쐐기 조각들을 이젠 서로 엇각이 형성되게끔 적당히 조작해 포개놓는다([그림-4] 참조). 그렇게 되면 우리는 이제 한 쌍의 평면[이는 포개놓은 쐐기 조각들의 바깥네 면들 중 서로 마주 바라보는 각 한 쌍의 면들이 서로 평행임을 일컫는 말 : 역자 주] 혹은 (위의 [그림-4]에서 a와 b) 한 쌍의 평행선을 얻어낼 수 있게 된다. 이를 통해 우리는 다시 평행사변형을 구성할 수 있는 하나의 수단을 가지게 된 셈이다[평행사변형은 위와 같이 만들어진 쐐기 자의 모서리 어느 한 부분을 다시 한 번 위에서와 같은 방법으로 자르게 되면 구성될 수 있다. 이는 위의 과정 [그림-4]가 보여주는 제작 과정을 다시 한 번 반복하는 것과 같다 : 역자 주]. 평행사변형이 제작되었다고 상정하자. 이 평행사변형과 관련해 이제는 다음과 같은 정의가 가능하다 : 구성된 평행사변형의 서로 마주 바라보는 변들은 길이가 서로 **동일하다**(다음의 [그림-5] 참조).

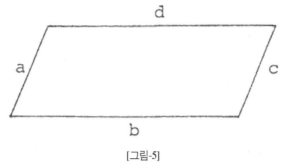

[그림-5]

동일한 길이를 갖는 선들이 평행사변형에 생긴다. 이의 형식적 표기 방식은 다음과 같다("//"는 "평행" 그리고 "="는 "동일한 길이"를 의미) : 만약 a//c 그리고 b//d이면, 정의상 a=c 그리고 b=d.

　[이 부분에서 독자들의 이해를 돕기 위해 그리고 가능한 오해를 불식시키기 위해 역자 입장에서 첨부해야 할 설명이 있다. 여기서의 평행사변형 정의는 우선 유클리드 기하학에서의 평행선 공리의 재구성이다. 그래서 혹자는 이러한 기하학 재구성은 현대 수학 및 상대론적 물리학에서 중요한 역할을 하고 있는 비유클리드 기하학에 대해서는 아무 설명도 해주지 못하는 것 아닌가 하고 반문할 수도 있다. 그렇지는 않다. 그리고 방법적 구성주의 입장에서는 유클리드 기하학과 비유클리드 기하학이 서로 배타적인 이론도 아니다. 우선 다음을 보자. 유클리드 기하학에서는 평행선 정의와 관련해, "직선 밖의 한 점이 있고 이 선을 지남과 동시에 이 직선과 만나지 않은 선은 오직 하나밖에 없다"고 가정되고 있다. 이는 절대 공간을 상정하고 구성되는 기하학이다. 하지만 19세기 이후 이 가정은 "직선 밖의 한 점을 지나는 직선은 무한히 있을 수 있다"는 비유클리드 기하학적 가정이 있으면서 부정된다. 이 비유클리드 기하학은 기하학적 형태들이 그려진 공간을 절대 공간이 아닌 휘어진 공간으로 본다. (이에는 물론 두 가지 서로 다른 방식이 있

다.) 이렇게 볼 때, 여기서 진행되고 있는 평행사변형 및 평행선 정의는 유클리드 기하학의 그것이지 비유클리드 기하학을 재구성하는 대안이 될 수는 없는 것처럼 보일 수도 있다. 하지만 구성주의 과학철학은 비유클리드 기하학의 재구성이 가능하다고 생각한다. 그러나 그것은 이미 유클리드 기하학을 전제하고나서 가능한 일이라고 한다. 이는 예를 들어, 앞서 여러 형태의 기하학 구성 방법들이 설명될 때 이미 암시된 것처럼, 하나의 광원, 유클리드 기하학적 도형들 그리고 일정 형태로 굴곡진 면을 사용해 진행된다. 즉, 광원과 굴곡진 면 사이에 유클리드 기하학적 도형들을 위치시키면 굴곡면에는 여러 형태의 기하학적 도형들에 생겨나게 된다. 이 도형들이 바로 비유클리드 기하학적 도형들이 된다. 그 도형들이 어떤 형태를 띠느냐는 유클리드 기하학적 도형들이 비춰지는 굴곡면이 어떤 성질의 것이냐에 따라 달라질 뿐이다. 비유클리드 기하학은, 이렇게 구성주의 과학철학적 입장에서 볼 때, 유클리드 기하학을 사용해 재구성될 수 있다. 이 말은, 비유클리드 기하학은 유클리드 기하학을 전제해야 한다는 것을 말한다. 방법적 구성주의 입장에서 볼 때, 그 반대는 성립하지 않는다. 그래서 여기서는 먼저 유클리드 기하학의 주요 공리들이 재구성되고 있는 것이다. 하지만 아래에서는 비유클리드 기하학을 재구성하는 논의는 진행되지 않는다. 그 부분에 대한 설명은 여기서의 역자 설명으로 대신할 수밖에 없다. 그리고 또 하나! 이렇게 비유클리드 기하학이 재구성될 수 있다고 하더라도 구성주의 과학철학에서 파악되고 있는 측정 도구들의 기하학적 속성은 비유클리드적일 수 없다. 즉, 그것은 유클리드적이다. 이는 위에서 진행된 유클리드 기하학의 재구성 과정을 보면 알 수 있다. 이에 대해서는 아래 더 참조 : 역자 주].

평행사변형이 제작되고나면 다음과 같은 작업이 계속 진행될 수 있다. 우선 평행사변형 안에 양쪽 꼭지점에서 대각선을 각각 긋는다. 이렇게 대각선을 그을 경우, 그 대각선들이 만나 이루는 각이 직각이 되는 평행사변형들이 있다. 이로써 "마름모" 정의가 가능해진다. 마름모는 — 정의상 — 마주 바라보는 변들이 동일 길이를 가질 뿐 아니라 각 꼭지점을 중심으로 서로 인접한 변들도 동일 길이를 갖는다([그림-6] 참조).

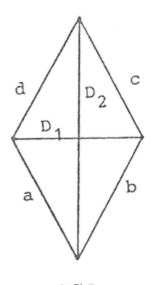

[그림-6]

하나의 꼭지점을 공통으로 해서 서로 동일한 길이를 갖는 평행사변형은 "마름모"라 정의된다. 형식적 표기 방식으로는 다음과 같다("s"는 "-에 수직으로 서 있다"를 의미) : 만약 a//c 그리고 b//d 그리고 D1sD2이면, 정의 상 a=b 그리고 c=d는 타당하다.

방법적 순서에 준해 공간 기하학적 형태(혹은 모양)들을 순차적으로 만들어가는 이러한 과정은 공간상에서 서로에 대해 임의적 위치에 놓여 있는 (직선형의) 두 물체들의 각 길이가 서로 동일한

지의 여부뿐 아니라 길이 관계들을 확정하는 방법을 우리에게 알려준다. 서로간의 길이 관계가 규정될 수 있는 두 선분 AB와 AC가 주어져 있다고 하자([그림-7] 참조).

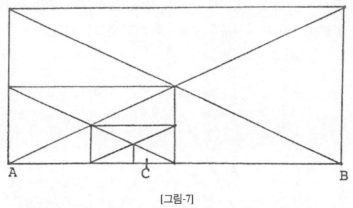

[그림-7]

대각선 및 직각 긋기를 반복해감으로써 점 C는 점점 작아지는 간격$(1 : 2n) \cdot AB$ 안에 들어가게 된다.

이젠 선분 AB를 밑변으로 해서 그 위에 직각사각형을 그리고 그 다음에는 이 사각형 안에 대각선을 그려 넣는다. 그러면 각 대각선들이 서로 만나는 교차점이 하나 생기게 되는데, 이 점에서 다시 선 AB 방향으로 수직선을 긋는다. 이 수직선은 선분 AB를 (증명 가능하게) 정확히 반으로 나누게 되는데, 그래서 우리는 이를 보고 선분 AC가 선분 AB의 반(즉, AB × 1/2)보다 더 큰지 혹은 더 작은지 판단할 수 있게 된다. 이 구성 과정이 계속 반복됨으로써 우리가 원하는 그 어떠한 기술적 정확도로도 점 C는 나눠지는 어느 간격 안에 들어갈 수 있게 되고 그리고 이를 통해 우리는 우리가 원하는 그 어떠한 정확도로도 이젠 선분 AC와 선분 AB 간의 길이 관계가 어떻게 되는지 규정할 수 있다.

공간 기하학적 형태들을 제작해 내기 위한 규범들을 구성해 낸다는 의미에서의 이러한 행위론적 혹은 "조작적" 기하학 구성 작업을 이것으로 끝마치고, 우리는 이제 다음과 같은 물음을 던지고자 한다 : 인간의 수공 작업을 통해서 ("실제") 물체들에 만들어지는 공간 기하학적 형태들을 지칭하는 데 사용되는 그래서 또한 조작적으로 정의된다고 하는 ("점", "선", "면" 등과 같은) 기하학 용어들은 어떻게 해서 "수학적"(혹은 "이상적") 용어들이 될 수 있는 것일까? 수학자들이 연필로 그려진 선 혹은 선분과 같은 실제적인 대상들을 그 자신의 이론에서 "이상화"시키고 있다고 하는 것은 널리 잘 알려진 사실이다. 그런데 방법적 순서에 따라 그리고 언어 비판적 측면에서 볼 때, 이 "이상화한다"는 말이 의미하는 것은 무엇인가?

잘 알려진 바와 같이 우리들의 전 과학적 혹은 과학 외적인 생활세계에서는 평면, 직선, 직각 등이 필요로 되고 있고 그리고 또 그러한 대상들을 실제로 제작하고 있는 수많은 예들이 있다. 미장이, 목수, 세공사, 정밀기계공 등은 각기 다양한 엄밀성 및 질을 가진 공간 기하학적 형태들을 필요로 한다. 그런데 그들에게 하나의 공통점이 있다고 한다면, 그것은 그들 모두가, 통속심리학의 용어를 사용해 말하자면 "동일한 이념(혹은 이상)"을 추구하고 있다는 사실이다 : 그들이 발휘할 수 있는 기술적 정확도 한계 내에서 모든 평면은 서로 겹치며 그리고 모든 직각은 직선이나 평면을 이용해 제작될 수 있다. 그래서 일상적 대화 수준에서 사용될 때 (그리고 정신사적으로는 플라톤의 이데아론이 일상 언어화됨으로 해서) 그

의미가 불분명하게 사용되는 "이념"(혹은 "이상")이란 말의 의미는, 행위론적 시각에서, 그러한 공간 기하학적 형태들을 **제작할 때 추구되는 목적**과 연관해 이제 다음과 같이 설명될 필요가 있다 : 수공 작업을 하는 사람이 평면을 얼마나 작게 혹은 크게, 정확하게 혹은 부정확하게 그리고 어떤 색깔, 온도 등으로 제작해내건, 그 사람의 제작 목적은 그 평면들이 서로 포개질 경우 서로 딱 밀착될 수 있는 성질을 가질 수 있게 하는 것이다. 즉, 우리가 "이념"(혹은 "이상")에 대해 말할 때, 우리는 애매 모호한 철학적 이념 세계를 떠올릴 필요가 없다. 그 대신 우리는 인간이 공간 기하학적 형태들을 제작할 때 추구하는 행위 목적에 우리의 관심을 집중시킬 필요가 있다. 이때의 행위 목적은, 이를테면 평면을 제작해내는 경우, 두 개의 판을 서로 겹쳐 그것들이 서로 정확히 딱 들어맞도록 그 판의 공간 기하학적 형태를 제작해내는 것이라고 할 수 있다.

일상의 여러 영역들에서 우리는 **행위 목적의 실현 여부와는 별개로 행위 목적에 대한 논의**를 여러 방향에서 진행하기도 한다. 사실 우리는 종종 우리의 행위 목적 실현 문제를 "가정적으로" (혹은 "가상적으로") 논의하는 가운데 그에 따른 준비를 하기도 한다. 여기서 "가정적"이란 말이 의미하는 바는, 그러한 행위 목적이 경험적으로 저울질되어 그것이 실제로 추구될 것인가를 생각한다는 것이 아니라, 그것은 오히려 우리가 (가정법 2식 형태의) "~라면 어떻게 될까" 식으로 우리의 행위 목적에 대해 생각해본다는 것을 말한다. 다시 말해 이는 우리가 행위 목적이 "마치" 실현되기라도 한 것처럼 상정하는 가운데 우리의 행위 목적에 대해 논의한다는 것을 말한다. 예를 들어 텐트를 치기 위해 적당한 장소를 물색하는 사람은 텐트를 웅덩이쪽에다 치자는 누군가의 제안에 대해, 만약 그렇게 하게 되면 비가 올 경우 텐트가 물에 휩쓸려 떠내려갈 위험성이 있다는 이유를 들어 그러한 제안에 반대할 수도 있다. 이러한 타입의 모든 논의들은 행위 목적을 나타내는 사태 관계에서 (여기서는, 텐트가 움푹 패인 지역에 쳐져 있다는 가정적 사실 관계를 표현하는 사태에서) 시작해, 그 목적한 바의 사태가 실제로 현실화되었을 경우 어떤 결과가 그로부터 따라나올지를 논하고 있다.

물리적 물체들에 수공 작업을 통해 생성되는 공간 기하학적 형태들을 지칭하는 언어들이 수학적 기하학의 (이상화된) 언어로 승화되어갈 때의 과정도 정확히 이 같은 방식으로 이해될 수 있다 : 제작 목적으로서의 공간 기하학적 사태 관계들에 대해, 이것들이 실제 기술적으로 잘 실현된 경우든 혹은 그렇지 못한 경우든, 그것들을 수공 작업의 결과로 가정해보는 것은 매우 유의미한 일이다. 수학에서와 같은 이상화 작업이 이러한 류의 논의에서 발견되는 때는 사람들이 이때 제작 목적으로서의 공간 기하학적 사태 관계들에 대해 그것이 "마치" (목적이 액면가 그대로) 정말 추구되기라도 한 것처럼 혹은 실현되기라도 한 것처럼 말할 때다.

이러한 이해 방식에 합당한 개념 정의 타입 하나가 바로 "이상화(Ideationsverfahren)"란 것이다. 개념 정의 방법의 하나인 이 이상화는 그 자체 어떠한 논리적 문제도 일으키지 않으며 또한 (예를 들어, 물리학에서와 같이) 기하학 용어들을 실제의 경험 공간에 존재하는 사태 관계들에 적용할 때 나타날 수 있는 문제들을 모두 해소시켜준다. 이러한 타입의 개념 정의를 위해 우리는 공간 기하학적 형태들을 제작해내는 작업이 추구하는 목적 혹은 그 작업에서 실현되어야 하는 공간 기하학적 관계들을 수공 작업의 어휘들을 사용해 기술해주기만 하면 된다. 예를 들어, 두 물체의 외면이 평면 형태를 띠고 있어서 그것들이 서로 정확히 딱 들어맞는지 어떤지의 문제는 우리가 그러한 평면체들을 제작해낼 수 있는 기술을 가지고 있는지 없는지의 문제로 환원되어 설명될 수 있다. 이것이 가능하다는 것은 공간 기하학적 형태들에 대한 조작적 정의가 가능하다는 것을 말한다. 이러한 류의 조작적 정의를 통해 우리는 공간 기하학적 형태들을 제작해내는 실제의 수공 과정으로부터 떨어져나와 이제는 기하학 이론의 세계로 진입해 들어갈 수 있게 된다. 이는 "이상화"라는 것이 조작적으로 정의된 기하 형태들을 기술하는 명제 영역에 국한하고 있음을 말한다. 공간 기하학적 형태들을 제작해내는 행위의 목적을 기술하게 되면, 그러한 목적 명제들에 논리적으로 내포되어 있을 수밖에 없는 이러한 이상화 단계를 용어 수준에서 드러나게 하기 위해 사람들은 수학 용어인 "점", "직선", "평면" 등을 사용하기도 한다.

연필로 그어진 유한한 길이의 한 실제 선분에서 우리는 어떻게 이상화된 형태의 "직선"이란 것을 생각해낼 수 있을까? — 좀더 대중적인 표현법을 사용해 말하자면, 이상화라는 것은 비록 그것이 공간 기하학적 형태들을 조작적으로 정의할 때 필요한 작업이라고는 하나, 그때 색, 온도, 표면 내지 선(線) 거칠기 등을 나타내는 언어들은 사용되지 않는다는 것을 말한다. 이는, 직관적으로 말해, 이상화라는 것이 자신만의 고유한 명제 영역을 한계짓고는 공간 관계 외적인 모든 사태 관계들 혹은 실제 제작 과정에 나타나는 홈집 문제에 대한 논의들은 모두 고려의 대상에서 제외한다는 것을 말한다. 수학적 의미에서의 공간 기하학적 개념들을 사용한다는 것은 이렇게 우리가 수공 작업의 목적을 "마치 ~처럼"(가정법 2식)

의 논의 형식으로 다루는 방식과 매우 유사하다. "평면", "직선", "점" 등의 기하학 용어들은 그래서 "이상어(理想語)", 즉 이상화 과정을 거쳐 정의된 용어들로 볼 수 있다.

분석기하학을 포함해 기하학의 모든 수학적 발전들은 이렇게 공간물리학 토대론, 즉 공간 기하학적 형태들을 제작해내는 기하론의 토대 위에서 구축될 수 있는 것들이다. 우리가 기하학적 이론들을 수단으로 해서 자연을 기술할 수 있는 일이 어떻게 해서 가능한지가 이로써 답해진다 : "자연을 기술한다" 함은, 인간이 자신들의 목적에 맞게 공간적 기하 형태들을 제작해넣은 그러한 (길이 및 각도를 측정하는) 도구들을 사용해 토지를 측정하고, 천문학 이론을 구성해내고, 공간 기하학적 수단을 사용해 실험들을 조직해내고 제어하는 등의 작업들을 수행한다는 것을 말한다.

이로써 "공간" 그리고 경험 공간의 구조를 기술해준다고 하는 물리학적 명제들이 왜 그 타당성을 갖는지가 구성주의 과학철학의 입장에서 설명된다 : 공간이 3차원이라거나 공간은 유클리드적 혹은 그 어떤 다른 성질의 것이라는 것을 우리가 어떻게 아는가 하는 물음과 관련해 논의를 진행해보자면, "공간"이란 밤하늘에 떠 있는 달[月] 같은 것들과는 달리, 자연적으로 주어진 대상이 아니라는 사실을 우리는 먼저 알아야 한다. "공간"에 대해 기술한다고 하는 과학 명제들은 "평면", "직선", "동일 길이" 등의 공간 관련 단어들 혹은 공간 관계를 표현하는 단어들을 사용해 구성되는 명제들이다. 그래서 공간에 대한 언명을 담지하고 있는 그러한 명제들을 통제하는 문제는 제대로 제작된 (측정-) 도구들을 사용해 그리고 이러한 측정 도구들의 기하학적 형태들과 관련해 정의되는 여러 개념들과의 관계에서 해결될 수 있다. "공간은 3차원이다"라는 말 혹은 "공간은 유클리드적이다"라는 말은 경험 판단이 아니다. 그것은 오히려 우리 인간이 수행하는 일정 행위에 대한 지식을 표현하는 명제들이다. 왜냐 하면, 물체 표면에 만들어진 (증명 가능한) 평면과 직각 모양 같은 인공적으로 만들어진 공간 기하학적 형태들은 더도 말고 세 개의 평면들을 사용해 제작 내지 규정될 수 있기 때문이며(앞의 [그림-3] 참조) 그리고 평면 내지 직선들이 보이는 평행 특성은 하나의 쐐기 막대를 직각 방향으로 잘라 생성된 두 개의 쐐기 막대 조각들을 적절하게 포개놓음으로써 제작 혹은 규정될 수 있기 때문이다(앞의 [그림-4] 참조). 이러한 제작 과정이 일의성을 갖는다는 것은 이론적으로 얼마든지 증명될 수 있다.

그런데 독자들 중 누군가는 다음과 같은 의문을 품는 사람도 있을 수 있다. 즉, 공간 기하학적 형태들을 제작해 가는 모든 과정 그리고 평면, 직각, 평행 등을 일의적으로 구성해가는 과정에 대한 이론적 논의에는 항상 "감각 경험"이라는 것이 끼여들 수밖에 없다. 그렇다고 한다면, 공간 기하학적 형태들의 구성은 어느 정도 경험 의존적이라고 말할 수 있는 것 아닌가? 독자들은 이러한 의문점을 가지고 혼동할 필요가 없다. 모든 물체들이 공간 기하학적으로 변형이 가능하다는 것, 그것들을 우리가 원하는 공간 기하학적 형태로 자르고, 갈고, 쏟아 붓고 그 외의 다른 방식으로 작업할 수 있다는 것, 이 모든 것들은 물론 경험을 통해 알게 되는 것들이다. 하지만 공간의 3차원성이나 유클리드적 특성(즉, 평행선 공리가 타당하다는 것)이 과연 (과학적) 측정을 통해 결정되는 사안인가? 이 질문에 대한 여기서의 답은 확고하게 "그렇지 않다"는 것이다. 왜냐 하면 측정하는, 즉 측정 도구를 이미 사용하고 있는 모든 형태의 경험들은 자신이 결정하려고 하는 혹은 답하고자 하는 문제, 즉 어떤 대상이 3차원성을 갖는가 혹은 유클리드적인가를 이미 자신이 사용하는 측정 도구들의 속성 자체에서 이미 요구하고 있기 때문이다. 만약 측정 도구의 속성과 관련해 그러한 종류의 요구가 없을 경우 그 측정 도구는 아예 더 이상 측정 도구가 아니다. 달리 말해, 모든 물체들이 가지고 있는 공간의 3차원성은 측정을 통해 근거지워질 수 있는 성질이 아니다. 상황은 오히려 그와는 정반대다 : 그러한 류의 근거짓기가 가능하기 위해서는 먼저 평면 및 직각과 같은 (일의적인) 공간 기하학적 형태들이 측정 도구들에 실현되어 있어야만 한다. 그리고 이러한 공간 기하학적 형태들 자체가 이미 3차원적 특성을 갖는다는 것은 ― 그것들이 측정 도구들에 적용되기에 앞서 ― 얼마든지 증명 가능한 방식으로 타당하다.

자연 물체들에다 공간 기하학적 형태들을 제작·구성해내는 작업의 목적이 마치 이미 실현되기라도 한 것처럼 상정하고 논의를 진행하는 이상화 작업은 기하학을 직접 운용하고 있는 실천 현실에 기여할 뿐 아니라 기하학 명제들이 만족시켜야 할 타당성 타입에 대해 묻기도 하는 철학적 논의에도 그 기여하는 바가 크다. 기하학 명제들의 타당성은, 앞서의 재구성 작업에 따르면, 제작 목적의 설정 및 정당화 그리고 목적 실현의 수단에 대한 진술에 의존해 결정된다. 그러한 명제 타입 혹은 타당성 타입은 (전통적 의미에서 이해된 바의 개념으로 표현해) 경험적이지도(즉, 측정 경험에 기반하고 있지도) 분석적이지도(즉, 정의 내용에서 논리적으로 추론되는 것도) 않다. 그러나 그것은 측정을 매개로 이루어지는 모든 경험에 앞서 있으면서도 종합적(혹은 합성적) 성격을 띤다. 이러한 구성주의 과학철학의 제안을 철학적 전통, 특히 칸트의 이성 비판과 연계해 논하자면, "공간에 대한" 우리들의 행위론적 지식은 모든 측정(혹은 그것을 매개로 하는 경험)에 선행하는 선험적 지식이요 또한 동시에 종합적 성격의 지식이다.

그러나 이러한 철학적 전통에다 우리의 논의를 연계 짓는 것보다 더 중요한 것은 아마도 앞서 우리가 반복해서 사용한 단어 "일의성" 개념이 그때 어떤 의미에서 사용되고 있었는지를 규정하는 일일 것이다. 즉, 여기서 논해야 할 주제는, 기하학을 실제 사물들에다 다양한 방식으로 적용하는 것과는 별개로 그 전에 "이미", 즉 기하학의 타당성이 경험적으로 시험되기 전에 이미 (이런 의미에서 선험적으로) 우리가 기하학의 타당성을 알 수 있다는 것이 어디에서 유래하는 것인가의 문제다. 이 일의성의 문제가 명백히 밝혀지게 되면, 그와 동시에 물체들의 공간 기하학적 형태들에 대한 일반인들의 기대가 정당한 것이라는 사실이 또한 증명될 수 있을 것이다.

일반인들의 공간 기하학적 형태들과의 교류, 예를 들어 6면체 장난감 블록이나 건축용 벽돌을 쌓는 일 혹은 상자들을 서로 딱 붙게 쌓아올리는 일과 같은 것들을 보게 되면, 그 사람들은 그때 물체들의 모든 면들이 서로 밀착되고, 물체들의 모서리들이 서로 접하고, 물체의 8개 구석들이 서로 꽉 물려 공간을 허용치 않으리라는 기대감을 가지고 작업을 한다. 이는 아주 다양한 제작 방식으로 만들어진 물건들을 쌓을 때도 마찬가지다. 예를 들어 기하학에 문외한인 사람들도 조리용 전기 불판 위에 조리 냄비를 올려놓을 때, 누가 그것들을 제작했는지와는 별개로, 전기 불판의 상면과 냄비의 바닥 면이, 이것들이 평면인 한 서로 딱 들어맞을 거라 기대한다.

조작적 제작 과정을 거쳐 그리고 이상화 단계를 밟아 구성되는 기하학의 기초 용어들의 정의 문제에다 위의 논의 방식을 적용시켜보자. 그렇게 되면, 기초적인 공간 기하학적 형태들의 구성 방법이 다음과 같은 의미에서 **일의적이어야** 한다는 것을 알 수 있다 : 평평한 형태의 판, 직각 형태의 모양 혹은 평행 형태의 물건들이 서로 독립적으로 (예를 들어, 여러 공장이나 실험실에서 각각) 제작되면, 그 **생산품들은** 그것들을 제작하는 방법적 지식과 관련해 서로 "**동일한**" 모양들을 가지게 된다. 즉, 평면 형태를 갖는 어떤 물건들이 서로 다른 공장에서 각기 만들어졌을 경우, 우리는 그것들을 서로 포개질 경우 서로 딱 들어맞을 거라 기대하게 된다. 이는 앞서 공간의 원물리학 이론에서 보았던 공간 기하학적 형태들에 대한 조작적 정의에서 논리적으로 증명된 바 있다. 이렇게 해서 증명되는 일의성 명제들, 즉 그 주어진 제작 과정을 제대로 따라하기만 하면 자동적으로 구성되어 나오게 되는 각 공간 기하학적 형태들은 서로 동일할 수밖에 없다는, 직관적으로도 이해 가능한 주장을 펴는 일의성 명제들은 기하학을, **공간 기하학적 형태들을** 제작해내는 실제 작업 과정의 다양한 사실 관계들로부터 **독립해,** 일종의 보편타당한 이론이 되게끔 해준다. 그래서 일의성 명제들은 모든 형태의 공간적 크기들을 재는 **측정 기술의 (방법적) 기초** 를 이루게 되는 것이며, 물리학 및 다른 자연과학들에서의 측정술들에다 기술적(技術的) 기반을 만들어주게 되는 것이다. 바로 이러한 의미에서 일의성 명제들은 "대상 구성적" 기능을 갖는 것이고 또 수학이 현실에(즉, 자연 대상들 및 기술을 사용해 제작된 물체들에) 어떻게 성공적으로 적용될 수 있는지에 대해 하나의 완전한 설명을 제공해주는 것이다.

우리의 논의가 과학과 관련되어 있는 한, 시간을 다루는 문제도 공간 기하학적 문제를 다루는 것과 유사하다 : 사람들이 명사 "시간"이란 개념을 사용할 때, 그 개념은 그때 세상에 마치 시간이라는 하나의 본체가 있기라도 한 것처럼 사용되거나 아니면 그 개념에 의해 지칭되는 대상(즉, 시간)에 대해, 마치 우리가 세상에 존재하는 대상들(사물, 상태, 사건)을 대할 때 그렇듯, 참된 혹은 타당한 진술을 해줄 수 있는 것처럼 그렇게 사용되는 경향이 있다. 그러나 태양 혹은 태양의 궤도 운동 같이, "시간"을 마치 우리가 손가락으로 지시할 수 있는 대상이라도 되는 양 그리고 그에 대한 경험적 연구 혹은 진술이 가능하기라도 한 것처럼, 즉 자연 대상들처럼 대하는 것은, 아래에서 보겠지만, 정당화될 수 없는, 즉 근거 없는 견해다.

5) 시간 측정 토대론으로서의 시계론

"시간"이란 용어는 ("공간"이라는 용어와 마찬가지로) 반성적으로(reflexiv) 규정되는 재귀적 용어다. 즉, 그 용어는 우리가 우리 자신이 행하는 일정한 유형의 말과 행동에 대해 반성하면서 그 행위를 규정할 때 생겨나는 용어다. 이미 공간 문제를 다룰 때 소개했던 방법과 유사하게, 우리는 우선 형용사 "시간적"이란 단어가 우리가 사용하는 일정 부류의 단어들에 대한 구분 및 분류어로 (그래서 우리가 사용하는 언어들을 재귀적으로 성찰하는 데 사용

하는 일종의 **메타 언어로**) 이해될 수 있음을 미리 살펴봄으로써
"시간"이란 용어를 규정할 수 있을 것이다. 이전, 이후, 더 긴, 더
짧은, 년(年), 시간, 초, 과거, 현재 그리고 미래 등에 대해 말할 때,
우리는 시간 관련 단어들을 사용한다. "시간에 대해" 말한다는 것
은 이러한 시간 관련 단어들을 사용해서 (그리고 그에 따라 시간
적 구분들을 하는 가운데) 말하는 것 이외의 아무것도 아니다. 다
시 말해 우리가 "시간"이란 명사형 언어를 도입해 사용한다 해서,
우리는 이때 이러한 형태의 시간 관련 단어들을 사용해 구성되는
"시간적" 구분 너머에 있는 그 어떤 것에 대해 묻거나 진술하고 있
는 것이 아니다.

시간 관련 단어들을 세분함으로써 이해될 수 있기도 한 다양한
"시간 현상들"에 대해 우리가 하나의 조망을 갖고자 한다면, 그 윤
곽은 우리가 이미 일상 언어를 사용하면서 터득했다고 할 수 있는
(시간의) 서로 다른 세 측면들, 즉 (1) **양태적** 측면, (2) **순서적** 측면
그리고 (3) **지속** 측면을 거론하게 되면서 드러나게 된다 : 이는 우리
가 ((1)에 해당하는) 과거, 현재 그리고 미래의 구분에 쓰이는 단
어들을, ((2)에 해당하는) 사건들의 이전과 이후 순서를 규정하는
데 사용되는 단어들을 그리고 마지막으로 ((3)에 해당하는) 사건의
지속을 표현하는 데 사용하는 단어들을 이미 일상 생활에서 사용하
고 있음을 말한다. 일상 언어를 이해할 줄 아는 모든 사람들은 이
각각의 경우에 대해 각자 나름의 예시들을 스스로 들어볼 수 있을
것이다. 또 과거를 표현하기 위해 그리고 그 표현에 좀더 신경을 써
야 하는 미래적 사태 관계들을 표현하기 위해 사람들은 동사들을
다양한 방식으로 변화시켜 여러 형태의 문법 형태들을 구성하게 되
는데, 이러한 것들도 시간 구분 작업의 수단들이 될 수 있다.

여기 우리의 논의에서는 시간의 철학적 문제가 논의의 초점이 아니다. 우리는 단지 원(原)이론적 혹은 과학 토대론적 사고의 맥락에서 "시간" 관련 개념들을 사용하는 과학들이 어떻게 그러한 구분에 이르게 되는가를 논하고자 할 뿐이다. 그래서 우리는 위에서 거론한 (특히, 철학사에서 항시 반복해서 제기되는 질문이기도 한) 시간의 세 가지 측면들이 서로 어떻게 관련되어 있는지에 대해서는 자세히 다루지 않을 것이다(예를 들어, 중세 시대 교회 교부였던 아우구스티누스(354~430)는, 측정하고자 하는 시간 범위의 일부분은 이미 지나가버린 과거고 그리고 다른 일부분은 미래적이어서 아직 존재하지 않은데, 시간 지속은 도대체 어떻게 측정될 수 있는 것일까 하고 자문한 적이 있다). 그러한 류의 질문들도 그 의미를 가지려면 우선은 그 전에 생활 세계 및 과학에서의 시간 구분들이 어떤 목적 하에 생겨나오는 것인지가 해명되어야 한다.

방법적 순환 문제를 일으키지 않고 시간적 구분들을 순차적으로 배우기 위해 우리가 먼저 알아야 할 사항은, 이미 어린아이들도 다른 사람들과 함께 언어적으로 조직된 실천 영역에서 태어나 자라면서 행위를 매개로 의사 소통을 하고 또 그 가운데 시간적 구조들을 습관화한다는 사실이다 : 아이들의 교육을 책임지고 있는 어른이 어린아이에게 내리는 아주 간단한 지시 혹은 금지도, 이 어린이로 하여금 현재에는 아직 존재하지 않는 미래적 사태 관계를 구성해낼 것을 요구한다. 물론 어른이 아이에게 내리는 다음과 같은 명령 "카카오 마셔라!" 같은 지시 혹은 명령도 아이가 아직 카카오를 마시지 않았을 경우에나 그 의미를 갖는다. 이는 일정 행위를 하라는 지시(명령)들은 항시 미래적 사태들에 정향지워져 있다는 것을 말한다. 즉, 행위의 수행을 위해 그리고 행위를 대상으로 해서 행해지는 발화들은 이렇게 현재 행해지는 언어 행위와 행위가 지향하는 미래적 목적을 (암묵적으로라도) 서로 구분짓지 않고는 일어나지 않는다. 그 외에도 이미 내려진 지시가 수행됐는지 아니면 수행되지 않았는지에 대해 언급할 때는 과거 형태의 언어 용법이 사용되는데, 과거는 진술 속에서의 동사 형태를 통해 아니면 다음과 같이 "이전에", "어제" 혹은 "아줌마가 방문하였을 때" 등과 같은 부가적 표현들을 통해 표현된다. 이는 우리가 행위를 논하는 가운데 시간 양태들을 터득한다는 것을 말한다. 이때 우리는 각 발화 상황에 기점을 두고 "지금", "이전에"(상대적 비교를 말하는 "더 이전"의 의미가 아님) 혹은 "나중에"(상대적 비교를 말하는 "더 나중"이 아님) 등과 같은 시간 지시어들을 사용한다. 이러한 지시어 혹은 표현들이 우리들이 각 구체적 상황에서 수행하는 명령이나 주장들에 사용됨으로써, 우리는 우리 스스로를 발화 당시의 상황에 그리고 타인들과의 공(共)체험 상황에 묶어두게 된다. 그래서 이러한 발화 상황들은 우리가 타인들과 생생하게 함께 하는 공체험, 즉 현재 시간이 된다[이러한 과정을 통해 시간 양태들이 구성된다 : 역자 주].

사건 태동 경위에 대한 한 목격자의 진술에서 혹은 물품 사용설명서에서 드러나는 일의 진행 순서에서와 같이, 사건 순서에 대한 진술들을 경우에 따라서는 직접적인 발화 상황과 독립해 구성되는 것도 매우 의미 있는 일이다. 이때 우리는 "동시에", "더 일찍", "더 후에" 등의 단어들을 사용한다. 이는 사람들이 앞서 다룬 시간 지시어들의 사용을 통해서는 직접적인 발화 및 청취 상황에 관련을 맺는 반면 여기서와 같은 "서술적" 시간 표현들의 사용을 통해서는 사건 순서들을 발화 상황으로부터 독립시켜 진술한다는 것을 말한다. "더 일찍" 그리고 (반대로) "더 늦게" 같은 말들은 직접 수행된 행위들에 수반되어 예시적으로 사용될 수 있다. 이렇게 함으로써 사람들은 그것들을 가르치거나 배울 수 있다. 그렇게 되면, 그러한 단어들의 사용 규칙 그리고 그것도 잘 작동하는 사용 규칙을 우리는 규정해줄 수 있거나 인식할 수 있게 혹은 배울 수 있게 할 수 있다. (물론 모국어를 배울 경우 우리는 이를 명시적이 아니라 실제 실습을 통해, 즉 암묵적으로 체득한다.) 예를 들어, 사람들은 "더 이른"이라는 표현을 사용할 경우, 그 단어의 사용 규칙으로 이행성(Transivität), 즉 세 사건 A, B, C가 있고, 사건 A가 사건 B보다 더 일찍 일어났고 또 사건 B가 사건 C보다 더 일찍 일어났으면, 사건 A는 사건 C보다 더 일찍 일어난 사건이라는 것을 상정한다. 이런 류의 언어 사용 규칙은 가르칠 수 있거나 배울 수 있다.

위와 같은 언어 사용 규칙을 기술하고 있는 명제들의 타당성 확인을 위해서는 경험이 요구된다고 말한다면, 그 말은 어불성설이다. 왜냐 하면, 그러한 명제들은 (어떤 사실을 기술하는) 주장이 아니라 단지 언어 **사용법을 규범화시키고 있는** 명제들이기 때문이다 (그렇다고 해서 여기서의 기술이 아주 멀리 떨어진 지역에서 일어나는 사건들의 발생 순서를 기술하는 명제들을 확인 내지 옹호하는 일에서 우리가 전혀 문제를 갖지 않는다는 주장을 하고 있는 것은 아니다).

시간의 양태적 측면 그리고 순서적 측면을 암묵적이었든 명시적이었든 제대로 이해하고 사용할 줄 알게 되면, 사람들은 이제 마지막으로 시간 지속을 서로 비교 할 수 있게 된다. 예를 들어, 동시에 발생해 진행되고 있는 두 사건들이 있다고 할 때(이는 사건의 순서적 측면에서 확인될 수 있는 사항이다), 우리는 이 사건들이 **동일한 시간 길이**, 즉 동일한 시간 지속을 갖는다고 말할 수 있다. 우리가 시간 지속의 상관 관계를 수치 관계로 나타내고자 할 경우(예를 들어, 영화 A의 상영 시간은 영화 B의 상영 시간의 두 배다), 우리는 그러한 시간 지속 관계를 확정짓기 위한 하나의 방법을 필요로 한다. 예를 들어, 일상에서 우리는 시간 지속 문제를 보통 시계를 사용해 측정한다. 이로써 우리는 이제 ─ 특히 과학에서의 시간 측정을 염두에 둘 때 ─ "시계"란 무엇인가라는 테마와 관련해 시간의 원이론적(혹은 시간 측정의 토대론적) 논의를 진행할 수 있게 된다. 얼핏 보기와는 달리 이는 매우 난해한 문제다. 이에는 특히 역사적인 이유가 있다 :

앞서 기하학과 길이 측정 문제를 다룰 때 이미 본 것처럼, 특별한 형태의 측정 기술을 고안해내는 것은 원래 과학자들의 몫이 아니었다. 시간 측정의 경우도 마찬가지인데, 우선 **최초의 과학적 시계의 사용**은 네덜란드의 한 천문학자가 추시계를 사용하면서 그리고 또 갈릴레이가 환자의 맥박을 재기 위해 추시계를 사용할 것을 제안하면서 시작되었다. 이때가 17세기였다. 그러나 최초의 시간 측정은 역사를 3000년쯤 거슬러 올라간다. 이미 이 시기에도 시간 측정에 대한 요구가 제기될 수밖에 없었을 것이며 그리고 그러한 시간 측정이 굳이 시간 혹은 분, 초를 사용해 수행되어야만 하는 것도 아니었을 것이다. 이 사실들은 간과되어서는 안 된다.

[최초의 시계가 어떻게 하면 만들어질 수 있을까를 논하는 이 자리에서 : 역자 주] 우리는 **달력을 고안하는 기술적 문제**는 고려하지 않는다. 왜냐 하면, 달력 고안 문제에서는 일(日), 월(月) 그리고

계절 변화와 같은 자연적으로 주어진 시간 단위들을 계산하는 문제에만 국한하고 있기 때문이다. 그리고 원시적 형태의 해시계, 즉 땅에 막대를 꽂아 햇빛을 이용해 시간을 잰 것이 인류사에서 최초의 시간 측정 방법이라고 말하는 널리 알려진 견해도 여기서의 우리 논의에서는 받아들이기 어렵다. 그 이유는 해시계를 이용한 시간 측정 작업을 위해 인간은 이미 한편으로는 매일 매일의 그리고 년(年) 단위의 태양 움직임에 대한, 비록 초보적 수준이기는 하나 일종의 천체론(天體論)적 혹은 천문학적 지식을 이미 필요로 했을 것이며, 다른 한편으로 해가 비치는 동안의 하루를 동일한 부분들로 나누어야만 하는 작업을 필요로 했을 것이기 때문이다.

시간 측정의 기원은 그 대신 항상 동일 과정을 인위적으로 만들어내는 작업에서 시작했다고 볼 수 있다. 시간 측정에 결정적인 역할을 하게 되는 이러한 동일 과정들은 더운 지중해 국가들에서 "물펌프(Klepsydra)" 장치가 뿜어내는 물 추출 과정과 같은 곳에서 관찰되기도 한다. 물통에서 식수를 뽑아내기 위해 사용된 이러한 기구들로부터의 — 이 기구는 오늘날 사용되는 빨대에 비유될 수 있는데 — 물 추출 과정은 항시 동일 속도를 유지한다. 그래서 이러한 물 추출 과정들은 동일 시간 지속을 정의하는 데 사용되기도 했다. 과거 법정에서도 이런 시간 측정 방법이 사용되었다. 과거 법정에서는 피고, 원고 양쪽 모두는 동일한 발언 시간을 할당받게 되었는데, 이때 동일 시간의 할당 문제는 위에서와 같은 물 추출 과정을 통해 측정된 시간을 통해 해결되었다. 이를 보면 알 수 있듯이, 우리가 오늘날 시간 개념에서 요구하는 논리적 속성, 즉 시간 지속은 사람들 사이에서 대칭적 타당성을 가져야 한다는 특성 같은 시간 개념의 논리적 구조가 그 근원을 이미 정의(正義)의 이념에까지 두고 있음을 알 수 있다 : 예를 들어, 법정의 논쟁에서 A라는 사람에게 걸린 시간은 B라는 사람에게도 동일하게 적용되고 그리고 반대로 B라는 사람에게 걸린 시간은 A라는 사람에게도 동일하게 적용된다(동일성의 대칭성) ; 그리고 A라는 사람에게 발언 걸린 시간은 B라는 사람에게 걸린 발언 시간과 동일하고, B라는 사람에게 걸린 발언 시간이 C라는 사람에게 걸린 발언 시간과 동일하다면, A라는 사람에게 걸린 발언 시간과 C라는 사람에게 걸린 발언 시간 또한 서로 동일해야 한다(동일성의 이행성). 이 모든 것이 시계의 사용을 통해 이루어지는 일인 만큼, 위의 내용은 이때 사용되는 시계가 시간 지속의 대칭적 그리고 이행적 배분을 가능하게 하는 속성을 자체 내에 가지고 있어야 한다는 것을 말한다. 이러한 시계는 그래서 과학에게 시간 측정에 쓰일 시계 제작을 위한 문제에 해결의 실마리를 던져준다. 왜냐 하면, 과학들이 형성해내고자 하는 명제들은 초주관적 타당성을 가져야 하는데, 위와 같은 시계에는 바로 이러한 과학적 시간 측정을 가능하게 하는 원리가 사용되고 있기 때문이다. 이 원리는 다음과 같다 : 시간은 어떤 시계를 사용하는가와는 상관없이, 즉 일정 기준 시계를 정하지 않고도 측정될 수 있어야 한다.

고대 사람들도 시간을 측정하면서 — 현대적 표현을 사용해 말하자면 — 그때 사용되는 자신의 시계가 혹시 제대로 작동은 하고 있는지 혹은 고장은 나지 않았는지 등의 질문을 제기했을 것이다. 이때 이미 시간 측정과 관련된 일종의 인식론적 문제는 출현하고 있었다 : 시계의 속도, 즉 시간 측정을 위해 만든 기구 / 도구가 일으키는 운동 과정들의 속도는 어디에다 그 기준을 맞춰야 하는 것인가? (물이 담긴 물통에 작은 구멍을 뚫어 물이 흘러나오게 하는

실험을 해본 사람은 물이 처음에는 빨리 흐르다가 나중에는 속도
가 점차 줄어드는 것을 관찰할 수 있을 것이다. 이미 고대의 시계
제작자들은 여러 개의 물통들을 아주 세련된 방식으로 조합함으로
써 시간을 측정하는 방법을 알고 있었다. 그들은 물이 담긴 물통
속의 수면을 항상 일정 높이로 유지해줌으로써 흘러내리는 물의
속도를 일정하게 해주었는데, 이를 통해 실린더 형식의 물받이 통
수면은 고정적으로 상승할 수 있었고, 그들은 이 통의 수면 변화를
보고 시간을 측정할 수 있었다.) 그런데 이와 관련해 우리는 현대
적 방식으로 다음과 같은 질문을 제기해볼 수 있다 : 위에서 사용
된 "고정적" 혹은 "고정적인 속도"란 개념들은 무엇을 말하는 것
인가? 이에 대한 현대 과학의 답은 다음과 같다 : "고정적" 혹은
"고정적 속도"란 동일 시간에 대한 동일 이동 거리를 말한다. 이
정의는 위 질문에 대한 올바른 답인가? 그렇지 않다. "고정적" 혹
은 "고정적 속도"에 대한 그러한 정의는 시간 측정을 이미 전제한
다. 다시 말해, 그러한 정의는 시간 측정이 이미 가능해야 비로소
제기될 수 있는 주장이다. 따라서 시계에 대한 제대로 된 정의는
아직도 제시되지 않은 셈이다.

고대의 시계제작자들은 이 문제를 신앙적 사고에 의존해 풀려고
한다. 이 견해에 따르면, "천체의 자전", 예를 들어 극성(極星)을
축으로 한 항성들의 운동 혹은 천체들의 운동은, 그 자체 신(神)이
만들어 주재하는 자연 과정으로 영원 불변한 운동 과정들이다. 이는
그 시대 사람들이 천체의 회전 운동을 기준 삼아, 현대적으로 말해,
지구의 회전 운동을 기준 삼아 물시계 기능을 검사한다는 것을 말한
다. 자연 과정을 시간 측정 방법의 한 모범으로 삼는 이러한 고대적
발상은 그 이후, 갈릴레이와 호이겐스(Christian Huygens)에 의해

각각 추시계가 고안되기도 했던 17세기의 고전 물리학에서 지구 운동이 (뉴턴 역학 의미에서) 일정한 지속적 (각)운동 속도를 갖는 관성 운동으로 이해되면서 더욱 강화된다. 대략 13세기경에 처음 고안되어 사용된 최초의 역학적 시계는 그 후 17세기에 추를 통해 근본적으로 향상되긴 했지만 그래도 그것은 아직 정확치 못해 더 제어되거나 검사되어야 할 필요성이 있었다. (여기서의 "검사"의 의미는 시간 계측 단위에 기준을 두고 행해지는 검사가 아니라 일정 속도로 움직여가는 시계침과 같은 류의 운동 형식(Bewegungsform)에 기반한 검사를 말한다. 뉴턴 역학에 따르면, 그러한 검사를 위해서는 마찰 없이 관성 운동을 하는 지구의 회전 운동이 적당하다고 한다. 이 견해에 의하면, 지구 회전 모델로 추시계가 생각될 수 있는데, 이 추시계의 우선적 목적은 지구 회전 운동을 가능한 한 잘 모방하는 데 그리고 그것도 인위적으로 제작된 과정을 통해 모방하고자 하는 데 있다. 추시계를 통한 지구 운동의 이러한 모방은 구름이 끼었을 때 지구 운동 관찰이 갖는 불편 문제를 해소시켜줄 뿐 아니라 지구 운동을 천문과학적 관찰을 통해 하는 것보다도 훨씬 수월하게 인식할 수 있게 해주는 장점을 가진다.)

많은 사람들이 이렇게 지구의 회전 운동을 시간 측정을 위한 하나의 대표적 모범으로 간주하는 이유는, 그들의 생각에 지구 회전 운동이 (마치 시계 숫자판에서의 경우와 같이) 동일한 각도를 통해 동일한 시각을 가능하게 해주기 때문이다. 하지만 시간 측정 모범으로서의 지구 회전 운동은 칸트(Immanuel Kant)의 결정적 논박을 통해 모범 시계로서의 그 영광을 빼앗기게 된다. 칸트의 논지는 이렇다 : 태양과 달이 지구에 행사하는 중력적 영향은 바다의 조수간만 현상을 만들어내고, 이것이 다시 지구 회전에 일종의 마찰력을 만들어내기 때문에, 지구 회전 운동은 그에 따라 점차 둔화될 수밖에 없다. 칸트의 이러한 논지를 통해 이제 아주 엄밀한 형식의 질문이 하나 제기된다 : 과학적 수준의 시간 측정에 적합한 어떤 시계가 있다고 할 때, 그 시계의 운동 속도(Gang)가 "올바르다"는 것을 우리는 어디에 기준을 두고 인식할 수 있는 것인가? (일상 수준에서의 시간 측정이라고 한다면 우리는 나름의 충분한 이유를 가지고 우리들이 사용하는 시계를 계속 지구 회전 운동 속도에 기준을 맞춰 검사할 수 있으며 그리고 이렇게 함으로써 마치 "단 한 종류의" 시간만이 있을 것이라는 확신을 가질 수 있기도 하다. 왜냐 하면, 우리 모두가 시간의 모범으로 사용되는 바로 이 하나의 지구에 살고 있기 때문이다.)

위에서 제기된 질문과 관련한 물리학 교재들의 기술 내용이나 혹은 논리-경험주의가 제공하는 물리학에 대한 과학철학적 설명들은 그에 대해 단지 불충분한 대답만 제공하고 있다 : 이들의 주장에 의하면 (추의 진자 운동, 수정의 진동 혹은 분자 내에서의 원자 진동 등과 같은) 주기적 과정들이 시간 측정을 위해서는 아주 적절한 수단들이라고 한다. 여기서 "주기적"이라는 말은 물론 일정한 하나의 파라메터(예를 들어, 추 운동에서의 진폭)가 동일한 시간이 경과하고난 후 다시 동일 값을 갖는다는 말로 정의된다. 짧게 말해, 시계에 대한 이러한 정의는 순환론적이기에 이러한 정의들는 위에서 제기되 질문에 대한 충분한 답이 되지 못한다. 분석철학의 경험주의 과학철학(예를 들어, 모리츠 슐릭과 루돌프 카르납의 철학 사상)은 위와 같은 정의가 갖는 순환론 문제를 이미 간파하고 그에 대한 다른 하나의 대안을 제시한다. 이 대안에 의하면, 원리적으로 보면 우리는 그 자체 안에 동일 상태들이 반복되어 나타나는 그러한 과정을 시간 측정 수단으로 선택할 수 있기는 하지만, 그러나 좀더 유의미하게는 그것에 기초해 구성된 이론들이 **단조로운**(einfach) 성질을 가질 수 있을 때만 그런 과정을 우리는 시간 측정 수단으로 선택해야 한다. 이는 대략 다음과 같은 의미에서 이해할 수 있다 : 예를 들어, 달라이 라마의 맥박은 위에서 언급한 바의 의미에서 일종의 주기적 과정이라고 할 수 있다. 하지만 물리학을 위해서는 달라이 라마의 맥박을 시계로 사용하는 것은 위의 제안에 의한다면 적당치 않다. 그 이유는 만약 달라이 라마가 계단을 오름으로써 그의 맥박이 빨라지게 되면, 그 맥박을 기준으로 해서 측정된 행성 운동들은 이전과 비교해 상대적으로 느려진 것이 되어, 천체 이론은 더 복잡해지기 때문이라는 것이다.

시간 측정 문제를 두고 일어나는 순환 문제를 해결하기 위해 제안된 이런 대안 역시 문제의 악순환 논법을 사용하고 있다. 왜냐 하면, (케플러의 행성 운동 법칙과 같이) 이미 인정을 받은 (천체) 법칙들이 한 인간의 맥박과 같은 "새로운" 시계에 기준해 기술되게 되면, 이것들이 훨씬 더 복잡해진다는 그들의 주장은 이미 그 천체 법칙들이 정의상 "가장 간단한" 혹은 "가장 단조로운" 형태의 법칙이라는 것을 함의하는데, 이때의 문제는, 맥박 시계가 되었든 아니면 다른 종류의 시계가 되었든, 그 어떤 시계의 사용을 통하지 않고는 그러한 주장 자체를 할 수 없다는 사실이다. 그렇지 않은 경우, 어떤 이론이 단순하냐 아니면 복잡하냐의 판단을 위한 일정의 기준 혹은 그런 판단을 위한 일정의 기준 시계가, 그것이 맥박 시계든 아니면 다른 종류의 시계든 제시되어야 한다. 그런데 위의 분석철학적 경험주의 과학철학에서는 그에 대한 충분한 설명이 제공되지 못하고 있다. 짧게 말해, 분석철학적 경험주의 과학철학은 성공적 시간 측정을 위한 방법적 근간이 어떤 성격의 것이어야 하는지 제대로 설명하지 못한다.

경험주의 성향의 자연과학자들은 시간 측정 기술의 성공이 가능했던 것은, 다른 것들 중에서도, 시계에 이미 자연 법칙이 내재되어 있기 때문이라고 생각한다. 이의 가장 대표적인 경우가 아인슈타인(Albert Einstein)의 특수 상대성 이론의 경우다. 그러나 이러한 견해에는 다음과 같은 문제가 있음을 그들은 알아야 한다:

시간 측정에서 자연과학자들은 고장난 시계가 아닌 "제대로 기능하는" 시계를 사용해야 한다는 것은 주지의 사실이다. 과학적 관찰자나 실험자가 지녀야 할 능력 중에는 언제 자신의 측정 도구가 고장났는지 혹은 고장나지 않았는지, 즉 애당초 제작될 때부터 고정되었던 그리고 사용 시에도 계속 유지되어야 하는 것으로 여겨지는 시간 측정 도구의 기능이 그 사용의 실제에서도 그대로 유지되고 있는지 정확히 아는 것이 포함된다. 만약 시계가 고장났다면, 예를 들어 시계가 비규칙적으로 가거나 완전히 정지해 있다면 과학자는 이 상황에서 어떻게 하겠는가? 물론 그는 그 시계를 더 이상 사용치 않을 것이다. 달리 말해, 자신의 정지된 시계로 측정된 행성 운동들이 일정 거리를 움직여가는 데 전혀 시간이 걸리지 않았다고 해서 그는 그 운동들을 무한적 속도의 빠른 운동이라고 하지는 않을 것이다. 오히려 그는 아마도 그 상황에서 곧바로 시계에 무엇이 문제인지 그 원인을 찾고자 할 것이며, 그 고장의 원인들을 "자연 법칙"을 이용해 설명하고자 할 것이다. 이를 통해 자신의 시계가 다시 수리되었다 치자. 그러면 그는 그가 사용한 자연 법칙에 대해 어떤 해석을 내리겠는가? 아마도 그는 이때 사용된 자연 법칙이 결정적으로 올바른 이론이라 여길 것이다. 그런데 이는 달리 말해, 시계의 고장 상태가 자연과학자들이 "자연 법칙"이라고 부르는 것과 그 어떤 충돌도 일으키지 않고 완전히 조화를 이룬다는 것을 말한다. 그렇게 되면 자연 법칙은 사실 시계의 고장 상태와 정상 상태에 대한 구분을 하는 데 그 어떠한 기여도 하지 못하는 셈이 된다. 다시 말해, 이는 자연 법칙들은 시계의 고장 문제와 연과해, 즉 시계가 고장났는지 아니면 정상 상태인지를 결정하는 데 실제로는 그리 결정적인 역할을 하지 못한다는 것을 말한다. 오히려, 측정 도구의 결함이란 항상 측정 도구에 그것의 제작자 혹은 사용자의 사용 목적이 결여된 것 혹은 현실화되지 못한 것을 의미한다고 해야 한다. 즉, 측정 도구의 고장 유무(有無)에 대한 판단 기준은 측정 도구의 용도 문제다.

이를 통해 우리는 시계에서 일어나는 운동 속도(Gang)가 자연 법칙적으로 정의될 수 있는 것이 아니라 오히려 시간 측정 목적과 연관해 규정될 수 있는 것임을 확실하게 알 수 있다. 바로 이러한 선상에서 시간 측정에 대한 원이론 혹은 시간 측정의 토대론 (Prototheorie der Zeit)은 측정을 통해 구성되는 대상인 시간 문제를 인간들의 시간 측정 활동 자체가 추구하는 목적을 밝혀줌으로써 그리고 그러한 목적에 다다를 수 있는 기술적 수단 혹은 그러한 과정을 기술해줌으로써 해결하고자 한다. 이의 내용을 우리는 최소한 다음과 같은 짧은 스케치를 통해 보여줄 수 있다.

예를 들어 달리기 경주가 있다 치자. 이 달리기에서 A라는 사람이 B라는 다른 사람을 따라잡아 앞서 나갈 때, 우리는 A가 B보다 더 빨리 달린다고 말한다. 이는 시계를 사용하지 않고도 얼마든지 가능한 표현법이다. 다시 말해, **동시에 벌어지는 운동들**은 시계를 전제하지 않고도 이미 그 비교가 가능하다. 우리는 (그 자체로는 시간 측정에 의존하지 않는 혹은 그러한 것을 전제하지 않는) 공간 기하학적 형태들을 제작해내는 기술 및 이론을 앞에서 이미 보아 알고 있다[이 말은 시계 정의에 만약 공간 관련 혹은 길이 관련 진술들이 나오게 되면, 이러한 진술들은 이미 앞서 논의된 공간 기하학적 수단들을 가지고 해결될 수 있다는 그래서 또한 방법적 순서를 어기지 않고 논의를 진행하고 있음을 상기시키기 위해 첨가된 표현임 : 역자 주]. 그래서 우리는 여기서 서로 다른 두 운동들의 속도 비교를, 방법적 순서의 원리에 따라 아직 시계를 사용치 않는 가운데, 관계 수치로 표현하는 예를 들어볼 수 있다. 둘레 길이가 1:2 크기 비율을 갖는 두 개의 원형 톱니바퀴가 서로 맞물려 돌아가는 경우를 한번 생각해보자. 여기서 우리는 — 이 톱니바퀴들이 그 자체로 얼마나 빨리 회전하는지, 즉 그것의 절대 속도와는 별개로, 다시 말해 우리가 느끼기에 그것들이 얼마나 빨리 회전하는지와는 별개로 — 작은 톱니바퀴의 회전 속도는 큰 톱니바퀴의 회전 속도보다 두 배가 된다는 사실을 추론해낼 수 있다. 또 인간 삶의 역사에서 매우 중요한 의미를 가졌던 또 다른 예들을 들어보자. 그 예들로는, 하나의 축을 공통으로 그 축 상에 서로 인접해 설치되어 피댓줄에 의해 구동되는 회전 바퀴(혹은 피댓줄 바퀴)나 기술적으로는 원시적 수단이긴 하지만 기중기 같은 것에 사용되어 (힘의) 번역 내지 전환을 일으키는 회전 바퀴 장치가 거론될 수 있다. 위의 예들 중 피댓줄에 걸려 구동되는 두 회전 바퀴들의 경우, 그 회전바퀴들의 지름이 각각 $n : m$ 비율이고 그리고 그 회전바퀴 위에 걸린 피댓줄이 전혀 미끄러짐이 없이 가동된다면, 이 회전 바퀴들의 상대적 회전 속도는 $m : n$이 되어야 한다(아래 [그림-8] 참조).

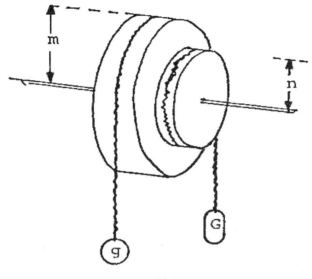

[그림-8]

"회전 바퀴"는 이미 고대에 물건을 들어올리고 내리는 데, 예를 들어 기중기에 장치되어 사용되었다. 그것은, 시계가 없는 상태에서, 운동들의 항상적 속도 관계들을 측정할 때 유용한 수단이다. 왜냐 하면, 회전 바퀴가 회전할 때, G와 g 각각은 각 바퀴의 반지름 n과 m이 갖는 관계에 해당되는 속도로 움직이기 때문이다.

기하학 이론은 우리들로 하여금 직선 궤도에 대해, 기하학적 형태의 거리를 따라 진행되는 운동 과정에 대해, 혹은 물체들이 놓여 있는 위치에 대해서도 논할 수 있게 해준다. 여기서의 이런 어휘들은 시계를 사용하지 않고 운동에 대해 논하는 이론, 즉 운동론의 어휘들이다. 이런 운동론의 어휘들을 사용해 우리는 이제, 비동시적 운동 내지 그런 사건 과정들에서 걸리는 시간들을 서로 비교하는 데 사용될 시계가 어떻게 제작될 수 있을 것인지 논하고자 한다. 직관적으로 말해, 우리는 시간 측정을 위한 하나의 도구가 필요한데, 그 도구는 한편으로는 모든 사람들로 하여금 동시에 일어나지 않는 두 사건들의 시간 지속(예를 들어, 시 한 편을 낭독하는 데 걸리는 시

간과 밥을 짓는 데 걸리는 시간)을 서로 비교할 수 있도록 해주어야
하며, 다른 한편으로 이러한 시계는 시간 지속에 대한 우리의 판단이
기분에 따라 좌지우지되지 않도록 해주어야 한다. 이 말은 우리가 일
정 크기의 운동 단위 거리가 시간 흐름에 따라 지속적으로 연이어
반복된다는 의미에서 시간 측정을 위한 수단으로는 매우 적합하다
고 할 수 있는 하나의 특이한 운동 형식(Bewegungsform)을 필요
로 한다는 것을 의미한다. 그리고 이러한 **운동 형식은 기술적**(技術
的)으로 반복 재생산 가능해야 할 뿐 아니라 기하학에서와 같이 일
의적으로 정의된 **운동 형식**이어야 한다(이러한 목적 설정은 아직
시계에 대한 아무 정의가 없는 상태에서 그리고 사건 지속에 대한
심리적 판단 이외의 그 어떤 수단이 없을 경우에만 그 의미를 갖는
다는 사실을 독자들은 이미 알고 있을 것이다).

　톱니바퀴나 피댓줄 바퀴같이 기계적으로 서로 견고하게 맞물린
상태에서 일어나는 운동들과는 또 다른 형태의 운동들 혹은 과정
들, 즉 서로 완전히 독립되어 진행되는 운동들이나 과정들이 동시
에 일어나는 것들인지의 여부 역시 시계 없이 결정될 수 있다. 예
를 들어, 산탄총으로 비행하는 클레이 피전(clay pigeon)을 쏴 맞
추고자 하는 사람은 먼저 사격 준비 후 조준을 하게 되는데 이때
조준 시 비행 물체와 총알 각각이 일정 시간이 지난 후 한 지점에
서 서로 맞닥뜨릴 수 있게 이 둘의 비행 방향 및 속도를 각각 계산
해야 한다. 이렇게 인과적 영향을 서로 주고받지 않는 가운데, 즉
서로 독립해 일어나면서도 그 (순간-) 진행 보조가 서로에 대해 착
착 맞아떨어지는 사건들에 대한 예들은 일상에서도 쉽게 관찰될
수 있다. 예를 들어 식사 준비를 위해 동시에 여러 요리들을 조리
하는 경우(예를 들어 콩 조리와 감자 조리), 여러 운동 과정들이 동
시에 진행되는 경우[이에 대한 구체적 예로는 축구에서 여러 선수

들이 공 하나를 잡기 위해 동시에 달려드는 경우를 상상해볼 수 있다 : 역자 주], 각 다른 노선의 버스들이 각 버스 정류장에 되도록이면 동시적으로 지나갈 수 있게 버스 운행 계획표를 짜는 경우 등이 거론될 수 있다. 그런데 여기서는 시계 제작이 관건이다. 그래서 여기서 우리는 어떻게 하면 시간 측정에 쓰일 기구에다 일정 형태의 운동 과정들을 기술적으로 일으킬 수 있을까 하는 문제에만 우리의 논의를 국한시키기로 한다. 어떤 한 사람이 하나의 기계 인간, 예를 들어 노래하는 기능이 들어 있는 시계의 리듬에 맞춰 춤을 추는 인형을 만든다고 가정해보자. 이때 인형과 시계는 어떠한 기계적 연결도 없다. 그리고 인형과 시계를 동시에 작동하도록 했다고 해보자. 그러면 그것들은 움직여갈 것이다. 그런데 이때 이들의 상대 속도가 서로 일정 관계를 유지한다고 상정해보자. 그렇게 되면 우리는 이 예를 통해 우리가 일상에서 사용하는 시계들이 갖추어야 할 요구 조건을 이미 충분히 열거한 셈이 된다 : 이를테면, 우리가 서로 약속을 지킬 수 있기 위해서는 우리들 각자가 가지고 있는 시계들은 어떠해야 하는가? 이 시계들은 서로에 대해 동시적 운동을 해야 한다.

그러나 우리가 원래 정의하고자 하는 시계는 이보다 좀더 많은 조건들을 필요로 한다. 그렇다고 해서 우리가 여기서 관습적으로 정해진(예를 들어 "시간" 같은) 시간 단위나 (예를 들어 "정오"와 같은) 시간 시작점을 염두에 두는 것은 아니다. 우리가 여기서 염두에 두고 있는 시계는 그 대신 "과학적" 용도의 시계, 즉 실험실 연구에 쓰일 정지 기능이 있는 스톱워치(stopwatch) 같은 것이다. 이 말의 요점은 이렇다 : 동일한 시간 지속은 서로 다른 시간대에서도 역시 측정될 수 있어야 한다. 이를 위해 과학적 용도의 시계는 우선 정지 기능이 있어야 한다. 즉, 동일한 시간 지속이 서로 다른 시간대에서도 측정될 수 있으려면 이때 사용되는 시계는 우선 출발 및 정지 기능이 있어야 한다. 이는 시계가 다시 출발해 움직여갈 때 그 출발점이 관찰자의 육감에 의존하는 그러한 시간 점이어서는 안 되기 때문이기도 하다. 시계에 이러한 정지 및 출발 기능이 있게 되면 각 시계의 속도가 비교 가능해 시계들 간의 상대 속도가 규정 가능하다. 과학적 용도의 스톱워치는 바로 이러한 상대 속도 관계를 보여줄 수 있어야 한다. 다시 말해 이는 시계들이 서로 일정 속도 관계를 유지해야 한다는 것을 말하는데, 이는 다시 다음을 의미한다 : 우리가 하나의 시계를 다른 시계보다 더 일찍 출발시키면, 늦게 작동된 시계는 그만큼의 거리 뒤에서 앞서 출발된 시계 속도를 지속적으로 따라가야 한다(이때 시계들의 동시적 순간 속도 관계들은 기하학적 수단들을 사용해 관찰될 수 있다).

위에서 논한 시간 측정에 필요한 요구 조건들을 우리는 이제 시간 측정 가능성을 정초짓기 위한 차원에서가 아니라 단지 그 주제에 대한 이해를 돕기 위한 차원에서 앞서의 **평면** 예와 비교하는 가운데 논해보자 : 기하학의 경우, 두 판이 서로 접해 밀착 혹은 일치되고 그리고 그 상태를 유지한 체 여러 각도의 방향으로 이리저리 밀릴 수 있으면, 그 물체들의 표면은 판판한 것(glatt)이 된다(만약 이것이 두 개가 아니라 그 이상의 판들을 사용해 증명될 수 있으면, 그때 생긴 물체의 표면들은 평면이 된다)고 앞서 말해졌다. 시계의 경우에도 이 같은 논지가 똑같이 적용된다 : 우선 시계들간의 속도 일치, 즉 시계들의 각 순간 속도의 동일성은, 물론 일차적인 경우에 국한해 하는 말이지만, 그 이후 계속 이어지는 과정에서도 계속 유지되거나 혹은 뒤로 계속 미끄러져 밀릴 수 있는 특성을 보일 수 있어야 한다.

다시 말해, 매 순간마다 동일한 속도 관계를 보이는 시계들은 각기 다른 임의의 시간대에서도 그러한 일치 관계를 보일 수 있어야 한다. 바로 이러한 요구 조건이 만족될 때라야 비로소 우리가 구성하는 시계에는 "동일 형식의 속도"나 "지속적 동일 속도"라 칭해지는 운동 형식(Bewegungsform)이 구현되었다고 말할 수 있다.

이로써 과학적 시간 측정을 위해 어떤 형식의 표준 운동이 적합한지가 그 중요한 부분에서 답해졌다 : 동시적 운동들을 상호 비교하는 일을 우리가 방법적인 순환을 일으키지 않고, 즉 기존하는 시계를 사용하거나 전제하지 않고 단지 기하학과 기하학의 기초 위에 세워진 이론을 이용해 수행할 수 있기 위해서는 다음과 같은 두 가지의 (실현 가능한) 기술적 요구 조건들이 필요하다 :

(1) 각기 독립된 시간 측정 장치들은 그것들이 동시에 출발될 경우 그것들은 서로 일정한 보조를 보여야 한다. (2) 이는 측정 장치들 각각이 동시에 출발되지 않았을 경우에도 마찬가지로 보일 수 있어야 한다.

한 쌍의 시간 측정 장치들이 이 요구 조건들을 만족하게 되면, 우리는 이 각각을 비로소 "시계"라 칭하게 된다.

원물리학적 이론 작업을 실제로 보여주고 있는 문헌들에는 위 논의에 대한 일의성 명제들과 그 증명들이 제시되어 있다. 독자들은 그것들을 다른 문헌들에서 접할 기회가 있을 것이다. 쉽게 말해 이 일의성 명제들이 논하는 내용은, (기하학에서의 공간 기하학적 형태들의 일의성과 유사하게) 각 두 개의 임의적인 시계들은 서로 불변적 속도(혹은 보조) 관계를 가지며 그리고 이 관계는 그 두 시계의 출발점이 서로 다른 경우에도 유효하다는 것이다. 여기서 우리가 논하고 있는 시계는 그 보조 속도가 시계를 전제하지 않고도 서로 비교될 수 있는 그러한 시계를 말한다. 다시 말해 우리는 여기서 서로 이웃해 있으면서 그리고 서로에 대해서는 상대적으로 정지해 있는 그러한 시계에 대해 논하고 있다. 특수 상대성 이론에 의해 제기된 시계 이동 문제는 여기서 따로 논의하지 않겠다. 그럼에도 불구하고 우리가 기억해야 할 것이 있다면, 이러한 원이론적 시계 정의가 시계 이동시 시계 보조 속도가 교란되지 않았다는 것을 명시적으로 확정할 수 있기 위해 필수적으로 요구되는 조건들에 대해 하나의 명쾌한 설명을 준비해주고 있다는 사실이다.

(위와 같은 논지와 관련해 누군가가 현대 물리학의 시각에서 혹시 제기할 수도 있는 오해 섞인 반론을 미연에 차단하기 위해 언급될 사항이 하나 있다. 그것은 두 시계가 한 동일한 장소에서, 즉 서로 인접한 상태에서 움직여갈 때, 이 동시 운동들을 공간 기하학적 형태들의 도움을 빌어 비교하는 일은 그것들의 상대 운동이 없이도 수행될 수 있다는 사실이다. 이 경우 상대론적 효과들은 고려될 필요가 없다.)

위의 논지에 대한 가능한 하나의 반박이 ─ 관련 문헌들에는 이에 대한 아주 방대한 논쟁들이 실려 있다 ─ 여기서 짧게 다루어져야겠다 : 시계들은 서로 그 출발점과는 상관없이 고정적 속도 관계를 가져야 한다는 위에서의 (2개 부분으로 구성된) 요청은 반복적으로 서로에 대해 동일한 운동 과정들을 보여주는 (시간) 측정 장치들이나 혹은 그러한 장치들에서의 운동 과정들과 관련해 제기되는 요청들이다. 그런데 이때 다음과 같은 반문이 가능할 수도 있을 것이다 : 그렇게 되면 "자연에는" 혹시 다양한 부류의 (최소한 2개

부류 이상의) 운동 과정들이 존재하고 있어, 한 부류 내에서는 그러한 속도 관계가 성립하지만, 서로 다른 부류들 간에는 그러한 속도 관계가 성립하지 않을 수도 있는 가능성이 혹시 있는 것 아닌가? 만약 그렇다고 한다면 우리는 다양한 시간 측정 종류들을 가지는 것 아닐까? 그래서 우리는, 위에서 이미 주기 운동 정의 시 나타나는 딜레마 문제를 다루면서 논해졌듯이, 여러 시간 측정 종류들 중에서 어느 하나를 선택해야 하는 것은 아닌가? 이러한 가능한 반문들에 대한 그 답은 단도직입적으로 말해 "아니다"라고 말할 수 있다.

우리가 여기서 다루고 있는 운동 과정이 "자연에서" 일어나는 과정이 아니라 오히려 인간들의 일정 목적에 따라 만들어진 측정 장치들에 인위적으로 생겨나게 만든 과정들이라는 사실은 차치하더라도, 여기서 지적되어야 할 사항은 오히려 위와 같은 반론성 질문들에서는 (시간 측정의) 원이론들에서 실천되고 있는 대상 구성 작업들의 규범적 특성이 완전히 간과되고 있다는 사실이다. 만약 다양한 타입의 시간 측정 기구들이 (어떠한 목적을 위해 그것들이 제작되었던간에) 여러 다양한 부류들로 분기되어 그래서 또한 실제로 여러 다양한 비규칙적 속도를 나타내는 시간 측정 기구들이 출현할 정도가 된다고 하면, 이런 상황에서 우리가 해야 할 일은 무엇이겠는가? 우리는 이 상황에서 우선 **일의적인 시간 측정**을 해보겠다는 목적을 설정하고 그리고 그에 대한 적절한 실현 수단들을 강구해야 한다. 그러한 작업이 만약 성사되면, 시간 측정을 위한 기준 장치는 언제라도 적절하게 선택될 수 있다. 만약 이 방법이 아니라면 그것들은 그 구성 및 사용에 있어 적절히 재작업될 수도 있다. 이렇게 함으로써 우리는 서로에 대해 동일 속도로 운동하는 오직 한 부류의 시간 측정 장치를 다시 만들 수 있게 된다.

이러한 논의에서 우리는 인류가 — 자명하게도 — 일의적 시간 측정을 실제로 추구했기 때문에 그래서 인류는 실제 역사적으로 사실 단 하나의 운동 부류만 시간 측정에 사용하고 있다는 것을 말하고자 하는 것은 아니다. 그리고 우리의 논의는 또 일의적 시간 측정에 대한 불가능성 논증이 전혀 없다는 주장을 펴고자 하는 것도 아니다. 우리가 여기서 다루려고 하는 것은 오히려 인간의 문화 성취 영역에 대한 것으로, 이 영역은 일정한 목적, 즉 여기서의 경우는 초주관적으로 타당한 시간 측정을 하겠다는 목적을 추구하는 가운데 그것의 실현을 위한 기술적 수단들을 강구하는 그리고 이를 통해 다시 그러한 목적을 계속 유지해나가는 그런 문화 영역을 말한다. 일의적 시간 측정이 기술적으로 사실 불가능하다고 주장하는 어떠한 테제에 대해서도 우리는 이러한 테제들이, 만약 이 테제들이 이미 성공적으로 수행된 시간 측정을 전제해야만 그 타당성을 갖게 되는 물리학 이론으로부터 추론되는 것들이라면, 이미 또 다른 시간 측정을 자체 내에 (암묵적으로) 전제하고 있는 것은 아닌지, 그리고 이러한 종류의 시간 측정이 경우에 따라서는 우리가 여기서 논하고 있는 시간 측정 목적과는 전혀 상이한 목적을 추구하고 있는 것은 아닌지 물을 수 있다. 왜냐 하면, 서로 다른 목적에 동일한 수단, 즉 동일한 시간 측정이나 동일한 시계 정의가 제안될 수 있는 것은 아니기 때문이다. 물론 위에서 소개된 원이론적 시계 이론이 논의 대상으로 삼고 있는 것들은, 한편으로는 인간 문화권에서 시계공들에 의해 실제로 추종되거나 실현되고 있는 시간 측정의 목적들(그리고 수단들)이며, 다른 한편으로는 실제의 과학들에서 행해지고 있는 시간 측정의 목적들(그리고 수단들)이다. 즉 지금까지 소개된 원이론적 시계 혹은 시간 이론이 논의 대상으로 삼고 있는 영역은 생활 세계 및 과학에서 실제 행해지고 있는 시간 측정의 목적들(그리고 수단들)들이다.

　지금까지의 논의를 통해 그 기본 골격이 드러난 것처럼, 공간과 시간에 대한 앞서의 원물리학적 설명들이 추구하는 것은, 공간 기하학적 그리고 시간적 사태 관계들에 대해 양화된 진술들을 제공하고 있는 그래서 또한 물체들의 운동, 속도, 가속도 등에 대한 양화된 진술들을 만들어내고 있는 모든 과학들에서 실제로 사용되고 있는 기초 개념 혹은 용어들을 정의해주는 일이다. 물론 그러한 과제만 있는 것은 아니다. 공간과 시간의 원물리학은 또 측정 도구 생산 일을 떠맡고 있는 기술적 실천 영역에서의 기술-규범적 측면을 이론화하는 과업을 가지기도 한다. 자연과학 영역에서 사용되고 있는 고도로 발달된 측정 테그닉들을 위해서라면 이 같은 작업 외에도 물론 더 많은 추가적 지식들이 필요한 것이 사실이다. 하지만 이 측면은 여기서의 과학철학적 시각에서는 그리 중요한 논의 테마가 아니다. 여기서 관심의 초점이 되고 있는 것은, (천문학과 같이) 측정에 기반해 (물체들의) 운동들에 관한 진술을 해주고 있는 모든 과학들은 측정 도구들을 기저로 해서 그러한 작업들을 하고 있으며, 이 측정 도구들 자체는 다시 한편으로는 명백히 제시된 목적에 따라 그리고 일정 방식의 규범화된 방법에 따라 제작되며, 다른 한편으로는 그러한 측정 도구들은 그런 과학 이론들에서 사용되고 있는 기초 개념들에게 의미를 부여해주고 있다는 사실이다. 전문 용어를 사용해 말하자면, (공간 및 시간의) 원물리학은 운동학(Kinematik)에 의미론을 제공해준다.

6) 질량 측정 토대론으로서의 물질론

17세기의 고전 물리학은 또한 물체들의 운동을 힘 법칙을 통해 설명하게 된다. 이로써 고전 물리학은 자연에 대한 운동학적 기술을 해주는 수준을 넘어서게 된다. 이에 따라 물리학에 대한 원이론들도 이제 생활 세계적 현상들인 물체들의 무게와 (운동) 관성 그리고 힘(그리고 경우에 따라서는 총알의 관통력 같은 이미 일상적으로도 잘 알려진 동력학적 현상들)을 측정할 수 있게 하는 적합한 개념 및 방법들을 발전시키는 선까지 확장될 필요가 있다. [아래에 보면 알겠지만, 동력학적 힘 관련 진술은 또한 물질론적 논의 및 질량 혹은 무게 관련 진술들을 포함한다 : 역자 주] 즉, 공간 기하학적 관계들을 측정하는 작업들에 방법적 토대를 제공하는 이론으로서의 원기하학 혹은 원기하론 그리고 시간 측정 작업들에 방법적 토대를 제공하는 이론으로서의 시계론 혹은 원시간론 외에도 물질 측정 작업들에 토대를 제공하는 이론으로서의 (원-)물질론(Hylomerie als Protophysik der Masse : 그리스어로 hyle는 물질, 재료를 의미)이 이제 구축되어야 할 차례다.

(공간 기하학적) 길이와 시간 측정 경우에서와 마찬가지로, 질량 측정의 경우에도 역시 과학적 수준의 측정 기술이 발달하기 이전에, 즉 생활 세계적으로 이미 저울 기술이 발달되어 있었다. 최소한 기원전 2000년경 이미 이집트에는 막대와 추를 사용해 만든 평형 저울(혹은 천칭 저울)이 사용되었다. 이 저울은 그 사용 초기부터 정의(正義)의 상징으로도 통했다. 그래서 그것은 우리로 하여금 이미 앞에서 시간 측정 문제를 다룰 때 언급되기도 했던 논의 맥락

을 상기시키기도 한다 : 양(量) 동일성(Maßgleichheit)의 대칭성 혹은 이행성 같은[즉, 측정을 통해 주어진 양은 사람들 쌍방간에 동일한 양으로 인정될 수 있어야 하고 그것은 또한 임의의 다수 사람들 사이에서도 여전히 그럴 수 있어야 한다는, 측정치가 혹은 그러한 측정치를 가능하게 하는 측정 도구의 속성이 가져야 할 : 역자주] 논리적 구조는 원래 정의의 원리, 즉 인간의 평등한 대우 원리에 근원을 둔다.

측정 과학의 원래 목적이 무엇인지를 상기하면서 우리는 이제 저울의 비(非)교란성이나 무게 표현 명제들(Gewichtssätze)의 보편적 유용성이 어떤 규범들을 통해 보장될 수 있게 되는 것인지 묻고자 한다. (위의 "무게 표현 명제들"이란 말은 여기서 일상적 의미로 이해된 것일 뿐, 그것은 아직 "중력적 무게 질량(schwere Masse)"을 의미하는 물리학적 전문 용어, "무게(Gewicht)"의 의미로 사용된 것은 아니다. 독자들은 예를 들어 시장 사람들, 약사들 그리고 금속세공업자들이 사용하는 표현들을 "무게 표현 명제들"이라고 보면 된다. 이런 구분은 의도적인 적이다. 그 이유에 대해서는 아래를 참조하라.) 그런데 이때 물체들의 무게를 재서 서로 비교하고 그 무게의 비교 관계치를 확정하는 일은 보통의 경우 우리가 물체들을 밀어올릴 때(여기서 "밀어올림"이란 "위로 들어 움직이는 것"뿐 아니라 "위로 들어올린 상태에서 유지한다"는 의미도 포함한다) 물체들이 그때 보이는 저항 현상과의 관계해서 수행되는 것임을 우리는 기억할 필요가 있다. 그런데 물체들이 보이는 움직임 혹은 운동 변화에 대한 저항 현상은 이러한 수직 방향 운동의 경우에만 생기는 것이 아니다. 우리는 이미 일상적으로 물체들이, 예를 들어 호수를 운행하는 배가 둑에 부딪힐 때에서와 같이, 수평 방향의 가속에 대해 일정 저항을 갖는다는 사실을 잘 알고 있다. 그래서 배는 한 번 운행을 시작했다가 다시 둑에 정박할 때는 위와 동일한 원리에서 또한 힘껏 제동되어야 하는 것이다.

그러나 우리가 만약 이러한 전통을 따라 물체의 운동에 영향을 미치는 요소들을 수평 방향의 관성 그리고 수직 방향의 무게, 이렇게 두 가지 서로 다른 방식으로 각각 따로 분리해 논의하게 되면, 동력학적 기초 단위들을 측정 가능케 하는 방법을 모색하는 여기서의 우리 작업은 그 방향을 상실할 수도 있다. 예를 들어 오늘날의 물리학 교재들이 관성 질량과 무게 질량에 대해 논할 때, 이미 그러한 오류가 실제로 범해지고 있다. 그런 물리학 서적들에서 소개되는 바의 내용을 한번 살펴보자. 거기에서의 진술을 대략 재구성하자면, 관성은 물체에 가속을 일으키는 힘으로 측정될 수 있는 반면, 물체의 무게(중력)는 물체들이 서로 끄는 힘, 즉 인력(引力)이라 말해지고 있다. 만약 우리가 (아래에서 보일 과학철학적 분석 결과들에 반해 이 자리에서) 관성 질량과 무게 질량 각각에 대한 조작적 정의가 이러한 방식으로 이루어질 수 있다고 가정한다면, 그 다음 단계에서 우리는 다시 다음과 같은 질문을 제기할 수 있다 : 관성 질량과 무게 질량은 서로 동일한 것인가? 그것들은 서로 비례 관계를 갖는가? 이런 물음들에 대한 (긍정적) 답의 일환으로 물리학 전공 서적들은 역사적으로 실재했던 실험들을 끌어다 대거나, 그렇지 않은 경우 그러한 비례성을 경험적으로 관찰할 수 있게 하기 위해 여러 체계적 제안들을 제시하기도 한다. 이는 관성 질량과 무게 질량 간의 비례성이 경험적으로 통제될 수 있는 성질의 것이라는 신념 하에 진행되는 것들이다.
　여기서 우리는 과학철학적으로 그리고 인식론적으로 매우 중요한 하나의 사실을 만나게 된다 : 그것은 "실험"이 기술적으로 수행 가능하다 해서, 이를 통해 실험된 사태가 꼭 경험 의존적이 되는 것은 아니라는 사실이다. 다음과 같은 예를 한번 보자. 어떤 사람이 17 × 365와 같은 식의 답을 "경험적으로" 혹은 "실험적으로" 구하기 위해 365개의 콩을 자루에다 17번 걸쳐 나눠 집어넣는 실험을 그리고 그것도 수차례에 걸쳐 반복한다고 해보자. 충분한 주의를 기울이기만 하면 그는 매번 반복해서 6205개의 콩을 셀 수 있게 될 것이다. 그러면 이때의 계산 결과는 실험적으로 정해지는 것인가? 이것은 아닐 것이다. 왜냐 하면, 산술적 등치 관계 및 곱하기 계산 법칙을 제대로 숙지하고 있는 사람이라면, 위와 같은 계산을 수행할 경우, 위와 같은 실험 결과가 만약 6205와 다르게 나올 경우 이를 하나의 흥미진진한 경험으로 여기기보다는 오히려 그것을 단순한 셈 착오로 여길 것이기 때문이다. 이는 계산이 실제 "실험적으로" 수행된다 하더라도, 그 계산 결과가 경험적으로 규정되는 것이 아님을 말한다. 왜냐 하면, 위와 같은 곱하기의 답은 그 어떠한 조건에서도 경험에 의해 반증될 수 있는 것이 아니기 때문이다. 오히려 실험적 계산 과정 및 그 결과들이 계산 정의 및 계산 규칙에 준해 제어되어야 할 일이다. 이 논지를 이제 관성 질량과 무게 질량 간의 비례 관계 문제에 비추어볼 경우, 그것은 우리에게 관성 질량과 무게 질량 간의 비례 관계가 혹시 이미 개념적 수준에서 다루어질 문제는 아닌지 검토해볼 것을 암시해준다. 이는 우리가 관성 질량과 무게 질량 간의 비례 관계를 경험적으로 규정하기에 앞서 "관성" 및 "무게" 개념을 미리 충분히 밝혀야 한다는 것을 말한다. 관성 질량과 무게 질량 간의 비례 관계 문제가 정말 이러한 성질의 것이라고 한다면, 관성 질량과 무게 질량 간의 비례 관계가 실제로, 즉 경험적으로 관찰되지 않는 어떤 "실험"이 있을 경우에 우리는 이때의 실험에 뭔가 문제가 있음에 틀림없다는 생각을 할 수도 있을 것이다. 이는 잘못된 실험 결과조차 전(前) 경험적 혹은 비경험적 지식을 통해 제어될 수 있음을 말하는 것으로, 이러한 전 경험적 혹은 비경험적 지식은 다시 그에 해당되는 개념들, 즉 관성 질량 혹은 무게 질량에 대한 조작적·원이론적 방식의 정의가 성공적으로 수행되었을 때 구성되는 것들이다.

  이러한 짤막한 서설은 일반적으로 과학자들 사이에서 완결된 것으로 그리고 또 더 이상 재론의 여지가 없는 것으로 여겨지고 있는 고전 역학의 일부 이론들을 과학철학적으로 재구성하는 작업이 어떤 목적을 추구하고 있는지를 잘 보여준다. 관성 질량과 무게 질량 간의 비례 관계에 관련된 진술들이 제공하는 내용들은 과연 "세계 사태에 대한" 혹은 "자연 사태에 대한" 지식인지 아니면 단지 질량 측정 기술에 대한 지식인지를 결정하는 인식론적 문제는 (고전 역학의) 과학 이론을 방법적으로 재구성할 때만 비로소 해결될 수 있다. 그래서 우리는 이제 고전 역학의 이 부분을 재구성하는 문제, 즉 질량 측정의 원이론으로 우리의 관심을 돌려보기로 한다.

  물체를 움직일 때 혹은 물체를 던져 그 물체가 운동을 할 때, 이때 사용되는 혹은 사용된 힘 소모량을 수직과 수평 방향으로 나누어 계산하는 것은 그 자체가 이미 하나의 개념적 성질의 일이다. 하지만 우리가 돌을 위쪽으로 비스듬하게 던졌을 때, 우리가 이 물체의 운동 궤도를 수직과 수평 방향으로 분해한 뒤 그에 뒤이어 이 두 방향 각각에서는 서로 다른 종류의 저항들이[예를 들어 지표면을 기준으로 한 수직 방향으로는 중력이 그리고 수평 방향으로는 표면 마찰력이 : 역자 주] 극복되어야 한다는 주장을 개념적 수준에서 하게 된다면, 이 주장은 아직 근워지워지지 않은 주장이다. 즉, 그것은 근워지워질 필요성이 있는 주장이다[왜냐 하면, 물체의 운동 궤도를 수직과 수평 방향으로 나누는 것은 단지 개념적 성질의 것인데, 이 각각의 방향에서는 다시 극복되어야 할 서로 다른 종류의 저항들, 즉 무게와 관성이 실제로 존재한다는 경험적 성질의 주장을 도출하는 것은 아직 근거지워지지 않은 주장이며 또한 주장될 수 있을 것 같지도 않은 주장이기 때문이다 : 역자 주].

이를 통해 암시된 물리학 교재들 내용의 딜레마를 피해가기 위해 우리는 물체 운동에 요구되는 힘 소모량 동일성을, 그 어떠한 과학 이론도 전제하지 않고 혹은 사용하지 않고, 나타내줄 수 있는 그리고 이미 생활 세계적으로 사용되고 있는 두 종류의 무게 측정 기구들을 한번 살펴보도록 하자 : 그 중 하나는 이미 앞서 언급했던 평형 저울이고 또 다른 하나는 끌기 도구(Zuggeschirr)로, 이 후자는 어떤 두 마리의 동물들이 하나의 마차를 끌 때, 그 동물들과 마차 사이에 장착되어 사용될 수 있는 기구와 같은 것이다. 이 끌기 도구는 또한, 위와는 반대로, 한 마리의 동물이 두 개의 마차 혹은 짐들을 끌 경우에도 역시 그 동물과 짐들 사이에 장착되어 사용될 수 있는 그러한 도구다. 끌기 도구의 이러한 사용 방식은 마치 평형 저울을, 마찰 저항이 있는 조건 하에서, 수평 방향으로 사용하는 것과 같은 방식으로, 이를 통해 수레나 짐의 마찰 저항이 측정될 수도 있다.

여기서 우리는 물체를 움직이는 데 필요한 힘 소모량을 원이론적으로 (즉, 힘 소모량 측정과 관련된 과학 이론을 전제하지 않고) 측정하는 방법을 모색하고 있다. 그래서 우리는 이를 위해 그 첫 단계에서 양(量) 동일성(Maßgleichheit)을 조작적으로 정의할 필요가 있다. 그런데 이 작업을 하는 데에 우리는 그것을 지표면에 대한 어느 일정 방향을 기준으로 수행할 하등의 이유는 없다. 우리가—예를 들어, 산에서 나무를 베는 인부로서—육체 노동으로 인해 몸이 피곤해졌을 때조차 그 피곤이 물체들을 많이 들어올려서 생긴 것인지 아니면 물체를 끌고 미느라 생긴 것인지 우리는 굳이 구분하지 않는다. 이는 우리가 물체를 움직이는 데 드는 **힘 소모량 동일성** 정의 문제와 연관해, 지표면에 대해 임의의 방향과 임의의 움직임으로, 즉 (우리가 보통 평형 저울을 사용할 때와는 달리) 지표면 어느 한 점에 고착되지 않은 상태에서 운동에 드는 힘 소모량들의 동일성을 구성할 수 있다는 것을 말한다.

서로 다른 두 짐의 무게들을 서로 비교하는 과제는 그 각 짐들을 운반할 때 소요되는 힘 소모량을 측정해 비교하면 해결될 수 있다. 이때 사용될 수 있는 것이 앞서 말한 끌기 도구인데, 이 도구는 이미 사람들이 물체들의 무게 측정을 하는 곳에서 사용되고 있다. 앞서 공간 기하학적 형태들을 구성하는 방법이 이미 논해진 상태이기에[즉, 아래에서 기하학 관련 사태관계들이 출현하게 되면, 그러한 것들에 대한 근거짓기 문제는 이미 앞서 다룬 공간의 원이론적 설명에 의해 설명될 수 있는 상태이기에 : 역자 주], 우리는 다음과 같이([그림-9] 참조) 회전 가능한 하나의 도르래, 이 도르래 중심 축에 연결되어 손으로 쥘 수 있거나 아니면 어디에다 걸어 매달 수 있는 끈 그리고 도르래 둘레에 걸려 그 양 끝에 물건을 매달 수 있는 줄, 이 세 개의 요소들로 이루어진 대칭 구조의 무게 측정 장치 하나를 생각해보자[이때의 "대칭"이란 도르래를 사이에 두고 K1과 K2가 마주 바라보는 구조를 말함 : 역자 주].

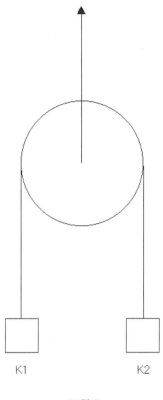

K1　　　　　K2

[그림-9]

　물론 이때 사용되는 줄은 늘어나지 말아야 한다(이미 기하학 재구성 단원에서 본 것처럼, 우리는 이미 길이 비교를 기술적 그리고 개념적 수준에서 제어할 수 있게 되었기에, 이러한 요구 조건은 여기서 방법적으로 보아 아무 문제없이 첨가될 수 있다). 이 기구를 우리는 이제 **"줄 저울"**이라 부르자. 우리는 이 줄 저울을 사용해 **"끌기 동치"** 관계를 정의할 수 있다 : 줄 저울에 동시에 매달아 잰 한 쌍의 물체들이 그 끌기 무게에서 서로 차이가 없으면, 그 물체들은 끌기 동치가 된다. 여기서 전제된 것은 이러한 물체들의 끌기 무게 비교에서 실제로 서로간의 끌기가 존재해, 그때 줄 저울의 줄이 팽팽해 있어야 한다는 것이다. 그런데 이 상태를 확정하기 위해 우리는 어떠한 무게 측정 작업도 필요로 하지 않는다. 왜냐 하면 그때의 무게는 저울에 재서 규정되는 그러한 수치적 양 관계가 아니기 때문이다[이때 우리는 단지 마치 시소 놀이에서와 같이 두 물체 중 어느 쪽이 올라갔거나 내려갔거나 혹은 평형을 이루는지 확인하는 것으로 족하다. 그리고 이는 기하학적 수단들을 동원해 확인될 수 있다 : 역자 주].

위와 같은 방식으로 측정된 물체들의 끌기 무게가 서로 동일한 경우, 이러한 끌기 (무게) 동일성은 — 이것이 기하학적 길이들간의 관계 혹은 시간 지속들간의 관계에서도 요구되듯이 — "등가 관계(Äquivalenzrelation)"를 나타낼 수 있어야 한다. 즉, 물체들의 끌기 무게 동일성은, 그 물체들의 위치를 서로 바꿔 쟀을 경우에도 역시 동일성을 유지한다는 의미에서 **대칭적**일 수 있어야 하고 또 이러한 관계가 제3의 물체를 끌어들여 행해질 때도 역시 해당된다는 의미에서 **이행적**일 수 있어야 한다. 물론 이러한 요구 조건들이 기술적으로 과연 어떻게 실현될 수 있는가가 우리의 관심사다. 왜냐 하면, 지표면에 대한 줄 저울의 방향 및 움직임이 어떠하냐에 따라 우리가 기술적으로 잴 수 있는 힘 소모량은 두 가지 서로 다른 경우들로 구분될 수 있기 때문이다 : 전통적인 평형 저울을 사용할 때와 같이, 줄 저울을 수직 방향에서 사용할 경우, 그 저울에 매달린 두 물체들은 다른 물체와 서로 맞닿지 않은 상태에서 지표면에 대해 **수직 방향으로** 정지한 상태를 유지하게 된다. (이 경우 마찰력 문제는 제기되지 않는다. 하지만 경우에 따라서는, 우리가 아르키메데스 이후로 아는 바와 같이 부력 문제는 일어날 수도 있다. 납으로 만들어진 구슬과 극히 가벼운 물질로 만들어진 구슬을 서로 비교하는 경우를 한번 생각해 보라. 이 경우 두 물체의 끌기 (무게) 동일성 문제는 공기압의 변화에 의해서조차 방해를 받을 수 있다. 이 경우에는 물론, 측정 기술과 관련된 어떠한 기존 지식도 사용하지 않고 그래서 또한 순환 논법을 비켜가는 가운데, 그런 방해 요소를 제거하기 위한 가설과 그에 합당한 제어 활동들이 동원될 수 있다.)

반면, 만약 우리가 위의 줄 저울을 수직 이외의 방향, 예를 들어 지표면상의 수평 방향으로 그리고 지구에 대해 상대적 운동을 하면서 사용하게 되면, 이때는 표면 마찰 문제가 제기될 수 있어 이 문제를 해결할 수 있어야 한다 : 다음 경우를 보자. 누군가가 탁자 위에서 자갈 두 개를 위에 기술한 줄 저울에 (동시에) 매달아 수평 방향으로 끈다고 하자. 원래 평형 저울에 쟀을 때는 그 무게가 동일했던 자갈들이라 하더라도 이 경우 그것들의 끌기 무게는, 만약 하나의 자갈은 표면이 매끈하고 또 다른 하나의 자갈 표면은 거칠거칠하다고 한다면, 서로 동일하지 않을 수 있다. 이런 경우 우리는 (자갈들의) 마찰동일성을 기술적으로 현실화시킬 수 있어야 하는데, 이러한 마찰동일성은 예를 들어 다음과 같은 방식으로 구현될 수 있다[이 부분은 역자가 원문의 내용을 좀더 자세히 풀어썼음 : 역자 주] : 먼저 동일한 제작 방법으로 위에서와 같은 끌기 도구 세 개를 만든다. 그리고 문제의 두 자갈들을 이 끌기 도구에 매달아 끌어본다. 이때 그것들이 끌기 동치를 보이지 않는 경우, 그 자갈들의 표면은 적당한 방식으로 갈아 작업될 수 있다. 이 작업은 그 자갈들이 서로 끌기 동치를 보일 수 있을 때까지 진행된다. 하지만, 자갈들의 이러한 끌기 동치는 그것들의 위치를 서로 바꾸어 끌기 도구에 끌었을 경우에도 해당되어야 한다. 그런 끌기 동치가 가능하다고 하자. 게다가 이러한 끌기 동치는 나머지 다른 두 개의 끌기 도구를 사용해 위의 작업을 진행했을 경우에도 볼 수 있다고 하자. 그리고 또 각 끌기 도구들에 측정된 끌기 무게들 각각은 서로 이행적 관계를 보여준다고 하자. 그렇게 되면 문제의 그 두 자갈들은 끌기동일성을 가짐과 동시에 (이 경우는 그 끌기가 지구상의 수평 방향에서 이루어지고 있기에) 마찰동일성을 갖게 된다.

마지막으로 위의 줄 저울은 (지구와 같이) 자전하는 기준계들 (Bezugssystemen)에서조차 (또 역시 지구에 상대적으로) 사용될 수 있어야 한다. 왜냐 하면, 여기서 우리는 물체들의 가능한 한 보편적 끌기동일성을 조작적으로 정의하고자 하기 때문이다.

여기서 고전 물리학을 잘 알고 있는 사람들을 염두에 두고 언급할 사항이 하나 있다. 그것은 끌기동일성 규정을 위해 사용하는 위와 같은 힘 소모량 측정 방법이 모든 고전 물리학의 교과서들이 갖고 있는 문제점을 공유하지 않는다는 사실이다 : 고전 물리학을 기술하고 있는 문헌들에 의하면, 모든 역학 법칙들은 항상 "관성계 안"에서만, 즉 동력학적 특징을 갖는다고 하는 기준계 안에서만 그 타당성을 갖는다고 한다. 그리고 이 기준계가 동력학적 특성을 갖는 이유는 다시 그 안에서는 항상 관성 법칙이 타당성을 갖기 때문이라고 한다. 그러나 관성 법칙이 말하는 바가, 모든 물체는 정지 때나 직진 운동 때 외부에서 어떠한 힘이 가해지지 않는 한 정지 혹은 직진 운동과 같은 원래의 운동 상태를 그대로 유지하고자 한다는 식의 내용이라면, 그러한 진술에는 정의 상의 악순환 문제가 개입되어 있다. 왜냐 하면, (관성 법칙을 정의하는 데 사용된) 힘 개념 정의 자체가, 위의 진술에 의하면, 다시 관성계 안에서만 가능하기 때문이다 — 이런 생각을 개진함으로써 사람들은 기술적(技術的)으로는 그 실현이 전혀 불가능한 이론이 마치 개념적으로는 혹은 그러한 수준에서는 예견(豫見)될 수 있기라도 한 것처럼 여긴다. 이러한 순환 문제는 그러나 당연히 피해져야 한다. 사실 우리는 위에서 그런 문제를 피해 원이론적 끌기동일성 정의를 수행하고 있었다.

끌기동일성 정의의 도움을 빌어 우리는 이제 **균질 물질을 생산해내는 일**을 할 수도 있다. 이미 일상에서 우리는 다양한 균질 물질들을, 예를 들어 균질 액체에 해당되는 예들을 알고 있다. 그와는 반대로 우리는 또 우유 위에 떠 있는 유지, 수프 위에 떠 있는 지방 혹은 물 위에 떠 있는 기름 등과 같이 여러 액체들이, 가만히 그대로 놓았을 경우 서로 분리된다는 사실도 알고 있다. 그리고 우리는 과학이 태동되기 이전부터 이미 고체 형태의 물질들을 (녹여) 액체화하고, 그것을 휘저어 동질화시키고 그리고 이를 다시 냉각시키면 균질 형태의 고체가 만들어진다는 것도 알고 있다. 그리고 석고 모형 제작과 같이, 액체 혹은 죽 상태를 이용해 균질의 고체 덩어리를 만들어내는 방법은 잘 알려졌으며 또한 측정 작업 없이도 기술적으로 실현될 수 있다.

우리가 이렇게 균질(혹은 등질) 성질을 갖는 물질들에 관심을 갖는 이유는, 우리가 그 기초 하에 무게 표현 명제들을 생산해내고 그리고 그 기반 하에서 다시 물체들의 질량 수를 규정하고자 하기 때문이다. (그리고 이때 물체들의 질량 수는 물체들을 지표면상에서 수평 방향으로 끌거나 중력장에서 물체들을 들어올려 유지할 때 드는 힘 소모량을 재서 규정된다.) 끌기동일성은 우리로 하여금 이미 앞에서 공간과 시간의 원물리학에서 평면 혹은 동형 운동과 같은 균질 형식들(homogene Formen)이 정의될 수 있었던 것처럼, 물질적 동질성에 대한 하나의 명백한 조작적 정의를 내릴 수 있게 해준다.

하나의 물체는, 만약 그것의 임의의 각 두 일부분들이 서로 체적이 같고 또 끌기 동치를 보이는 경우, 균질 밀도를 갖는다.

여기서의 "밀도" 개념은 일반 물리학 문헌들에서와는 상이한 의미에서 정의되었다 : 일반 물리학 문헌들에서 기술되고 있는 "밀도" 개념은 (관성적) 질량과 체적 관계로 정의되고 있는 실정이다. 반면, 위의 경우 "밀도" 정의에 근간이 되는 끌기 동치는 명시적으로 관성과 무게를 더 이상 서로 구분하지 않고 내려지는 규정이다.

우리가 두 물체의 질량 관계를 (역시 관성 질량과 무게 질량을 구분하지 않고) 규정하고자 할 경우, 이 과제를 우리는 이 물체들을 균질 밀도를 가지면서도 서로 끌기 동치인 물체들에다 비교함으로써 해결할 수 있다. 다음을 한번 보자. 두 물체가 있다. 우리는 이들의 질량 관계가 어떻게 되는지 알고자 한다. 이를 위해 우리는 이들의 각 무게를, 예를 들어 물의 무게로 환산하고난 후, 이 물의 체적을 다시 비교할 수 있다. 하지만 이때 무게를 잴 때 혹시 존재할 수도 있는 부력에 의한 교란 여부를 확인하기 위해 우리는 (줄 저울을 수직 방향으로 사용하는) "저울질"뿐 아니라 (줄 저울을 수직 아닌 다른 방향에서, 예를 들어 지표면상의 수평 방향으로 사용해 측정된) 끌기 무게의 비교도 함께 실행해보아야 한다.

이로부터 질량 스칼라가 갖는 논리·수학적 속성들이 어떻게 얻어질 수 있는지의 문제에 대한 기술적이고 이론적인 세부 사항들은 여기서 논의될 수 없다. 그러나 **질량에 대한 이러한 원물리학적 설명의 일의성**을 주의 깊게 살펴보는 것은 과학철학자들에게 아주 중요하다 : 측정 결과들을 진술하는 명제들은 초주관적으로 타당해야 한다는 요청에 따라, 우리는 측정 결과들로부터 그것들은 누가 측정을 수행했는지 혹은 어떤 측정 도구를 사용해 얻어진 것인지와는 별개로 타당할 수 있어야 한다는 요구 조건을 내걸 수 있다. 예를 들어, 물체들에 대한 질량 비교의 경우, 우리는 **두 물체들 간에 성립하는 질량 관계수**가 어떤 종류의 **측정 도구**(예를 들어, 일정 줄 저울) 혹은 무게 표현 명제가 사용되었는가와는 별개로 규정될 수 있길 기대한다 ; 이는, 위에서 언급한 두 물체의 질량 비교가, 물의 무게로 환산되어 수행되건 수은의 무게로 환산되어 수행되건 혹은 철의 무게로 환산되어 수행되건 상관없이 타당해야 한다는 것을 말한다.

공간과 시간의 경우에서처럼 물질의 양을 측정하는 경우에도 일의성은 명백히 증명되어야 한다. 우리는 이를 여기서 단지 직관적으로, 특히 그 테제가 양화된 형태의 동력학적 명제들을 초주관적으로 따라잡게 할 수 있는지와의 관계에서 기술하고자 하는데, 이를 위해서는 특히 그것의 공간 기하학적 관계들과의 비교가 도움이 된다 :

앞서 우리는 평면, 직선, 길이 동일성, 길이 관계들의 재생산 문제 등을 설명하는 일이 다름아닌 평면성, 직각성 그리고 평행성 등과 같은 기초적 공간 기하학적 형태들을 조작적으로 그리고 그것도 일의적으로 정의하는 일임을 보았다. 이때 "일의성"이란, 예를 들어 평면의 경우, 서로 독립한 평면 제작 과정들은 증명 가능한 방식으로 동일한 결과를 갖는다는 것, 즉 모든 평면들은 그것들이 어떠한 제작 관계에서 출현하든, 그것들을 서로 맞붙여놓게 되면 그것들은 서로 견고하게 밀착된다는 사실을 말한다. 물체들을 들어올리거나 움직일 때 소요되는 소모량을 서로 비교하는 일에다 이 시각을 적용해보면, 그것은 **균질 물질의 제조 과정은** — 이러한 균질성을 갖는 물체들의 체적 측정을 통해서는 무게 표현 명제들이 얻어질 수 있는데 — 서로 독립되어 수행되더라도 서로 동일한 **결과들을 산출한다**는 사실을 말한다. 예를 들어, 한 공장에서는 황동으로 물건을 만들고, 또 다른 공장에서는 철로 물건을 만든다고 하자. 이제 이 각각의 공장에서 만들어진 물건들이, 즉 황동으로 만들어진 물건 한 개와 철로 만들어진 물건 한 개가 서로 끌기 동치라고 하면, n배의 황동 무게와 n배의 철 무게도 마찬가지로 서로 끌기 동치가 된다.

질량에 대한 이러한 원물리학적 작업은 고전 역학의 재구성이 어떠한 기술적(技術的) 목적에 힘입고 있는지 그리고 직업적 과학철학자들 사이에서 알려진 역학 이론의 문제점들이 (예를 들어, 위에서 언급한 힘과 관성계 정의에 있어 나타나는 순환론 문제가) 어떻게 해결될 수 있는지 밝혀 보이는 선에까지 수행되어야 한다. 물체들의 운동을 힘 법칙으로 설명하고자(그리고 그렇게 함으로써 그것들을 기술적으로 제어 가능할 수 있도록 하고자) 사람들은, 그것이 발사 물체의 영향을 판단하기 위한 것이든 혹은 자동차 제작 회사에서의 자동차 사고 연구를 위한 것이든, 물체들의 충돌에서 **결과되는 충돌 영향들을 측정**한다. 이 작업을 위해서 우리는, 순환론을 피하는 가운데 최소한 기술적으로 재생산 가능한 하나의 기준계를 정의할 수 있어야 하고 또 그것을 만들어낼 수 있어야 한다. 이러한 기준계의 구성은 그러나 물체들의 충돌 영향들을 측정해 판단하는 어떠한 일과도 독립해 혹은 그로부터 중립적으로 수행되어야 한다. (쏜 화살이 목표물에 미치는 영향은 화살을 쏘는 사람이 목표물 쪽으로 다가가느냐 혹은 그로부터 멀리 떨어지느냐에 따라 다르다는 사실은 기술적으로나 물리학적으로 문외한인 사람도 쉽게 이해할 것이다.) 그래서 "역학적 기준계"란 다음과 같은 사항이 해당되는 물체들을 두고 하는 말이다 : 한 물체를 기점으로 각각의 한 쌍이 서로 수직을 이루는 세 개의 방향들이 (예를 들어, 표식을 통해) 정해져 있을 경우, 이 물체에 가해지는 끝기 동치인 두 물체들의 모든 (동일한 속도로 중심을 향하는 비탄성적 성격의) 충돌들은 그 기점 물체를 중심에 두고 정지하게 한다. 여기서 "모든 충돌들"이란 말의 의미는 물체들의 충돌들이 기준 물체에 대한 임의적 방향과 임의적 거리에서 일어난다는 것을 말한다. 그 외에도 이러한 충돌들은 모두 (1) "동일한 속도"를 가질 것, 즉 역학적 기준계에 상대적으로 동일한 크기의 그러나 서로 반대되는 방향의 속도를 가질 것이 요구된다 ; 그 외에도 그 충돌들은, 마치 하나의 동일한 직선 위를 서로 반대 방향에서 굴러들어 오는 두 개의 등질적 구슬들에서와 같이, "중심 지향" 운동이어야 한다. 우리는 여기서 특히 비균질적 물체들의 중심 지향 충돌을 기술적으로 현실화하는 문제는 다루지 않는다. 어떤 한 충돌에서 두 물체가 당구공끼리의 충돌에서와 같이 굴러왔던 방향 쪽으로 다시 튕겨지는 것이 아니라 충돌 후 충돌 장소에서, 마치 하나의 연결 고리 장치가 설치되어 있기라도 한 것처럼 혹은 접착제로 붙여놓은 것처럼 새로운 하나의 합체 물체가 될 때, 그 충돌은 "비탄성적"이라고 한다.

위에서와 같은 "역학적 기준계"는 어떤 방향에서든 그리고 좌표계의 원점으로부터 얼마나 떨어진 거리가 되었든 (이는 기준계의 회전독립성에 대한 기준으로 여겨질 수 있다) 끌기 동치인 물체들이 동일 속도로 중심을 향해 그리고 비탄성적 충돌을 할 경우, 서로 동일한 영향을 미치게 되는, 즉 어떠한 물체도 주어진 조건 하에서는 끌기 동치인 상대 물체를 뛰어넘지 않는 속성을 갖는다. 이로써 충돌 영향을 판단하기 위해 고안된 역학적 기준계의 "중립성"이 명시적으로 확립되었다. 이렇게 되면, 충돌 영향들이 예를 들어 각각의 속도 관계나 질량 관계에 따라 어떻게 수치적으로 규정될 수 있을 것인지의 문제는 그것들이 이 역학적 기준계에 상대적으로 측정됨으로써 해결될 수 있게 된다.

이로써 대략 300년이나 지속된 고전 역학의 문제, 즉 중력은 두 물체들간의 상호 작용으로 생기고, 관성은 (겉보기에) 각 물체에 내재적인 속성이나 작용이기에, 중력과 관성 이 둘간에는 원리적 차이가 있다고 주장하는 고전 역학의 문제는 해소되었다. 가속에 대한 물체의 저항 특성은 이렇게 비순환적으로 정의된 역학적 기준계에 상대적으로 일어나는 물체들간의 상호 작용에서 나타난다. 그리고 가속에 대한 물체들의 저항 특성을 일의적으로 기술하는 일은 측정될 물체들의 상호 영향들로부터 중립적인 역학적 기준계에 상대적으로만 가능한 일이다.

이것으로 고전 물리학에 대한 원이론적 스케치는 모두 마쳤다. 이 작업에서 요구된 것은 기하론, 시간론, 물질론에서의 기초 개념들을 정의하는 것, 그럼으로써 운동학 및 (운동)역학의 기초 개념들을 정의하는 일이었다. 이는 다음과 같은 사항들을 철학적 시각에

서 표현하고자 한 시도들이었다:

(1) 과학 명제들이 방법적 차원에서 추구하는 **초주관성**이라는 목표는 공간, 시간 그리고 물질의 기본 형식들을 (증명 가능한 방식으로) 일의적으로 정의될 수 있을 때 도달될 수 있다.

(2) 여기서 수행된 개념 정의 방식은 "**조작적**" 정의 방법이다. 즉, 여기서의 개념 정의 작업은, 개념들의 의미 관계들이 측정 도구들의 속성들에 근간한다는 전제 하에, 이런 **측정 도구들의 속성들을 제작해내는 데 결정적인 역할을 하는 기술 규범들**을 명백히 밝혀주면서 이루어진다. 이러한 정의는 과학자들로 하여금 **개념들을 전문 과학적으로 사용 가능하게 해줄 뿐 아니라 비언어적 영역에서는 측정 도구들의 속성들을 기술적(技術的)으로 통제 가능하게 해준다**.

(3) 원이론들은 규범적 성격을 갖는다. 즉, 원이론들은 자연이나 기존하는 세계에 대한 어떠한 사실적 주장을 하는 것이 아니다. 그 대신 원이론들은 측정 과학이 비로소 과학으로 성립 가능하기 위해 필요로 하는 과학적 수준의 측정 도구들을 제작해낼 수 있게 인도해준다.

(4) 수학적 자연과학 이론들의 기초 개념들은 정의 불가하다는 테제 그리고 그런 과학들에서의 개념 정의 문제는 경험 의존적으로 결정된다는 주장, 그 어느 하나 인정될 수 없다. 다시 말해, 자연과학의 기초 개념들에 의미를 제공하는 것은 외부 세계나 경험 세계가 아니다. 그러한 개념들에 의미를 명시적으로 제공하는 것은 오히려 우리가 위에서 논한 원이론적 작업들이다. 이로써 자연과학

이론에 대한 원이론적 작업은 공간, 시간 그리고 물질에 대한 과학적 수준의 측정술들을 방법적으로 정초해줄 뿐 아니라 자연과학의 기초 개념들에 대한 **명시적 의미론**을 제공하는 셈이다.

(5) 과학에 대한 원이론적 정초 작업들은, 수공업자들과 기술자들의 전(前) 이론적 그리고 과학 외적인 생활 세계적 실천에서 그 논의의 출발점을 찾는 가운데, 측정에 기반을 둔 자연과학들이 연구하는 대상 영역을 **구성해준다.**

(6) 수학을 자연 대상들에 적용하는 문제, 더 일반적으로 말해 논리-수학적 개념 수단들을 인간이 경험할 수 있는 대상들에다 "적용하는 문제"는 이로써 해결된 것으로 볼 수 있다[달리 말해 이는 위의 원이론적 기술들이 소위 "자연 세계"가 어떻게 해서 수학적 형태로 그리고 그것도 아주 체계적 형식으로 현현하게 되는지에 대한 배경 설명을 제공한다는 말이기도 하다. 이 시각에서는 자연과학적 설명의 대상인 물질 세계가 수학적 형태로 나타날 수 있는 것은 그 대상의 속성 자체에 기인하는 것이 아니라 그 세계를 연구하는 방법이, 이미 기하학 재구성 단원에서 본 것처럼, 수학적 속성을 띠기 때문이다 : 역자 주]. 측정 결과들을 표현하는 명제들이 갖는 논리-수학적 속성들은 사람들이[초주관적으로 통용되는 : 역자 주] 계측 단위들(Maßgrößen)을 기술적으로 작업해낼 때 그리고 또 명시적으로 정의하고자 할 때 그들이 측정 도구들에 구현하고자 하는 일종의 도달 목표로서의 속성들이며, 그 속성들은 또한 기술적 수단들을 동원해 실제로 실현될 수 있다.

7) 원화학(혹은 화학토대론)

앞서 원물리학(혹은 물리학 토대론)을 기술하는 단원에서 우리는 인간이 자연적으로 존재하는 사물 세계에다 방법적으로 보아 최초로 혹은 최우선적으로 가해야 하는 작업 과제는 한편으로는 물체들을 공간적으로 변형시키는 일, 다른 한편으로는 자신들의 수공 작업에 사용되는 자연 재료들을 적합하게 선택 혹은 변형시키는 일이라 했다. 우리는 이제 이 두 번째의 영역으로 관심을 돌려, 그 분야와 관련된 분야이기도 한 화학의 선(先)과학적, 즉 생활 세계적 토대 문제를 다루고자 한다. 원화학(Protochemie) 혹은 화학토대론은 과연 가능한 것인가? 또 그러한 작업은 필요한 것인가?

모든 과학은 인간의 생활 세계적 실천을 기점으로 해서 태동한다는 앞서의 말을 되새기면서, 우리는 이제 근대 자연과학들이 태동되기 (화학이 태동된 시기는 18세기로 볼 수 있다) 훨씬 이전에, 화학이 오늘날 관여하고 있는 것으로 보이는 그러한 실천 영역들이 이미 생활 세계에서도 있었다는 사실, 그리고 지금도 그러한 실천 영역은 여전히 존재하고 있다는 사실을 생각해보자 : 식량 수단의 생산 및 보존, 병 치료제 및 제약제들의 생산, 금속의 분해 및 합금 기술, 색소 및 유피 재의 사용, 점토, 유기 그리고 유리 제품들에 사용되는 재료들의 생산 및 변환 작업, 다양한 모르타르와 접착 재료들의 생산 등. 이러한 인간 활동들은 그 초반기에, 한편으로는 나누거나 분리하는, 다른 한편으로는 다시 재결합시키는 과정들이었다. 다시 말해, 자연적으로 존재하는 재료들은 과학이 태동되기 이전에 이미 생활 세계에서 여러 재료들로 분리되어 구분되거나 혹은 여러 재료들이 하나의 새로운 물질로 합해지기도 했다. 일상의 사람들조차 물질들의 분리 및 혼합을 위해서는 여러 형태의 행위들이, 예를 들어 채치기, 거르기, 정제, 증류, 그 외의 다른 (분리를 위한) 작업들 그리고 절구에 빻거나 갈고, 그릇에 섞고, 불에 녹이거나 끓이고 또 그 외의 다른 (혼합을 위한) 것들에 이르는 다양한 활동들이 필요하다는 것쯤은 알 것이다.

조리술에서 제약술과 야금술을 거쳐 색소 및 비누 제조 기술에 이르는 다양한 종류의 생활 실천 기술들은 항상 물질 속성들을 반복해 재생산할 수 있도록 하는 제조술들을 창안해내고 또 이러한 기술들의 적합성을 시험해보는 작업들을 수행하고 있다. 물질 속성을 연구하는 과학은 이 점에서, 이는 측정 도구들의 속성을 기술적으로 잘 제어하는 일과 완전히 비교 가능한데, 물질 속성들을 기술적으로 반복 제조해내는 일을 자신의 주된 과제로 삼아야만 하고 또 그 일은 이때 사용되는 언어적 수단들과 잘 조화될 수 있어야만 한다.

그런데 여기서 "물질(Stoff)" 개념은 어떤 의미로 이해되는 것일까? 이 물음에 대한 답을 찾아내기 위해 우리는 "공간", "시간" 같은 재귀 용어들(Reflexionstermini)을 정의할 때 사용된 그런 류의 방법을 가지고 이 용어를 규정할 필요가 있다 : 우리는 이미 우리의 전(前) 과학적 혹은 과학 외적 일상에서, 예를 들어 우리가 색깔, 물체 표면의 생김새, 딱딱함, 냄새, 맛 그리고 물질의 작용 특성("독성이 있는", "편안하게 해주는", "불에 잘 타지 않는", "불에 잘 타는" 등)에 대해 공개적으로 논할 때, 이러한 표현들을 ― 철학적으로 보면 좀 의심스런 방식이기는 하나 — 물질이 가지고 있다는 "속성들"을 나타내기 위한 단어들로 사용하곤 한다. 그러나 "물질"이란 단어를 규정하는 일반적 방법은 (예를 들어 "시간적"이라는 단어에서와 유사하게) 우리가 그 단어를 일련의 "물질 관련" 단어들을 하나로 뭉뚱그려 칭할 때 도입되어 사용되는 단어로 이해할 때 찾을 수 있다. 한 물체가 빠르게 움직이는지 느리게 움직이는지, 큰지 작은지, 뾰족한지 뭉툭한지 등을 우리는 보통 그 물체의 물질적 속성으로 여기지 않는다. 그러면 여기서 제기될 수 있는 문제는 정확히 어떤 술어들이 물질 관련 술어들의 목록에 포함되어야 하는가의 문제다.

이 문제를 논하기 전에 먼저 다음을 한번 보자. 우리가 물체들에다 일정한 "속성들"을 인정해 규정한다는 것은, 언어 비판적 시각에서 볼 때, 우리가 어떤 물체들에, 만약 그러한 물체들에 일정한 "속성들"이 가능한 한 명백하고 비혼합된 순수 형식으로 주어져 있을 때라면 그러한 물질적 술어들을 적용하지만, 만약 그렇지 않은 경우라면 그러한 술어들을 적용치 않는다는 것을 말할 뿐이다. 숯과 같이 균질적으로 흑색을 띠는 물체는 "검은" 물질적 속성을 보여주고 있으며 이러한 속성은 숯, 모래, 재 등으로 이루어진 혼합 물질보다도 훨씬 순수한 성질의 것이다. 우리가 커피잔 속의 커피에 우유를 섞어 휘젓게 되면 나중에 커피잔 속의 액체가 동일 색깔을 띠는 현상을 관찰할 수 있다. 일반적으로 말해 어떤 물체가 일정한 물질 속성을 통일적으로 보여주면 보여줄수록 그 물체에는 하나의 일정 물질 속성이 인정될 수 있다. 물론 경우에 따라서는 그렇지 않을 수도 있기는 하다. 그래서 물질 속성들에 대한 과학 이론을 구성해내고자 하는 과학자들은, 만약 깨끗한 광천수와 같이 원래부터 자연적으로 균질성을 갖는 물질이 존재하지 않는다고 한다면, 그러한 균질성을 갖는 물질들을 기술적으로 제조해내려 할 것이다. 여기서 "균질적"이란 말의 의미는 물체의 내부 각 임의의 부분들이 일정한 물질 속성적 차원에서 보아 더 이상 구분되지 않는 것을 말한다. 이러한 물질 속성은, 과학 이외의 영역에서도, 액체들의 경우, 그 예들이 잘 알려져 있기도 하고 그리고 잘 혼합된 후에 정제 작업을 통해 만들어진 금속과 같은 물질들에서조차 현실화되고 있는 실정이다. 다시 말해 물질 속성들에 대한 그리고 이에 따라 "물질"에 대한 언명들은 우리가 물질적 균질성을 발견해낼 수 있는가 혹은 그러한 특성을 갖는 물질을 제조해낼 수 있는가와 연계되어 이해되어야 할 성질의 것들이다.

물질 속성들을 통제하는 기술이 오늘날 아주 높은 수준의 경지에 이르렀다는 사실은 잘 알려져 있기에, 이에 어느 누구도 이의를 걸 사람은 없을 것이다. 오늘날의 기술 문명에서의 인간 생활권은, 이전 과거에는 한 번도 알려진 바 없을 정도로, 유리든 금속이든 인조물이든 색조든 섬유든 금속박(金屬箔)이든 연료든 식품이든 기호품이든, 인간의 아주 세련된 제조 기술에 힘입고 있는 다양한 종류들의 물질들로 온통 뒤덮여 있는 실정이다. 그러나 우리의 그러한 일상 물질들과의 교류뿐 아니라 그것들에 대한 우리의 최초 경험들은 하나의 기나긴 그리고 아주 성공적인 기술사적 결과물들이 있고나서야 비로소 가능한 일들이었다. "화학"을 공부한다는 것 또한 그러한 류의 기나긴 기술사적 결과물들을 이미 전제하고 시작되는 일이다. 화학 전공 학생들은 이미 그들의 첫 수업에서 혹은 처음으로 접하는 화학 교재들을 펼쳐볼 때, 화학사적 조망 하에 소개되고 있는 화학 이론적 결과물들을 만나게 된다. 이런 화학사의 이론적 결과물들 중의 하나가 바로 원소주기율표라는 것인데, 이 주기율표는 자연에서 나타나는 그리고 인공적으로 생산된 모든 기초 물질들(즉, 화학 원소들)에 대해 하나의 완전한 이론적 조망을 제공해주고 있다. 주기율 체계에는 그 외에도 주기율 체계의 발견사에 대한 보충 차원해서 혹은 그것과는 별개로, 원소들의 구조에 대한 설명이 아울러 제공되고 있다.

물질들의 기본 속성들을 연구하는 작업들이 이루어놓은 이론적 결과물들과의 첫 만남에 해당될 수 있는 것이, 실험이 동반된 실천적 교육 현장에서의 경우에는, 사람들이 특수한 산업 기술에 의해 일정한 순도로 가공되어 생산된 화학 시약을 사용할 때라 할 수 있다. 이는 화학도가 그의 실험실 교육 과정에서 기술적으로 변형되지 않은 자연 물질 세계를 만나는 것이 아니라, 오히려 그 반대로 최소한 200년 역사의 실험 기술적 지식이 농축된 그러한 원질(原質)들을 사용해 화학 실험을 실행하고 또 배운다는 것을 말한다. 이 사실은, 다른 것 중에서도, 화학 교재 자체가 제공하고 있는 화학에 대한 정의에서 표현되기도 하는데, 거기에서는 "화학"은 잘 알려진 화학 원소들의 가능한 조합 방식들을 연구하는 학문이라고 소개되고 있다.

("화학"이라는 학문의 정의 작업과 관련해 우리는 여기서 물리학과 생물학과는 또 다른 화학만의 특수성을 한번 살펴보도록 한다 : 사람들이, 물론 언어 사용법에 세심한 관심을 기울일 경우에 알아차릴 수 있는 것이긴 하지만, 생물학적(biologisch)과 생물적(biotisch), 물리학적(physikalisch)과 물질적(physisch), 고고학적(archäologisch)과 고대의(archaisch), 심리학적(psychologisch)과

심적인(psychisch) 등을 구분하는 가운데, 항시 인간의 특수한 실천 활동으로서의 과학을 용어법상 그것의 연구 대상 영역과 구분하고 있는 것과는 달리, 화학의 경우에는 "화학론적(chemologisch)"이라는 단어, 즉 그 단어의 사용을 통해 화학이라는 (인간의 실천 활동으로서) 학문을 그 연구 대상 영역과 구분할 수 있게 하는 단어가 존재하지 않는 실정이다. 이러한 발견은 화학을 이해하는 데 작지 않은 결과를 가져다준다. 화학자들은 자신들의 학문을 마치 자연에서 일어나는 사건들을 대하듯, 즉 그들은 자신의 학문을 인간 활동이 전혀 개입되지 않고 일어나는 자연 사건들과 유사한 것으로 대하면서, 화학은 자연에서의 사건들이 벌어지는 그대로 기술만 하는 학문으로 여길 뿐 아니라, 또한 그들은 화학이라는 학문이 인간이 존재하기 전에 혹은 과학으로서의 화학을 연구하는 인간이 존재하기 전에 마치 자연사적으로 이미 주어져 있기라도 한 것처럼 기술하고 있다. 달리 말해, 자연적·인위적 물질 변이(stoffliche Umsetzungen)의 총집합으로서의 "화학"과 인위적 물질 변환(stoffliche Umwandlungen) 영역으로서의 "화학" 간의 언어적 구분을 제대로 하고 있지 않는 그들의 견해는 **자연주의적 사고에 빠져** 있는 것이어서, 화학이 성취해내는 과학적 인식들이 원래는 인간의 목적 설정과 수단 선택 활동에 의존하고 있다는 사실을 간과한다. 이 결과 화학자들은 자신들의 학문이 가져올 수도 있는 결과들에 대한 도덕적·정치적 책임 소재 문제에 대해, 비록 그들이 전혀 알지 못하고 있는 것은 아닌데도, 그러한 주제들은 자신들의 영역 내재적인 특수성에 비추어 전혀 낯선 것들로 여긴다. 이러한 사고 자체는, 우리가 위의 사실을 볼 때, 물론 그리 놀랄 일은 아닐 수도 있다. 왜냐 하면, 위와 같은 자연주의적 사고 하에서 그러한 생각을 하는 것은 내재적으로 어떠한 논리적 모순을 일으키지 않기 때문이다.)

화학을 이렇게 가장 최근 결과물들과 연계해 설명하려는 접근 방법에 반해, 우리는 이제 이러한 화학의 결과물들 자체가 어떤 의미에서 과학적인 타당성을 요구할 수 있는 것인지의 문제를 과학철학적으로 다루고자 한다. 이를 위해서는 소위 물질 세계의 "가장 작은" 구성 원소 혹은 구성 요소들이라는 것들을 만들어내는 인간의 지식과 능력이 어떤 경로를 통해 태동되는 것인지 그리고 그것도 물질 속성들을 기술적으로 재생산해내고자 하는 명시적 목적하에 일정 규칙을 따라 수행되는 인간 행위를 통해 수행되는 그러한 일들이 어떤 경로를 거쳐 태동되는 것인지 재구성되어야겠다. 방법적 순서의 원리에 입각해 판단해보면, 이러한 류의 작업은 어떠한 상황에서도 물리학적 원자 모델에 따라 설명될 수 있는 성질의 작업은 아닌 것으로 보인다. 물리학적 원자 모델에 따르면 원자 박스에는 양자, 중성자, 전자 그리고 다른 기초 입자들이 들어 있고, 이 최소 입자 단위에서 시작해 그 다음 단계로 올라가면서, 즉 수소 원자에서 헬륨 원자를 거쳐 원소주기율표의 원자량 순서에 따라 올라가면서 물질계 전체가 (그 첫 단계에서는 원소 영역에서, 두 번째 단계에서는 분자를 매개로 해서 생성되는 합성 물질 영역에서) 설명된다고 한다. 그런데 물질계의 최소 원소들이 원자 모델에 따라 구성될 수 없다는 위와 같은 주장을 할 수 있는 이유는, 이러한 원자 모델을 고안하는 물리학자들이 이미 화학자들이 자신들에게 제공하는 가능한 한 순수한 물질들을 먼저 손에 넣을 수 있어야 그러한 모델을 실험에 연계시킬 수 있기 때문이다. 여기서 우리는 이미 화학과 물리학 간의 체계적 상호 관계에 대한 명백한 언급을 하고 있는 셈이다 : 물리학이 물질(Materie)의 세부 구조를 연구하는 동안 물리학자들은 이 작업을 일정 물질들을 가지고 수행하게 되는데, 이 물질은 바로 화학 연구의 기술적 성공 하에서만 비로소 물리학자들이 손아귀에 넣게 될 수 있는 그런 물질들이다. 상황이 이렇다면, 우리는 물리학이 화학의 기초 과학인 것이 아니라 오히려 화학이 물리학의 기초 과학이라고 말해야 옳다.

이러한 예제는 앞서 일반적 형식으로 논의된 테제, 즉 개별 과학들의 체계화 문제를 다루는 진술들은 항상 그 나름의 목적을 가지고 있다는 테제를 좀더 예증해 보여주고 있다. (앞서 이에 대한 테마가 거론된 단원에서, 학문의 "체계화" 혹은 학문 "분류" 작업들 그 자체는 일종의 행위며 그리고 그 행위의 성공과 실패 여부는 명시적으로 언급된 그 작업의 목적에 의존한다고 이미 언급되었다.) 즉, 지식과 지식이 아닌 것 간의 구분을 하고자 하는 그리고 어떠한 이유로 하나의 견해가 하필이면 지식이 될 수 있는 것인가와 같은 문제를 해명하고자 하는 인식론적 과제를 우리가 이제 위와 같은 물리학과 화학 간의 관계와 연계해서 제기해본다면, 이에 대해 우리는 다음과 같은 말을 할 수 있다 : 원자 구조에 대한 물리학적 지식은 순수 물질이 무엇인가 하는 문제를 밝혀내는 화학적 지식에 상대적으로만 획득될 수 있는 것이고 또한 사용 가능한 것이다. 이러한 물리학의 화학에 대한 인식론적 의존성은, 인식을 획득하는 데에서 원래 순서의 역방향으로 거슬러서는 어떠한 타당한 지식도 획득될 수 없다고 주장하는 방법적 순서의 원리와도 합치된다. 이러한 물리학의 화학에 대한 의존 관계는, 그러나 사람들이 물리학과 화학 간의 의존 관계를 단지 이들 각 분야의 전문 용어나 이론 측면에서만 논의하고 실제 연구 과정에 대해서는 차후에 논함으로써 그리고 이 학문들을 (물리학과 화학을 가르치고자 하는)

교육적 목적에서 체계화하는 시도를 하는 가운데, 원자를 다루는 물리학을 분자를 다루는 화학에 대해 좀더 근원적 이론으로 설명하게 되면서, 시야에서 슬그머니 사라지게 된다.

인식론적으로 미숙한 위와 같은 과학 체계화 테제에 대한 비판의 일환으로 우리는 또 화학사를 그 증거로 끌어다댈 수도 있다. 왜냐 하면, 만약 만에 하나라도 물리학이 화학의 근간이 된다고 가정하고 이 과학들의 연구가 실제 그런 순서로 시도되었다고 가정한다면, 오늘날 우리가 볼 수 있는 이 각 과학 분야에서의 과학적 발견들과 성과들은 실제로는 실현될 수 없었을 것이기 때문이다.

화학에 대한 구성주의 철학 혹은 원이론은 아직 완성된 형태가 아니라 현재에도 작업중이기에, 화학적으로 순수한 물질이 무엇인가를 정의하는 방법에 대한 논의를 끝으로 화학의 대상 구성에 대한 논의를 우리는 이제 끝마치려 한다. 교육적 목적에서 화학의 최근 결과들을 매개로 현대 화학에 접근을 시도하는 그러나 위에서 비판되었던 화학 이해의 방법은 비화학도뿐 아니라 화학자들이 "화학적으로 순수한"이라는 말의 의미를 이해하고자 할 때, 그것을 직접적으로 혹은 애초부터 원자 모델과 분자 모델 윤곽 안에서 이해할 것을 제안하고 있다 : 이 견해에 따르면 우리는 완두콩과 불콩 같은 각기 서로 다른 원자 혹은 분자 종류들을 생각해볼 수 있다고 한다. 그리고는 어떤 한 물질이, 마치 "불순" 요소로서의 불콩이 하나도 섞이지 않은 완두콩 주머니의 내용물이 "순수한" 것처럼, 이물질이 섞이지 않았다면, 그것은 "화학적으로 순수"할 것이라고 말한다. 하지만 여기서 우리가 과학철학적 시각에서 물어야 하는 것은 다음과 같은 질문이다 : 화학적 순수성에 대한 이러한 모델 표상은 실험 실천에서 혹은 연구 결과로서 대체 무엇을 의미하는 것인가?

물질 세계의 연구는, 방법적 순서의 원리에 따르면 어쩔 수 없이 우선은 인지 가능한 균질적 물질 속성에서부터 출발해야 한다. 이미 "한 물체가 자신의 어떤 부분들에서도 서로 구분되지 않는다"는 의미에서 정의되는 여기서의 "균질적"이란 말은 항상 물질의 어느 특정의 특성에 관계하며, 언어론적으로 보아서는 그러한 속성을 기술하고 있는 하나의 아주 특정한 술어에 관계하는 표현이다. 즉, 물질이 균질적이라는 것은, 예를 들어 물체들의 색, 밀도, 표면 특성, 견고성, 냄새 등의 어느 일정 측면과의 관계에서 경우에 따라 그 해당 물체의 모든 임의적 부분들이 서로 전혀 구분 가능하지 않을 수도 있다는 것을 말한다.

이러한 류의 균질성(혹은 등질성)을 우리는 이미 물리학에 대한 원이론적 논의에서 대한 바 있다. 거기서 우리는 (공간 기하학적 형태들을 실현시킬) 종이 평면, 자 혹은 측정 도구들 같은 것들이 서로 포개질 때, 그것들은 서로 밀착될 수 있는 특성을 가지며, 이 특성과의 관계에서 그것들은 서로 구분되지 않는다고 말했었다. 또한 시간 측정에 사용되는 시계의 동형 운동이란 것도 한 쌍의 운동 과정들이 일정 속도 관계를 지속적으로 유지해 서로에 대한 속도 차이가 없을 때 구성되는 것이며 그리고 질량 측정에 쓰이는 무게 표현 명제의 생산을 위해 필요한 동질 밀도라는 것도 한 물체의 임의의 각 부분들이 끌기 동치를 나타내, 그것들이 서로에 대해 구분 불가할 때 그 물체의 물질적 특성과 관계해 구성 가능한 것으로 이해되었다. 그리고 여기서의 각 종류별 "균질성" 특징은 물질 제조 작업이 추구하는 **목표**로 이해되었다. 그래서 그것은 물질 제조 작업이 추구하는 하나의 이상적 사태나 질을 의미한다. 하지만 균질성을 실제로 구성해내는 작업은 경우에 따라 한계에 부닥칠 수도 있다. 예를 들어, 어떤 물체에 아주 고도의 반들반들한 표면을 제작해내는 세밀화 작업은 그때 사용된 물질의 알갱이 특성 때문에 더 이상 넘을 수 없는 벽에 부닥칠 수도 있다. 예를 들어 모래 알은 대리석만큼 반들반들하지 못하고, 대리석은 안경 렌즈용 유리만큼 반질반질하게 연마할 수 없다. 이는 누구나 다 아는 사실이다.

앞서 기하학을 주제로 논의가 이루어진 단원에서는, 제작 목표로서의 이러한 균질성이 우리로 하여금 또한, 실제의 물체 혹은 도구들에 대한 담론 수준을 넘어, 어떻게 이상화(Ideation)를 통해 구성되는 수학적 용어들에 대한 논의를 진행할 수 있게 해주는지 설명되었다. "이상화"라고 하는 것은 우리가 측정 도구 제작 작업의 목적을 기술하게 되면, 그로부터 논리적으로 연역되는 명제 영역에다 우리의 논의를 국한시킬 때 구성되는 것이라고 했다. 이러한 류의 국한(제한)은 우리가 우리의 논의를 "마치-처럼-화법"으로 진행하는 것을 두고 말한다. 즉, 우리가 그러한 순수 형식적 영역에 제한해 우리의 논의를 진행시킨다고 하는 것은 우리가 "마치" 제작의 목적이 실현되기라도 한 것처럼 여기고는 우리의 논의를 진행한다는 것을 말하는 것으로, 그러한 논의 방식은 그 외의 다른 목적들은 더 이상 고려 대상에 넣지 않는다는 것을 말한다.

이러한 이상화 과정을 우리는 이제 "화학적 순수성"을 정의하기 위한 차원에서 화학의 경우에 적용시켜볼 수 있다 : 물질의 **"순수성"**

이란, 어느 물체의 임의의 부분들이, 이 물체가 가능한 최고의 수준으로 정제 작업되어, 일정 특성 혹은 술어에 상대적으로 서로에 대해 전혀 구분되지 않을 때, 그 물체가 갖는 속성을 두고 하는 말이다. 따라서 "순수성"이란 제조 목표를 나타내는 하나의 이상 개념 혹은 "이상어"라 할 수 있다. 그러나 화학자가 이러한 제조 목표에 실제로 도달할 수 있는지의 문제는 기술적 경험의 문제며 또한 경우에 따라서는 자연적 한계에 부딪힐 수도 있는 특성을 갖는다.

그런데 우리가 **주목할 사항**은, 우리가 이렇게 이상 개념으로서의 (물질적) "순수성"을 논한다고 해서, 그것이 우리를 곧바로 화학 원소 개념에로 인도한다거나 혹은 이미 앞에서 완두콩 자루의 예를 가지고 언급되었던 종류의 모델 표상 같은 것을 하게끔 하는 것은 아니라는 사실이다. 즉, 위의 테제는, 일정 분리 작업을 통해 제조된 물체의 최소 부분들은 분리되기 전의 원래 물체와 동일한 속성을 가지고 있어야만 한다고 말하지 않는다. 사실, 일정 기술을 동원해 만들어낸 물체의 최소 부분들을 가능한 한 더 세밀히 쪼개 들어가게 되면, 그 최소 부분들은 경우에 따라서는 원래 최초에 그 물체가 가졌던 균질성을 더 이상 보여주지 않거나 혹은 그러한 최소 부분들에서 색, 밀도 등은 더 이상 유의미하게 확인되지 못할 경우도 있다. 그러나 이러한 사실에도 불구하고 화학은, 자신들이 말하는 물질 세계로 파고들어 가기 위해서는, 최소한 균질 물질에 대한 그러한 방식의 제조 내지 제어 형식을 통하지 않을 수가 없다. 즉, 화학자들은 자신들이 말하는 물질 세계로 파고 들어가기 위해서는 그러한 방법 이외의 어떤 다른 방법을 사용할 수가 없다. 다시 말해, 화학자들로 하여금 화학에서 말하는 원자와 분자에 대한 모델 표상을 발전시킬 수 있게 하는 일정 질(質)의 획득은[이는 흔히 말하는 화학적 원소들의 질을 의미 : 역자 주] 균질 상태의 물질들을 무조건 계속 분리해나간다고 해서 얻어지는 것이 아니다. 그것을 획득하기 위해서는 그와는 다른 요인이 필요하다[이 다른 요인이라고 하는 것은 다름아니라, 한 물질을 작업할 때 그 물질의 임의의 각 부분들이 그 최소 영역에서 서로에 대해 구분되지 않게끔 작업하는 일이다 : 역자 주]. 사실 역사적으로도, 가스들이 (동일한 압력 하에) 일정 비례 혹은 배수(倍數)적 체적 비례로 서로 화합해 화학 반응을 일으키게 되면, 이를 통해 또 하나의 새로운 가스가 만들어진다는 사실이 실험으로 관찰된 바 있었다[이런 과정들은 화학자들로 하여금 원자 혹은 분자 모델을 구상하게 하는 계기가 된다 : 역자 주]. 화학 반응의 이러한 일정 비례 그리고 배수 비례 법칙은 그러나 그 전에 오직 그 다양한 가스들이 정확히 확인되어 알려졌을 때만 생각될 수 있는 것이다. 다시 말해, 이는 그 가스들이 화합되기 전에 먼저 일정한 기준에 따라 그리고 일정 방법에 의해 제어되어 균질 물질로 확인될 수 있어야 한다는 것을 말한다.

8) 원생물학(혹은 생물학토대론)

원물리학(혹은 물리학토대론)과 마찬가지로 원화학(혹은 화학토대론)의 과제도, 오늘날 현존하는 화학의 연구 결과 및 성과들을 논의의 출발점으로 해서 화학이 다루고 있는 연구 대상들을 먼저 생활 세계로부터 구성해내는 가운데, 화학에서 사용되는 전문 용어들을 명시적으로 규정하는 재구성 작업이다. 이와 유사한 형태의 과제가 원생물학(Protobiologie) 혹은 생물학토대론에도 부여된다. 이 원생물학의 논의 내용을 여기서 개략적이나마 소개함으로써 기존하는 자연과학들의 과학철학적 토대 문제를 다루는 논의는 그 완결을 볼 수 있게 된다.

우리는, 다른 과학들에 대해서 물을 때와 마찬가지로, 오늘날 관찰할 수 있는 형태로 존재하는 생물학이 어떠한 인간 생활의 실천 영역을 과학화함으로써 하나의 정규 과학으로 성립하게 되었는지를 묻고자 한다. 현대적 의미에서의 모든 과학들이 태동되기 전에 인간들은 이미 집에서 동물들을 사육하거나 식물들을 재배하게 했고, 이를 통해 그들은 식물과 동물들을 자신들이 원하는 형태들로 새로이 변화시키는 문화적 성취를 이루게 되었다. 그리고 인간들이 자신의 생활에 필요한 식량, 의복, 도구, 주거지 등을 만들어내기 위해 동물 및 식물 세계를 자신의 욕구에 따라 사용하였으며 또한 이 과정에서 그것들에 대한 여러 다양한 지식들을 얻어낼 수 있었다. 이러한 지식 중에는, 예를 들어 동물과 식물을 그 사용 목적에 따라 분류하는 인간들의 지식이 거론될 수 있는데, 그러한 지식들 속에서 동물들은 종종 인간에게 알, 우유, 고기, 껍질, 모피, 뼈 등을 제공하는 동물들로 혹은 교통 수단으로서의 동물 등으로 구분되고 있으며, 식물의 경우 그것들은 식량 수단, 병 치료 수단, 건축 자재, 건초용 식물 등으로 그리고 또 현대적으로는 옷감에서 윤활 제품에 이르는 수없이 많은 생산물들의 제조 원료로 구분되기도 한다.

채집자, 사냥꾼 그리고 농사꾼으로서의 인간에 의한 이러한 살아 있는 자연의 이용은 인간으로 하여금 우선 식물과 동물에 대한 전(前) 과학적 혹은 과학 외적 지식을 가질 수 있도록 해주었다. 그러한 지식들은 오늘날 식물과 동물들의 구성과 구조에 대해서만이 아니라 식물과 동물들의 "행동 방식"에 대해 (예를 들면, 식물들의 수정은 바람 및 곤충들에 의존한다) 그리고 동물들의 생식 습관, 사냥 조건, 동물을 키우거나 사육하는 일 등에 관련된 내용들을 담고 있다. 인간들에 의한 식물과 동물의 사용은 여기에만 국한하지 않는다. 일정 식물과 동물들은 때로는[관상식물이나 애완견에서와 같이 : 역자 주] 미적 대상으로 취급되기도 하고 신화나 종교에서는 문화적 우상의 대상이 되는 경우들도 있다. 생물적 자연에 대한 인간의 지식에 대해 우리가 이런 시각을 가지게 되면, 그때의 인간 지식들은 확실히 어떤 이해 관계나 목적도 없이, 즉 가치 중립적 관찰을 통해 습득되는 것이 아닌 것으로 나타난다. 그것들은 오히려 인간이 식물 및 동물들과 일정한 형태의 교류를 지탱 혹은 유지해나가는 데 필히 요구되는 것들이라 할 수 있다. 이런 시각에서 볼 때, 위와 같은 인간의 생물들과의 교류 활동들에 내재하는 그들의 욕구와 목적들은 그들이 식물과 동물 세계를 대할 때 그 배후에서 일정 방식으로 기능하는 시각이자 기준들이라 할 수 있다.

이 같은 언급은 매우 유의미한 일이다. 그 이유는 진화론적 생물학의 대중적 그리고 과학적 형식의 표현들에서 기꺼이 생물적 "특징들"이라고 하는 것들에 대한 진술들이 개진될 때, 그때 생물적 특징들은 동물 혹은 식물들 자체 내에서 찾을 수 있는 것들이며 그리고 그것들은 일정 법칙에 따라 유전되고 또 생존 경쟁의 선택 압력에 내던져져 있는 그러한 특징들이라고 — 그러한 생명체 특징들이 마치 모든 동물 내지 식물들에 자연적으로 주어져 존재하는 요소들인 양 — 진술되고 있기 때문이다. 하지만, 동물 사육을 (실제에서 생물학자들은 이를 "(동물들의) 자연 사육"을 설명하기 위한 한 모델로 삼고 있다!) 기술하고 설명하는 데 과학으로서의 생물학이 작업해내고 있는 생명체들의 특질들이 만약 그렇게 인간의 필요와 목적을 통해 규정된 것들이 아니라고 한다면, 이런 방식의 주장을 펴는 사람들은 그때 그러한 생물학이 그 같은 생명체 특질들을 어떤 기준에 따라 발견하고 있는 것인지를 명백히 밝혀줄 수 있어야 한다.

물론 우리는 가끔, 동물들을 고기, 모피, 뿔 등의 제공자로 그리고 식물을 가루, 짚(깍지) 혹은 건축용 자재의 제공자로 생각지 않는 그러한 시각들을 만나기도 한다. 그리고 그러한 시각을 가진 사람들의 논지 중의 하나는 다음과 같다 : 예를 들어 선사 시대의 인간들이 자신들의 몸, 영양, 건강, 탄생과 죽음의 문제를 어떻게 해결하거나 대했는지 우리는 잘 알지 못하지 않는가?[이런 상황에서 우리는 어떻게 생물학적 특징들이 인간의 생물들과의 교류를 통해 작업된 것들이라고 할 수 있단 말인가? : 역자 주] 물론 이런 반론들은 가능할 수 있다. 그렇다고는 하지만 인간과 비슷한 유인원의 경우 그들이 특히 집에서 사육될 경우, 그들에 대한 서술들은 최소한 인간의 시각에서 바라본 내용들이다. 즉, 인간들은 자기 자신들을 이해하는 것과 흡사한 방식의 구분법을 가지고 다른 생명체들을 설명하고 있는 실정이다. 이는 명백한 사실이다. 예를 들어, 동물들에게서의 호흡, 상처에서의 출혈, 눈과 같은 장기들의 인간과의 유사성, 통증 문제, 생로병사 그리고 또 세대간의 친족유사성 등에 대한 기술들을 보면, 거기에서의 생명체 "특질들" 혹은 생명체들의 모습들은 인간이 동물들을 단지 사용하기 위한 차원에서 구성한 것들이거나 아니면 인간들이 자기 기술 혹은 자기 관찰에서 유래하는 수단들을 가지고 기술한 것들이라는 사실을 우리는 알 수 있다. 동물들에 대한 그 이상의 지식을 우리는 갖고 있지도 않을 뿐 아니라 또 가질 수 있을 것 같지도 않기에, 우리는 이제, 생물학적 지식이 구성되는 관계를 추적하기 위해, 인간들이 현재 처해 있는 관계 맥락 하에서 어떻게 가축들과 교류해나가고 있는지 물을 수 있다 : 인간은, 예를 들어 개나 고양이를 키우는 가운데 그들의 행동 방식을 대부분 자기 자신의 시각에서 기술한다. 그러한 기술이 적당한지 그렇지 못한지의 문제는 인간이 그러한 동물들을 문제없이, 즉 성공적으로 키우고 있는지 아니면 그렇지 못한지를 통해 결정될 사안이다. 고양이나 개를 키우는 사람은 이 동물들이 보이는 일정한 행동 방식들을 일정 방식으로, 예를 들면 배고픔의 상징으로 해석하기도 한다. 또 주인이 여행간 상태에서 개가 밥 먹기를 거부하는 경우가 있다면, 사람들은 개의 이런 행동을 인간의 행위를 해석할 때와 유사하게 일종의 슬픔으로 해석하기도 한다. 동물들에게 건강 문제가 발생할 경우에도 위와 같은 비유가 아주 자연스럽게 행해지기도 한다. 다른 말로 표현해, 인간들이 자기 자신에 대해 말할 때와 자기 관련 행위들을 준비할 때 만들어 사용하는 유용한 구분들을, 나름의 충분한 이유를 가지고 동물들과 그리고 ― 약간의 제한이 있긴 하지만 ― 식물들에다 아주 유의미하게 적용하고 있는 수많은 영역 및 예들은 얼마든지 제시될 수 있다. 동물과 식물을 기술하는 대부분의 작업에서는 이러한 방법 이외에, 즉 인간 자신에 대한 시각을 인간이 아닌 것들에 적용하는 방법 이외에 그 어떤 다른 접근 방법은 거의 없다.

위에서의 논점, 즉 동물들은 인간의 시야에서 기술된다는 논점은 강조될 필요성이 있다. 왜냐 하면 생물학이 이 점에서, 이는 다른 과학들에서도 마찬가지지만, 방법적 순서의 원리를 거슬러서는

[즉, 동물들의 특질 기술은 실제에서 위에서와 같이 top-down 방식으로 일어나는데, 이를 뒤집어서는, 즉 bottom-up 방식의 사고하에, 마치 원시적 형태의 생물 혹은 동물 특질들이 먼저 독자적으로 주어져 있고 그 다음에 고등동물들의 특질이 추후에 추가될 수 있기라도 한 것처럼 물으면서 : 역자 주] 인간을 아주 특수한 특질을 가진 동물로, 즉 인간을 동물들이 가지고 있는 특질들 외에도 어떤 특정의 특질을 **추가로** 가지고 있는 동물로 바라보기 때문이다. 앞서 우리는 블록 쌓기 원리가 물리학이나 화학에 적용됨으로써 어떠한 논의 구조가 펼쳐지는지 살펴보았다. 이러한 블록 쌓기 원리의 적용은 생물학에서도 마찬가지로 일어나고 있는 것이다. 즉, 생물학에서도 동·식물 내부의 생명 설계도와 연관해 간단한 것에서 복잡한 것으로의 점차적인 복잡성 상승의 위계 구조가 가정되고 있다. 이러한 설명 도식 하에, 사람들이 묻는 것은, 첨예화시켜 표현하자면, 다음과 같은 종류의 것이다 : 만약 인간이 침팬지와 비교될 수 있다면, 인간의 경우에는 침팬지가 갖고 있는 특성 외에 어떤 특성이 더 추가되어야 하나?

여기서 우리는 이러한 견해의 사상사적인 뿌리를 자세히 파헤칠 수는 없다. 그러나 위와 같은 사고 방식의 사상사적 배경과 연관해 최소한 다음과 같은 언급은 할 수 있다. 근대의 자연과학적 사고와 열렬한 기계론적 프로그램의 건설자로서의 데카르트는 동물을 일종의 자동 기계(Automat)로 보았다. 하지만 그는 인간을 동물과 구분하고 있는데, 그 이유를 그는 인간은 정신을 포함하는 신학적으로 가정된 **영혼**을 가졌기에 그렇다고 말한다. 데카르트의 이러한 견해는 이후 지성계에 대단한 반향을 일으켰다. 다만 현대 생물학에서는 신학적으로 정의된 영혼이 그 설자리가 없는 관계로 그 개념은 이제 재해석되고 있는 실정이다. 즉, 현대 생물학에서는 인간의 (예를 들어, 인간의 언어적 활동과 같은) 정신적 특성들은 특수한 고도의 복잡성을 가진 유기체의 성취물로 볼 수 있다는 견해가 개진되고 있다. 그뿐이 아니다. 생물학자들은 그 외에도 (위와 같이, 신학적 논의를 피하는 것 외에도) 단순한 형태의 생물체로부터 복잡한 형태의 생명체로의 순서적 과정을 가정하는 자연사(自然史) 기술의 프로그램을 통해 가장 복잡하다고 하는 인간을 그보다는 좀 덜 복잡하지만 그래도 최소한의 정신적 성취 능력을 가진 형태의 동물 특징에 근간해 설명하고자 한다. 그러나 이러한 방향의 생물학적 연구 프로그램을 따르는 생물학자들에게 제대로 의식되지 못한 것이 있다고 한다면, 그것은 그러한 프로그램 자체가 고도의 문화적 수준을 가진 인간으로부터 유래하는 것이며 그리고 그러한 프로그램은 단지 우리들의 오늘날의 목적 지향적 지식과 연관해 고안되고 또 추종될 수 있다는 사실 그리고 또 생물학이 복잡한 인간을 만들어내는 것이 아니라 오히려 인간이 생물학을 만들어낸다는 사실이다.

과학 명제들을 재구성해 그것들을 초주관적 타당성의 토대 위에 세우고자 하는 프로그램을 지향하는 구성주의 과학철학들에게 (거의 신학적 배경에서 근거지워진 창조설을 추종하는) "창조주의자"와 (위에서 설명된) "유물론자"들 사이에서 벌어지는 독단론적 논쟁들은 하등의 관심거리가 되지 못한다. 오히려 구성주의 과학철학의 주된 관심사는, 다음과 같은 질문을 제기하는 일이다 : 생물학은 인간의 어떤 실천 영역을 과학화하는 가운데 자신이 사용하고 있는 주된 구분법들을 획득하게 되는가? 이 질문에 대한 답은 이렇다 : 생물학의 연구 대상들에 대한 기술(記述) 수단들을 사람들은 한편으로는 자생 차원에서 생물체들과 교류하는 가운데 얻어내기도 하고, 다른 한편으로는 (인간들간의 상호 교류를 위한 목적 하에 구성되는) 인간의 자기 기술을 생물권역에다 적용하는 가운데 얻어내게 된다. 이러한 논지의 배경에서 우리는 이제, "인간은 여러 동물 종(種) 중의 한 종"이라는 생물학적 자명성이 과연 유지 가능하기나한 생각인지 그리고 이와 아울러 생물학이 그려주고 있는 인간상이 — 생물학은 인간을 다른 종들은 갖고 있지 않은 특질들을 자체 안에 가지고 있는 유기체로 본다 — 생물학의 모든 영역, 예를 들어 행태론이나 유전론 같은 영역에서 어느 정도로 유의미한 것인지 비판적으로 시험해보아야겠다.

찰스 다윈의 저작을 계기로 현대 진화생물학이 태동할 수 있었을 때, 다윈의 생물학은 그가 살던 시기 영국의 식물 재배와 동물 사육 실천에 기반하고 있었다는 사실은 과학사적으로 재론의 여지 없는 사실이다 : 여러 세대가 이어지면서 형성되는 동ㆍ식물의 다양성이 "자연적으로" 관찰 가능하고, 게다가 인간들이 자신들의 흥미와 관심 대상인 난초나 비둘기 같은 생물들의 특질들을 인간 자신들이 선택한 개체들간의 생식을 인위적으로 방해 혹은 장려함으로써 더욱 강화하거나 약화시킬 수 있고, 또 이러한 방법을 통해 인간들이 자신들이 원하는 방식의 재배 / 사육 결과들을 얻어낼 수 있게 된다고 하면, 드넓은 자연에서 벌어지는 생물체들간의 생존 싸움 문제는 이제 인간의 선택을 통한 동ㆍ식물의 재배 혹은 사육을 그 모델로 해서 이해할 수 있다. 즉, 생활 세계적 사육 실천이 생물과학으로 승화될 수 있었던 것은, 역사적으로 실재하는 성공적 동ㆍ식물 재배 혹은 사육 행위들이, 즉 한편으로는 효과적 생물 재배 혹은 사육 방법을 통한 생물 재배 혹은 사육 목표의 성취와 그것의 반복적 재생산이, 다른 한편으로는 동·식물들이 자연에서 벌이는 사건들에 대한 기술적(技術的) 모델로서의 과학 전문 용어 계발이 개념적 수준에서 뿐만 아니라 기술적(技術的) 수준에서도 실현 가능하게 되면서였다. 이것이 바로, 아래에서 곧 보아 알 수 있는 바와 같이 아주 심각한 제한을 가지고 있는 진화론적 생물학의 토대라면 토대라 할 수 있는 내용이다 :

전통적인(여기서 "전통적"이라는 말은, 예를 들어 뢴트겐 광선을 이용한 염색체 변환에서와 같이 유전인자를 공학 기술적 도움을 빌어 다루고 있는 것이 아니라는 의미에서 이해된 전통을 말한다) 식물 재배자나 동물 사육사들은 "자연적으로" 출현하는 돌연변이 변종들 중에서 선택만 할 수 있었다. 이는 그들의 선택가능성이 현저하게 제한되어 있었음을 말한다. 예를 들어, 더 많은 돼지 갈비를 얻고자 돼지에게서 원래 얻어낼 수 있는 개수 이상의 돼지 갈빗대를 키워내는 일이 성공했던 역사적 예는 있다. 이는 물론 사람들이 원한 일이기도 하다. 그러나 알 수 있는 바와 같이, 넓적다리 고기를 더 얻어내겠다 소원한다고 해서 임의로 예닐곱 개의 돼지 다리를 키워낼 수는 없는 노릇이다 — 그리고 행여 예닐곱 개의 다리를 갖고 있는 그런 동물이 혹시 "자연의 변덕"이나 유전공학 기술을 통해 탄생될 수 있다고 하더라도, 우리가 알고 있는 모든 지식에 의하면 그러한 동물들은 생존하지 못할 수도 있고 생식 능력이 전혀 없을 수도 있다. "우리가 알고 있는 모든 지식에 의하면" 모든 동물들은 자연에 의하거나 사육사에 의해 선택되기에 앞서 먼저 생명 기능을 유지할 수 있어야 한다. 이런 생명 기능 유지는 다시 자신 내부에 있는 설계도에 의한다. 이는 동물들이 자연선택 혹은 사육사에 의한 선택에 던져지기에 앞서 "내적" 선택을 먼저 받을 수 있어야 한다는 것을 말한다. 그러나보니 생물학자들은 처음 어느 정도 선까지는 콩, 파리, 쥐들이 보여주는 유전 계승 현상들의 관찰에 기반해 자신들의 지식을 구축할 수 있지만, 유전 "메커니즘"이 어떻게 이루어지는지에 대해서는 ― 오늘날 광범위하게 퍼진 생각에 따르면, 이를 밝히는 연구는 오늘날 일종의 과학적 연구 프로그램으로 받아들여진 것인데 ― 그렇질 못해, 그런 유전 메커니즘에 대해서는 단지, 씨 세포 속의 "유전 정보들"에는 조종 심급이 들어 있을 거라 추정만 할 뿐이다. 그런데 왜 추정만 할 수 있을 뿐인가? "(유전) 정보들"은 그들이 보기에 유기체의 생명적 그리고 기능적 능력에 대한 물리·화학적 법칙들이 적용되는 그 외의 나머지 영역에서만 그 영향력을 행사할 수 있는 것으로 보이기 때문이다.

원물리학 및 원화학과 유사하게 원생물학도 생물학 같은 경험과학의 기초 개념들을 정의해서 이 과학이 그것들을 사용할 수 있도록 준비해주는 과제를 가진다. 위의 사실이 원생물학에게 의미하는 바는, 원생물학이 진화생물학적 연구를 지원하기 위해서는 "유기체" 개념을 밝혀 설명해주어야 한다는 것으로, 이때 유기체의 (내부) 설계도(Baupläne)는 방법적 순서에 따라 설명되어야 함을 말한다. 여기서 (유기체의 내부) "설계도"란 말은, 예를 들어 오늘날 생존하고 있는 동물들("현존하는 생물 형태들") 그리고 진화 사건들을 재구성할 때 나타나기도 하는 멸종된 생물들의 형태들은 물리학적이고 화학적 연구 수단들을 동원해 기술될 수 있어야 한다는 것을 말하는 것으로, 이러한 기술 작업은 그러나 **모든 유기체의 생명적 기능을 보장해줄 수 있는 방식**이어야 한다. 이 작업과 관련해서도 생물학의 역사적 전통은 그러나 생물학 발전에 저해가 되는 몇몇의 오류들을 만들어내고 있었다 :

화석과 같은 것들에서 관찰되는 동·식물의 외양들로부터 일정한 유사성들을 찾아내고 그리고 그로부터 생물들의 발전 노선을 가설적으로 구성해내려는 시도가 동·식물 형태 이론인 생물형태학(Morphologie)에게는 자명한 생물학적 관찰 방식이었다. 그 이론에서는 또한 생물들의 혈통 계보를 구성하려는 더 나아간 작업 가설 차원에서, 생물 진화의 미세한 단계들에서 유사 형태들에 점차 약간의 변화들이 (오래 전에 멸종된 생물 형태들에서조차) 생겼을 것이라는, 겉으로 보기에는 그럴싸하게 보이는 견해가 개진되기도 했다. 하지만 생물들의 외양적 유사 형태들이 서로 간격 없는 순서로 하나의 계열을 이루고 있다고 해도 그 계열이 시간 방향을 나타낸다고 할 수도 없으며 그것이 또한, 제대로 보게 되면, 인척 관계나 혈통 계보에서 출발하는 것이라고 할 만한 어떤 근거도 없다. 그래서 과학철학적 견지에서는 이러한 유사형태학(Ähnlichkeitsmorphologie) 전통에 반해 생물들의 외양뿐만 아니라 물리학적 그리고 화학적으로 기술되는 유기체 기능을 함께 고려에 넣고 연구하는 구성형태학(Konstruktionsmorphologie)이 선호되고 있는 실정이다. 달리 말해, 오늘날 현존하는 생명체의 왕국을 모든 생명체들이 이루는 계보의 마지막 분기 단계로 인식하려는 연구 목표와의 관계에서 볼 때, "유기체들"에 대한 논한다는 것은 생명체들을, 다윈이 말하는 자연 선택의 영향권에 들어서기 전에 이미 내적으로 그 구조와 기능이 정합적이고, 스스로 힘을 만들어낼 수 있고, 에너지를 스스로 관리하고, 그리고 자신만의 행동 유형들을 간직하는 기능을 갖춘 상태에서 자신 스스로 생명력을 갖는 등의 기능적 능력들을 갖춘 그러한 기계로 본다는 것을 말한다.

앞서 자연과학에서 사용되는 블록 쌓기 원리를 주제로 한 논의에서 밝혀졌던 사항들이 이제 생물학의 경우에도 역시 고려될 필요가 있다 : 인간, 동물, 식물이 ("다름아닌 바로 유기체"라는 암묵적 혹은 명시적 표현을 사용하는 가운데) 유기체라고 말하는 것은 적절한 어법이 아니다. 그러한 어법 대신 우리는, 생물학이 인간, 동물 그리고 식물들을 대할 때 이것들에다 자신의 연구 목적에 비추어서만 정당화될 수 있는 일정한 방법상의 제한들을 가하는 가운데, 그것들을 유기체로 바라보는 것이라고 말해야 더 옳다. 그러한 제한들 중 하나는, 생물학이 예를 들어 실제로 기존하거나 아니면 단지 가정만 해볼 수 있는 생명체들의 여러 형태들이 변화 및 발전되어가는 단계들을 일종의 **생명 유지 기능의 분화** 과정으로 기술하는 곳에서 찾을 수 있다. 그리고 생물 진화가 이러한 방식으로 파악될 수 있는 것이라고 한다면, 그 다음 단계에서는, 예를 들어 한 동물의 운동 기관에 대해서조차 그 운동 기관 각 형태에 대한 구성 모델을 만들어내기 위해서는 모든 기계론적 지식들이 사용되어야 할 것이다.

생물학의 역사에서 태동되어 나온 또 다른 하나의 문제점은 몇몇 기계론적 편견들에 있다 : 인간들은 기계를 그것의 부품들을 조합해 구성하는 반면, 생명체들의 성립은 수정된 알에서 깨어나와 점차 성장해 결국 생식 가능한 성숙한 생명체로 커나가는 과정을 밟는다. 이때 생명체의 전(全) 발생사에서 유기체 전체는 여전히 더 이상 세분해 쪼갤 수 없는 "개체(Individuum)"로서의 존재다. 예를 들어 어떤 과학자가 한 척추동물을 인공적으로 만들려고, 마치 제작 기술자가 그렇게 하듯이, 먼저 골격을 제작하고 이에다 힘을 사용하는 장치로서의 근육, 이러한 근육을 조정하는 데 필요한 신진 대사 기관 그리고 이렇게 구성된 기관들 전체의 통제를 담당하는 신경계를 가진 뇌를 단계적으로 추가하는 방식으로 구성해나가는 과정을 밟는다 치자. 과연 이러한 방식으로 유기체를 구성할 수 있으며 또한 유기체에 대한 이론적 설명을 제공할 수 있는 것일까? 그렇지는 않을 것이다. 그러한 기계 모델은 유기체들의 성장 발전 과정을 설명하는 데 전혀 유용하지도 않으며 또 개체나 계통사적 발전을 설명하는 데도 적당치 않다. 왜냐 하면 그러한 기계는 혹시 움직일 수 있다고는 하더라도 스스로 변화할 수 없기 때문이다.

유기체에 대한 기계론적 모델을 이렇게 극단으로까지 밀고 나간 이론은 이전의 생물학만이 아니다. 그 외에도 화학적 그리고 미시 생물론적 대상, 방법, 논지를 가지고 작업하는 최근의 생물학도 경우는 마찬가지다 : 이 생물학은 추가로 정보론적 서술 방식을 폭넓게 사용하면서 — 이는 생물학에 문외한인 사람들에게는 아마도 "유전 코드"라는 말로 잘 알려져 있을 것이다 — 결국 생물학을 물질론적 서술과 정보론적 서술로 분리해, 후자, 즉 정보론적 서술이 생물체 기능에 대해 아주 많은 것을 제공할 수 있으리라 믿는다. 하지만 현대 생물학은 정보론적 서술로부터 너무 많은 것을 요구하고 있다. 직관적으로도 이해할 수 있는 예들을 들어보자 : 예를 들어 한 인간을 기술할 때 거론되는 수많은 특성들 각각의 유전 정보에는 정말 구성 명령들이 있는 것인가? 혹은 몸 전체에 뻗쳐 있는 어마어마한 수의 신경들로 이루어진 신경계에 내재해 있다고 하는 통제 설계도는(그리고 신경들의 성장 또한) 모든 물질적 혹은 기계적 과정들을 통제하는 "중앙 처리 장치"와 같은 방식으로 이해될 수 있는 것인가? 이러한 질문들과 관련해 우리가 생각하는, 그러나 위와는 다른 대안적 생각은 생물체 내의 기계적 과정들은, 마치 그릇에 담기는 액체들이 외부에서의 강제 없이도 그 액체를 담는 용기 형태를 그대로 닮는 것처럼, 무엇인가에 의한 조정 없이 단지 관찰되는 바의 모습 그대로 진행되어야 한다는 것이다. 다른 말로 표현해, 유기체의 개체적 그리고 종(種)적 발전 및 기능을 기술할 때, 생물학자는 그 과정에서 찰스 다윈이 말하는 자연 선택에 던져지기에 앞서 애초부터 기능하고 있는 각 유기체의 기능적 능력을 완전히 보장해주는 기계론적 구성을 해주어야 한다. 그러나 이때의 기계론적 구성 작업은 구성 인자들의 조합 모델을 사용하는 블록 쌓기 원리에 따라 진행되어서는 안 된다.

여기서 짧게 논할 수밖에 없는 전통적 생물학의 마지막 문제점은, 이 생물학이 방법적 순서를 어김으로써 이를테면 인지, 사고, 언어 같은 인간이 나타내는 고도의 성취들을 그릇되게 평가하고 있다는 사실이다. 계통사적으로 볼 때, 생물들이 자연적으로 주어진 삶 조건들에 적응하는 문제는 생물들이 내부적으로 갖고 있는 물리·화학적 특성의 구성 계획들(Konstruktionspläne)에 의존해, 즉 생물들로 하여금 생명을 유지하게 하는 구성 계획들에 의존해 일어나는 것이라는 사실을 간과하게 되다보면, (물고기들의 지느러미 형태는 그들의 환경인 물의 속성을 복사하고 있다고 말하는 콘라드 로렌츠 같은 이들의 사고 방식에 의하면) 현존하는 생명체들의 여러 외적 형태들은 생명체들의 과거 자연사적 삶의 조건들이 어떠했는지를 마치 하나의 복사물처럼 보여주고 있다고 생각하게 된다. (인간을 포함해) 현존하는 생물들에서 발견되는 제반 형태들은 그들의 환경에 대한 적응의 산물이라는 그 같은 견해를 가진 사람들은 자신들의 주장이 또한, 유기체가 세계에 대한 인식을 얻는 데 사용하는 인식 기관들, 즉 감각 기관 및 사고 기관을 설명하는 데도 적용될 수 있다고 생각한다. 이 견해에 따르면 인식이 일어날 수 있는 것은 인식 기관들이 인식 대상들에 자연사적으로 잘 적응했기 때문에 가능하다고 한다. 그리고 이러한 견해는 소위 "진화론적 인식론(evolutionäre Erkenntnistheorie)"의 내용을 구성하게 된다.

전문 생물학자들로부터도 반박을 받고 있을 뿐 아니라 다수의 철학자들에 의해서도 과학적 수준의 설명으로는 회의적 평가를 받고 있는 이러한 진화론적 인식론이 도대체 하나의 인식론이 될 수 있는 것인지는 여기서 자세히 논의될 수 없다. 하지만 원생물학이론적 논의와의 관계에서 그리고 좀더 일반적으로 말해서는 구성주의 과학철학과의 관계에서 우리는 그에 대한 다음과 같은 반론을 생각해볼 수는 있을 것이다 :

"유기체"라는 용어는 생물학의 한 전문 용어로, 이 용어는 생물학의 일정한 방법론과 이 과학이 구체적으로 설정한 일정한 **목적**에 힘입어 구성되고 사용되는 용어다. 이때 생물학의 우선적 **목적**이 되는 것은, 거기다가 생리학과 심리학이 더 추가되더라도, 인간이 만들어내는 인식 성취들을 직접 자연과학적으로 설명하는 일이 아니다. 이런 작업을 하고자 할 경우, 생물학은 먼저 자신이 설명하고자 하는 것, 즉 인지적 성취와 같은 것이 도대체 무엇을 의미하는지를, **생물학적 기술 방식과는 별도로**, 미리 명백히 규정해주어야 한다. 이 외에도 우리는 이 책의 전반부에서 **지식**이나 **인식**이라고 하는 것들은 명제들에 대한 타당성 요구와 따로 떼어놓고, 즉 인간들이 자신들의 지식이나 인식들을 실어나르는 데 사용하고 있는 언어적 대상들에 대한 타당성 요구와 따로 떼어놓고 생각할 수 없다고 논의한 바 있다. 인식이 어떻게 생기는지의 문제를 과학적 수단들을 사용해 설명하려는 "진화론적 인식론자들"도 지식이나 인식에 대해 논해야 하고 그리고 그렇게 함으로써 지식 내지 인식이 어떻게 지식이 아닌 것 내지 인식이 아닌 것과 구분될 수 있는지에 대한 판단 기준을 가지고 있어야 한다. 다른 말로 표현해, 인간 인식에 대한 자연과학적 설명을 하고자 하는 사람은 각 개인의 행위와 언어 공동체의 (언어적 그리고 비언어적) 행위에 관계되어 사용되고 있는 지식이나 인식에 대한 규범적 기준을 이미 가지고 있어야 한다. 즉, 생물학이 인식 성취 문제를 논할 때 그것이 설명하고자 하는 대상은 애초부터 유기체적 성취가 아니라 오히려 인간의 행위 공동체와 문화 공동체의 소통 과정에서 생겨나오는 성취들인 것이다.

이러한 예를 가지고 우리가 보여주고자 하는 것은, 생물학에 대한 원생물학적 정초 작업은 단지 역사적 우연으로 인해 아직 존재하지 않는 이 과학의 기초 개념들을 차후적으로 정의해주는 일이 아니라는 사실이다. 그렇다고 해서 원생물학적 작업이 이 과학의 이론적 구성물들을 그대로 방치해 놓아두고 거기에는 그냥 아무 문제가 없을 것이라 생각한다는 것도 아니다. 위 예들이 보여주는 것은 오히려, 원생물학적 과학 정초 작업이 생활 세계적 실천들의 과학화 과정에 대한 설명을 제공하는 일을 넘어 이 학문의 계속적 연구 프로그램을 위해 필요한 것들을 만들어줄 뿐 아니라 역사적으로 기존하는 (생물학) 이론들을 우리가 취사선택하는 데 일종의 기준이 되는 수단들을 만들어내고자 한다는 사실이다. 원물리학이나 원화학이 그렇듯이 원생물학도 이렇게 자신이 추구하는 학문의 정초짓기 요청 때문에 또한 과학에 대한 일종의 인식 비판 작업이기도 하다.

모든 원이론들(혹은 과학토대론들)의 이러한 과학 비판적 기능은 종종 자연과학의 진영에서 다음과 같은 논점을 가지고 비판되면서 다시 분분한 논쟁으로 이어지기도 한다. 즉, (경험적 사실 관계가 아닌) 비단 개념적 성질의 논쟁만 행할 수 있는, 소위 책상머리 앞에서만 작업을 진행한다고 하는 철학자가 어떻게 경험과학에 대해 비판을 가할 수 있으며 또 그러한 비판들이 유지 가능할 뿐아니라 또한 적절한 것일 수 있기를 바랄 수 있단 말인가? 이것이 아니면, 짧게 말해, 원이론적 논의 내용들이 경험과학들이 제공하는 경험적 실례들에 반해, 실험에 반해, 경험에 반해 말하려고 하는 것이 도대체 무엇이란 말인가?

　경험주의적 시각에서의 제기되는 이러한 류의 순진한 반론에 대해 독자들은 이제 스스로도 그에 대한 충분한 반대 논증을 펼 수 있을 것이다 : 관찰할 대상이나 과정들을 이끌어내고, 한계짓고, 만들어내고 그리고 또 그것들을 과학적 수준의 연구 대상으로 바꾸는 일들을 벌이는 주체는 다름아닌 인간의 (비언어적) 실천과 언어적 행위들이다. 아주 특별하고 뛰어난 타당성 요구를 가진 지식들을 생산해낸다고 하는 인간 활동으로서의 "과학"은 항시 개념적이고 방법적으로 잘 구조화된 경험에 의존해 진행된다. 모든 자연과학적 경험들은 자연과학자들이 만들어내는 행위의 기초 하에 그 결과로 얻어지는 반위사들이다. 그리고 그러한 과학자들의 행위들이 자리를 틀고 있는 터전은 일상적 그리고 생활 세계적 관계망으로, 이러한 관계망에는 인간들의 일상적 경험들뿐만 아니라 인간의 욕구, 목적, 행위 능력 그리고 과거 문화사적 영향들 모두가 뿌리를 내리고 있다.

자신이 경험과학으로서의 자연과학을 행하고 있다는 이유로, 그런 과학의 기초 개념 체계나 이론적 구조 그리고 연구 방법들에 내재되어 있는 불충분한 면들을 지적해주는 철학적 작업들이 과학의 정곡을 찌르지 못하고 있는 논지들이라거나 혹은 그러한 논지들은 유지될 수 없는 주장들이라고 논증하고자 하는 사람은, 이를 통해 자연과학적 아닌 철학적 테제를 주장하고 있는 셈이다. 원래는 자신이 그 가치를 부정하고 있던 과학철학적 논의에다가 이미 일정 가치를 실천적으로 부여해줄 수밖에 없게 된다.

제Ⅱ부
연습 문제

[**질문 1**] 전문 과학들이 사용하고 있는 연구 방법들은 어떠한 의미에서 자신들의 연구 대상들을 "구성하고 있는가?" 예를 들어보시오!

[**질문 2**] 유물론적 혹은 기계론적 시각에서는 과학의 구조가 어떻게 파악되고 있으며 그리고 이에 대한 반증은 어떻게 펼쳐질 수 있을까?

[**질문 3**] 한편으로는 기계 그리고 또 다른 한편으로는 분자, 세포, 유기체와 같은 자연과학적 대상들이 있을 때, 조합하고 구분하는 측면에서 보아, 이 둘간의 차이는 무엇인가?

[**질문 4**] 주어진 것들에 대한 서술 시, 물리학이나 화학, 생물학 같은

자연과학들이 이를 자신들의 연구 방법들을 통해 수행한다고 하면, 그 때의 "서술 시각"은 어느 정도로 과학 연구 방법들에 의존하는가?

[질문 5] "방법적 순서의 원리"가 의미하는 것은 무엇하며, 이 원리는 어떻게 정당화될 수 있는가?

[질문 6] 측정 방법을 자체 내에 도입해 사용하고 있는 모든 자연과학에 대해 기하학(혹은 기하론)은 어느 정도의 방법적 기초를 제공하는가?

[질문 7] 평면이 기하학의 "기초 형태"라고 하는 것은 무엇을 의미하는가?

[질문 8] 공간 기하학적 사태 관계들에 대한 수공 기술적 언어는 어떻게 해서 수학적 전문 용어로 이행해갈 수 있는 것일까? 어떤 정의 방법을 가지고 "점", "선" 혹은 "평면"과 같은 기하학적 용어들이 정의될 수 있는가?

[질문 9] 기하학의 기초 형태들이 "일의적(eindeutig)"이라는 말의 의미는 무엇인가?

[질문10] "공간"과 "시간"이 재귀적 용어로 규정될 수 있다고 할 때, 이는 어떻게 이루어지는가?

[질문11] 시간의 양태, 순서 그리고 지속 측면들 간에는 어떤 형태의 방법적 순서가 존재하는가?

[질문12] 시계의 속도 규정은 어떻게 이루어지는가?

[질문13] 소위 "자연 법칙들"은 어째서 측정 도구들의 기능을 완전하게 기술하지 못하거나 설명하지 못하는 것인가?

[질문14] 두 물체들의 질량 관계는 원이론적으로 어떻게 규정될 수 있는가? 이때 필요한 조작 단계들을 순서대로 기술해보시오!

[질문15] 물질학(Hylometrie)에서 질량 측정의 "일의성"이 직관적으로 무엇을 의미하는지 기술하시오.

[질문16] 관성계(Inertialsystem)에 대한 조작적 정의를 이용하면 질량을 원이론적으로 정의할 수 있다. 이는 어떠한 목적 하에 진행되는 것인가?

[질문17] "원화학"의 과제는 무엇인가?

[질문18] "물질(Stoff)"이란 무엇이라고 생각하는가? 정의를 하되 그 개념을 일종의 "재귀적 용어"로 이해하고 정의하시오!

[질문19] 물리학과 화학의 관계가 왜 원물리학과 원화학을 통해 규정되는지 설명하시오!

[질문20] "화학적으로 순수한"이란 말의 의미는 무엇인가?

[질문21] "원물리학"의 과제는 무엇인가?

[질문22] 생물학이라는 과학은 어떠한 전 과학적 혹은 과학 외적 실천 영역으로부터 태동하는가?

[질문23] 동물과 식물에 대한 서술을 하기 위한 기준들을 생물학은 어떻게 획득하는가?

[질문24] 진화론은 어떤 생활 세계적 모델을 따라 생물의 자연 선택 현상을 설명하는가?

[질문25] "인지 생물학(Biologie der Erkenntnis)"의 문제점은 무엇인가?

▣ 역자 후기

본문에 대한 보충 차원에서 역자는 이 자리를 빌어 개략적이나마 구성주의 과학철학 혹은 방법적 구성주의의 다른 철학들과의 차이점을 부각시키는 가운데 이 철학의 위상을 독자들에게 그려주고자 한다.

우선 "구성주의 과학철학"은 "방법적 구성주의(Methodischer Konstruktivismus)"라는 현대 독일철학의 과학철학을 지칭하는 말이다. 역자가 아는 한, 이 철학 사상은 아직껏 체계적 형태로 한국에 소개되지 않았다. 그러한 이유에서라도 이 책의 타이틀 혹은 이 철학의 명칭은 아마도 독자들에게 다소 생경하거나 아니면 잘못된 상상을 유도하게 할 수도 있다. 그 이유는 만약 "과학철학"이라는 말에 낯설지 않은 독자라면, 이 책이 한국에 이미 알려진 과학철학들과 유사한 내용을 담지하고 있으리라 속단할 가능성도 없지 않을 것이며, 그리고 이와는 달리 "구성주의"라는 말에 낯설지 않은 독자라면, 이 책의 타이틀을 보고는 아마 급진적 구성주의(radical constructivism) 혹은 그 외의 사회적 구성주의(social constructivism)를 떠올릴 수도 있기 때문이다. 그러나 이 책은 기존 한국 출판계에서 소개된 (실증주의 전통의) 과학철학들과는 다르다. 그것은 특히 이 철학이 실천 지향적 과학철학임을 자처하기 때문이다(앞의 "역자 서문" 참조). 그렇다고 해서 이 철학이 이러한 전통의 철학에 반기를 드는, 즉 반실증주의적 성향의 철학적 사상들인 현상학적 그리고 해석학적 과학철학들 같은 부류의 과학철학적 논의를 펼치는 것도 아니다. 그리고 이 철학은 (급진적) 구성주의와 동일한 주장을 하는 철학도 아니다. 게다가 방법적 구성주의 철학은 모더니즘적 그리고 포스트모더니즘적 전통의 철학들 어느 한쪽에 휩쓸리지 않는 입장을 취하고 있다. 방법적 구성주의 철학의 이런 특성들을 이 자리에서 체계적으로 설명하는 것은 불가능한 일이다. 하지만 여러 과학철학들의 흐름 속에서 방법적 구성주의가 차지하는 위치를 어느 정도 간파함으로써 독자들이 이 철학의 의미를 좀더 정확히 간파할 수 있지 않겠나 하는 생각을 해본다. 그래서 이 자리에서 위에서 말한 내용들을 다음과 같은 주제들로 분기해 설명하고자 한다.

　1) 방법적 구성주의와 급진적 구성주의의 관계
　2) 방법적 구성주의와 (실증주의적 방향의) 과학철학적 입장들의 관계
　3) 방법적 구성주의와 (반실증주의적 방향의) 현상학적 혹은 해석학적 과학철학들의 관계
　4) 방법적 구성주의와 모더니즘 및 포스트모더니즘의 관계

5) 방법적 구성주의 소사 및 최근의 변화

1) 우선 이 책의 타이틀의 일부 (그리고 이 학파 이름의 일부인) "구성주의"라는 명칭 자체는 철학적 사상들을 추적하는 한국의 독자들에게 그 자체로는 생소한 것은 아닐 수도 있다. 왜냐 하면, 이미 (급진적) 구성주의 관련 서적들이 번역 출판되어 서점가에서도 어렵지 않게 만날 수 있기 때문이다. 급진적 구성주의의 아이디어는 생물학, 문학, 심리학, 철학, 사회학, 정치학, 예술, 교육학 등 여러 분야에서 표명되고 있지만, 그 중 철학에서의 급진적 구성주의자들의 논의는 주로 인식론적 논의에 집중되어 있으며, 그것도 인식 문제를 칸트 및 피아제 전통에서 구성주의적으로, 즉 인식의 내용은 외부 세계 그대로를 복사하는 것이 아니라(반실재론) 인식 주체의 능동적 개입에 의한 구성물이라는 입장을 취한다. 단지 전통적 인지주의자들과는 달리, 급진적 인지주의자들은 현재 진행되고 있는 자연주의 경향의 철학 흐름을 자체 내에 흡수 응용하면서 인식 문제를 현대의 여러 복잡한 모델 이론들 및 자연과학의 이론적 결과물들에 입각해 해명하려 한다. 즉, 그들의 인식론은 근본적으로 기술적(記述的) 그리고 자연주의적 성격을 갖는다.

방법적 구성주의 역시 인간 인식이 수동적 결과물이 아니라 인간의 능동적 개입에 의한 산물이라는 반실재론적 입장을 피력한다. 그러나 여기서의 "인식" 및 "구성" 개념의 의미는 급진적 구성주의의 그것들과 매우 다른 의미에서 이해된다 : 급진적 구성주의자들이 인식 문제를 다룰 때, 그들은 그것을 보통 인간을 포함한 유기체들이 벌이는 실제의 인식 현상 혹은 과정들과 연계해 논한다. 예를 들어, 급진적 구성주의자들은 우리의 외부 세계에 대한 감각 경험 혹은 표상이 뇌의 복잡한 기능에 따른 산물이라 말한다

(이러한 경향은 현대의 다른 자연주의 방향의 인지론자 혹은 인지 과학자들에서도 마찬가지로 관찰된다). 반면, 방법적 구성주의에서의 "인식" 개념은 그것이 비인식, 착각 등과 구분된다는 의미에서 이해된다. 즉, 방법적 구성주의는 인식의 문제를 예를 들어, 어떤 사람이 다른 사람의 말을 제대로 이해했는지 아니면 잘못 이해했는지 아니면 오해했는지 등의 관계에서 올바른 이해의 경우를 두고 논한다는 말이다. 이것이 진위론적 논의인 동안, 방법적 구성주의는 인식의 문제를 진위론적 내지 규범론적 배경에서 논한다. 게다가 방법적 구성주의자들에게 인식은 자연 과정이 아니라 문화 과정으로 이해된다. 이는 인식 성취 활동들이 자연 세계 속에서의 특정 부류의 사건들로 취급되는 것이 아니라 문화 세계를 구성하는 인간의 자발적 활동, 즉 일종의 행위로 이해된다는 것을 말한다.

예를 들어보자. 테니스 경기에서 한 선수가 매긴 서브가 유효한 점수를 냈는지 아니면 그렇지 못한지를 판단하기 위해 심판은 테니스 코트에서 일어나는 상황들을 주의 깊게 관찰한다. 그런 다음에 그는 그 서브가 'in'인지 혹은 'out'인지 미리 주어진 판단 기준에 맞춰 결정하게 된다. 이를 통해 심판은 행위 수준에서 하나의 인식적 성취를 이루어낸다. 또 다른 예를 들어보자. 사람들이 가지고 있는 지적 실력을 알아보기 위해서는 시험이 실행된다. 그리고 시험에서는 감독 행위가 필수적이다. 그렇지 않은 경우, 시험을 통한 인간들의 지적 능력의 점검은 신빙성을 잃을 수도 있다. 왜냐하면 수험자들이 부정 행위를 할 수도 있기 때문이다. 이 경우 시험 감독 행위는 신빙성 있는 실력 평가를 위한 하나의 중요한 요소가 된다. 이 같은 류의 과정들은 어떤 제품이 진짜인지 가짜인지 구분할 때도 그리고 또 과학자들이 과학 이론들을 만들어낼 때도 역시 일어난다. 이 모든 경우들에서 사람들은 행위를 수단으로 해서 신빙성 있는 결과를 산출해내고자 노력한다. 그리고 그 수단들은 잘 통제된 형태의 행위들이다. 이렇게 신빙성 있는 결과들을 산출해내기 위해 동원되는 행위들은 인식적 성취들을 필요로 한다(독자 여러분들은 이와 반대되는 경우들, 예를 들어 만취 상태에서 연구를 진행하는 과학자가 과연 제대로 된 과학 이론을 만들어낼 수 있을 것인지 상상해볼 수 있을 것이다). 방법적 구성주의자들은 이렇게 인식 문제를 뇌 아닌 행위와 연관해서 해명하고자 한다.

'구성'이란 말도 역시 행위 맥락에서 이해된다. 인간은 주어진 대상 혹은 상황을 일정 목적 하에 대한다. 위의 예들에서의 심판, 감독자, 감정사 등의 행위 방식들을 생각해보라. 그들의 행위 방식들은 그들이 추구하는 목적에 의해 인도되고 있으며, 그들의 일거수 일투족 행위들은 그러한 목적을 실현하기 위해 수행된다. 이를 통해 자연 상태에서는 없던 무엇인가가 구성되어 나오게 된다. 이 과정이 특히 대상 세계를 작업하는 것인 경우, 대상 세계는 종종 행위를 통해 일정 방식으로 취급되고 그 결과로 대상 세계는 일정 모습으로 드러난다(예를 들어, 저울에 올라가는 사람은 이를 통해 자신을 일종의 물질적 대상으로 구성해낸다. 그렇지 않고 거울 앞에 앉아 화장하는 여성은 자신을 미적 대상으로 대하고 또한 구성해내게 된다). 과학의 경우, 과학 이론이 태동되는 데는 일반적으로 아주 복잡하고 긴 작업 단계와 과정들이 요구된다. 이 과정들 자체는 행위를 통한 구성 과정이기도 하거니와, 이 과정을 거쳐 드러나는 세계의 모습은 일종의 구성된 모습들이다. 왜냐 하면, 그 모습은 과학자들의 특정 목적 혹은 이해 관계 그리고 연구 방법 및 수단에 따라 결정되기 때문이다. 그러나 이때의 구성된 모습은 임의로 만든 픽션을 의미하지 않는다.

2) 방법적 구성주의는 과학 이론들이 일반적으로 과학자들의 아주 조심스럽고 체계적인 자기 통제 행위를 통해 구성되는 것으로 본다. 그러나 그들의 과학철학적 작업은 과학을 재구성하는 작업이다. 이 말이 의미하는 바는 무엇인가? 방법적 구성주의자들이 말하는 "과학 재구성"은 과학자들이 과학을 실제로 어떻게 구성해 나가는지를 단지 재기술하는 것이 아니다(이 측면에서 구성주의 과학철학은 쿤 및 그 후예들의 역사주의적 입장과 구분된다). 과학자들의 목표는 과학 이론들을 생산해내는 것이고, 방법적 구성주의자들이 이해하는 과학철학자의 주된 과제는, 마치 심판이나 감정사가 어떤 사건이나 대상에 대한 주장이 옳은지 그른지 검토하고자 하듯이, 그러한 과학 이론들의 타당성 문제와 관련한다. 즉, 방법적 재구성이란 기존하는 성공적 과학 이론들을 단지 재현하는 작업이 아니라 그것들의 타당 근거를 밝혀주고자 하는 목적 하에 그 이론들의 구성 과정을 원리적 수준에서 반성적으로 추적하는 작업이다. 이와 관련된 과제들은 다양하지만 하나의 예만 들어보자. 자연과학 이론들은 측정 도구 혹은 실험 장치들의 기능 문제가 해결되지 않고는 그 신빙성에 의문이 일 수 있다. 왜냐 하면, 흔히 말하는 자연 법칙들은 수치적 형태로 나타나고 그 수치적 관계들은 측정을 통해 매개되는데, 이러한 측정에는 다시 측정 도구가 필요하며 측정은 측정 도구의 기능 문제가 해결되었을 경우에나 신빙성을 가질 수 있기 때문이다. 일반적으로 과학자들은 측정 수단들의 기능 문제가 이미 해결된 것으로 전제하고 그들의 작업을 진행해나간다. 하지만 측정 도구는 경우에 따라 제대로 기능하지 않을 수도 있다. 그러면 측정 도구들의 기능 문제를 확정하는 일은 과학 연구의 방법적 토대를 이룬다. 그런데 측정 도구 기능의 확정 문제를 순환론을 일으키지 않고 해결하는 것은, 이 책에서 읽을 수

있듯이 그리 단순한 문제가 아니다. 그래서 그러한 과제를 설정하고 수행하는 것은 과학의 방법적 토대화를 위해서는 매우 중요한 과제가 된다. 실제 방법적 구성주의의 과학 재구성 프로그램에서는 이러한 작업이 진행된다. 방법적 구성주의의 이러한 과학 재구성 프로그램은 기존의 과학철학들과 다른 성격을 갖는다.

우선 현대 철학에서 과학철학이라고 한다면, 그것은 주로 20세기 이후 나타난 러셀, (전기)비트겐슈타인의 영향을 받은 논리경험주의 / 논리실증주의(이 철학은 또한 스니드 및 스테그뮐러 등의 구조주의 과학철학에 이어지고 있다), 포퍼 및 알베르트 등의 비판적 합리주의(라카토쉬 포함), 토마스 쿤의 역사적-인지론적으로 정향된 과학철학 및 그 후예들(사회적 구성주의자들 포함), 그리고 그 후 영·미의 (후기)분석철학적 전통에서 (특히 콰인 이후) 전개되고 있는 자연주의 (혹은 자연화된) 과학철학을 두고 논의되는 실정이다. 물론 그 외에도, 전적인 의미에서의 과학철학이라고는 할 수 없을 수도 있지만, 프랑스 전통의 (후기)구조주의적 과학철학을 열거할 수도 있을 것이며, 반실증주의를 표방하는 가운데 과학에 대한 일정한 철학적 언급을 하고 있는 현상학이나 해석학들이 있다(이 외에도 지식사회학적 논의나 아니면 마르크시즘적 논의들도 언급될 수 있을 것이다). 이러한 과학철학적 논의들은, 큰 틀에서 주로 관찰 명제가 과학 이론으로 형성되어가는 과정 및 그 과정에 개입된 인지적 기능들의 특성, 과학 이론들의 구조, 과학 이론들의 의미론적 문제, 과학 이론들의 발전 논리, 과학성의 특징, 과학 연구 방법론 등의 테마들을 두고 진행된다 : 경험주의 전통을 따르는 논리실증주의자들은 우선 순수한 경험의 산물이라는 관찰 명제들을 전면에 세워, 과학은 관찰 명제 혹은 감각 명제들이 귀납 논리에 따라 형성되어 결국 그 결과는 일반 법칙으로 상승하고 그리고 이 법칙들은 일련의 공리와 정리 그리고 개별 법칙들로 이루어져 그로부터 다시 테스트 가능한 가설들이 연역될 수 있는 것으로 파악한다(이때 관찰 명제를 감각 지각의 결과로 볼 것이냐 아니면 행동 이론적으로 설명되는 기회 명제로 볼 것이냐의 차이는 또 다른 과학철학적 입장의 분기를 만들어낸다. 이는 카르납과 콰인의 차이이기도 하다). 반면, 관찰의 이론 의존성을 주장하는 포퍼 및 그의 추종자들(비판적 합리주의자들)이 나타나면서 과학철학적 논의의 상황은 이전과는 달라지게 된다. 그들은 관찰 명제에는 이론이 이미 개입되어 있다는 견해 하에 과학 구성의 맨 처음에는 관찰 아닌 가설(혹은 이론)이 위치하는 것으로 본다. 즉, 과학자들은 가설을 먼저 세우고 그 후 그로부터 테스트될 개별 명제들을 연역해내 관찰이나 실험에 연계시킴으로써 원래의 가설 혹은 이론을 (확증 혹은) 반증하는 가운데 과학 이론들을 발전시켜나간다는 것이다. 그러나 이러한 견해는 몇몇 과학철학자들에게 자기 모순을 갖는 것으로 보였다. 모든 관찰 혹은 실험들이 이론 의존적이라고 하면, 그때 개입된 이론은 다름아닌 테스트될 바로 그 이론일 수 있을 터인데, 그렇게 되면 반증은 결국 동일 이론 내에서 일어나는 격이 되기 때문이다. 이 배경에서 뒤앙 및 콰인 같은 과학적 Holist들이 출현하면서 과학 이론들은 명제 체계로서가 아닌 전체로 대해야 한다는 견해가 대두된다. 이들에게 반증의 문제는 논리적 이유에서가 아니라 과학자들의 결정에 따라야 하는 것으로 보였다(다른 한편, 라카토쉬 또한 위의 반증주의가 가지고 있는 또 다른 문제를 해결하기 위한 하나의 대안으로 "연구 프로그램"이란 개념을 제시한다). 포퍼에 의해 제기된 (과학 이론 형성에서의) 과학자들의 인지적 역할 문제 그리고 이론을 전체로 대해야 한다는 입장 및 반증의 상대성은 이후 전개된 과학철학에 영향을 미치게 된다. 왜냐 하면, 과학자들의 인지 구조 문제 및 전체론적 세계관은 이제, 특히 쿤에 의해 한 시대를 풍미하는 일정 과학자 그룹의 이론적 그리고 방법론적 세계관, 즉 패러다임과 연계되어 논의되기 때문이고, 반증의 상대성 또한 상대론적 과학관, 즉 과학사적 발전 관계를 선형적 발전이 아닌 비선형적 발전 관계로 파악하게 하는 계기를 만들었기 때문이다. 그리고 이러한 견해들이 집약되어 나타난 것이 그의 역사주의적(즉, 반논리주의적) 과학철학이다. 이러한 시각은 다시 이후 상대론적 과학관을 불러일으켜 많은 과학철학자들로 하여금 과학적 세계관들의 공약 불가성 테제를 주장하게 하거나, 경우에 따라서는 파이어아벤트에서와 같이, "Anything goes"라는 무정부주의적 모토까지 내걸게 만든다. 그러나 이러한 과학 이성의 상대주의는 더욱 최근에 들어와 (물론 영·미권에서) 일정 정도 제동이 걸리는 경향이다. 즉, 과학적 이성은 임의적이 될 수 없으며 또한 과학자들이 이룬 성과는 분명 과학이 아닌 것과 구분되어야 한다는 과학철학적 요구가 포기될 수 없다는 견해가 다시 고개를 들고 있다. 그러나 이때의 과학성 규정의 문제는 주로, 이 것은 이미 쿤 자신의 역사주의적 접근법에서도 관찰 가능한데, 자연주의적 성격의 것이다. 예를 들어, 로던은 과학자들이 비과학과 구분되는 과학적 성취들을 이루어내고 있다고 한다면 그리고 또한 그래야만 한다면, 과학의 특성을 밝혀내는 과제는 포기될 수 없는 것으로 여겨진다. 하지만 이 작업은 실제의 과학자들이 고안하고 사용했던 혹은 선택했던 방법들을 기술해줌으로써 해결될 것이라 여긴다(이는 그의 "과학 전통 방법론"에 표현되고 있다). 이로써 로던은 과학성 규정이라는 규범론적 과제를 자연주의적으로 매개하려 한다(이는 사실에서 규범을 도출하려는 자연주의적 오류를 범하는 것이라고 비판되기도 한다). 이러한 자연주의적 경향은 또 다른 경우 더욱 극단화된 형태로 나타나기도 한다. 이는 공공연하게 "자연주의 과학철학"이라 불리는 흐름인데, 이의 대표적인 경우가 예를 들어 기리(R. Giere)의 경우다. 그는 과학자들의 과학 이론 구성 과정을 설명하는 과학철학적 작업 자체가 다시 과학의 결과물이나 과학의 방법을 빌어야 한다고 본다(특히 그는 과학자들의 이론 형성 과정을 설명하는 데 인지과학적 결과들을 이용한다). 그 길이 과학을 연구하는 가장 올바른 길이며 그렇지 않은 과학철학은 사이비가 될 수 있다는 것이다. 다시 말해, 과학철학의 옳고 그름을 판별하는 기준은 다시 과학이 된다(이는 종종 순환론을 일으킨다고 비판되고 있다). 그 외에도 뇌과학적 (비선형 혹은 연결주의) 모델을 과학 이론의 해명에 적용하고자 하는 처치랜드 류의 자연주의 과학철학이 언급될 수도 있을 것이다. 이러한 자연주의 과학철학들은 현재 조심스럽게 타진되고 있는 실정이다. 그럼에도 불구하고 다른 분야에서의 자연주의 흐름과 함께 그러한 세계관들은 커다란 힘을 얻고 있다. 이러한 경향과 함께 우리는 과학철학에 하나의 커다란 변모가 생겼음을 관찰할 수 있다 : 과거 논리주의적 과학철학에서와는 달리, 그 이후 전개된 이해 방식에서의 과학철학, 특히 자연주의 과학철학은 이제 더 이상 과학에 대해 일정 과학이 갖춰야 하는 과학성 혹은 인식의 특성 및 기준을 마련해주는 메타 학문이 아니다. 상황은 오히려 그와 정반대다. 과학철학은 과학으로부터 일정 기준과 방법을 얻고자 한다. 철학은 이제 과학의 지도자가 아니라 과학과 나란히 동등한 벤치에 앉아 있다.

이러한 논리주의적, 역사주의적 그리고 자연주의적 과학철학들은 앞에서 점차 뒤로 전개되면서 과학 이론들의 특성 혹은 과학성의 문제를 단지 기술(describe)해주는 일에 초점을 맞춘다. 과거 논리주의적 경향의 과학철학(논리경험주의 및 비판적 합리주의)

에서는 논리가 과학자들이 과학을 구성하는 데 따라야 할 합리적 규범을 제공하는 것으로 여겼다. 하지만 그 이후 이러한 합리성 개념은 점차 사라지고 단지 기술(記述) 지향적 과학철학이 강세를 보이고 있다. 방법적 구성주의는, 그것이 논리주의가 되었든 아니면 기술 지향적 경향이 되었든, 이러한 과학 이해 방식에 반기를 든다. 왜냐 하면, 이들의 생각으로 과학의 근간은 실천적 및 규범적 성격을 갖기 때문이다. 왜인가? 과학자들은 과학 이론들을 생산하는 데 다양한 종류의 장치 및 측정 도구들을 사용한다(물론 과학에서는 거기다가 과학자들의 여러 실험-기술적 노하우들이 추가로 동원된다. 그리고 가성 설정과 같은 일도 그들의 과제에 속한다. 그러나 이것들 모두는 방법적으로 측정 장치 및 도구 그리고 실험 장치들에 쓰일 기구들을 전제한다). 이것들 자체는 다시 과학자 아닌 기술자들의 손재주에 의한 생산물들이다(물론 과학자들 스스로가 기술자가 될 경우들도 있다). 그런데 이때의 기술적 노하우들에는 측정 도구 및 장치들의 기능 조건에 대한 지식 그리고 이를 실제 기술적으로 구현하고 유지하기 위한 여러 노하우들이 포함된다. 그런데 중요한 사실 하나는, 이러한 류의 지식들은 모두 과학 이론 독립적으로 구성된다는 사실이다. 왜냐 하면, 측정 도구들의 기능이 어떤 조건을 만족해야 하는가는 측정의 결과에 의해 구성되는 것이 아니라 측정 이전에 이미 설정되어야 하기 때문이다. 이에 따라 그러한 기능을 갖는 측정 도구의 제작 역시 측정적 노하우에 근간해 이루어지는 것이 아니라 그와는 독립해 기술자들의 독자적 기술을 통해 고안되고 수행된다. 이때의 측정 도구 기능은 다시 차후에 일어나는 제반 측정들을 통제하는 데 사용되는 기준 및 기반이 된다. 그렇다고 한다면, 과학의 방법적 근간은 실천적 그리고 규범적 성격을 갖는 셈이 된다(달리 말해, 이는 과학 재구성 혹은 과학의 방법적 토대화 작업이 실천론적 및 규범론적으로 진행되어야 한다는 것을 말한다). 다른 여러 측면들이 있겠지만 특히 이러한 점에서 구성주의 과학철학은 위에서 언급한 기술(記述) 지향적 과학철학들과 구별된다.

3) 인간의 기술적(技術的) 활동들이 과학의 방법적 근간이 된다는 주장을 통해 과학은 인간의 활동과 떼어놓을 수 없다는 테제를 내세우는 방법적 구성주의는 반객관주의 혹은 반실증주의를 추구하는 현상학과 해석학 혹은 생철학 전통(그리고 더 나아가 실존주의 전통)에 가까이 서 있는 것으로 보인다. 사실 현상학이나 해석학적 입장들은 공히 (위에서 기술한) 실증주의 경향의 과학철학들에 반대해 과학 문제의 해명에서 인간 주체를 배제해서는 안 된다는 입장을 고수한다. 그러는 가운데 그들은 모든 이론적 견해들이나 지식 구성의 시원(始原)을 의식 현상이나 문화 혹은 삶 현상에서 찾고자 할 뿐 아니라 이 영역들은 그 자체로 또한 그들의 철학적 이론화의 대상이 되기도 한다(논리실증주의에서의 감각 기관에 의해 포착되는 관찰 명제도 실은 이러한 맥락에서 이해할 수 있는 사항이기도 하다. 하지만 논리실증주의자들은 이를 단순히 일종의 자연 과정으로 치부한다. 다른 한편, 해석학에서 말하는 전이해의 영역은 위에서 포퍼의 비판적 합리주의 및 그 이후의 과학철학적 발전들과 관계해 논해졌던 이론 의존적 관찰 혹은 패러다임 내지 연구 프로그램 혹은 과학 연구 전통 개념들과 비교될 수도 있을 것이다). 현상학과 해석학의 이러한 입장은 분명 방법적 구성주의자들의 논의 맥락과 상통하는 부분이 있다. 하지만 이러한 철학적 입장들은 자신들이 이론화하겠다는 연구 영역을 종종, 방법적 구성주의와는 달리, 그 자체로 연구하는 경향을 보이기도 했으며, 그리

고 그러한 작업들이 과학의 근원을 연구하는 이론이라 손치더라도 그들의 작업이 갖는 과학과의 관계는 내적 성격의 것이라기보다는 외적 성격의 것이었다. 사실 그들의 "과학철학적" 작업은 실제의 과학 이론들이 어떻게 해서 성공적 이론이 될 수 있었는지에 대해서는 그 어떤 유효한 설명을 제공하지도 않으며 또한 그 부분에 대한 논의는 그들의 논의에서 찾아보기 힘들다. 그 이유는 종종 그들 내부의 문제에서 기인하기도 한다. 왜냐 하면, 과학에 근거를 마련해주는 작업은 고사하고 그 철학들 스스로의 토대 자체가 종종 의심되기도 해 그들은 이 일에 몰두해야 했기 때문이기도 하다. 예를 들어, 후설이 선험적 주체와 생활 세계 사이를 오가며 고민한 흔적은 이에 대한 한 징표이기도 하다. 그리고 하이데거는 후설과는 다른 철학적 토대를 찾아나서지 않았던가? 그러나 실증주의자들 또한 실존주의가 말하는 세계의 근본 현상들이 다시 어떻게 유효한 방식으로 근거지워질 수 있겠는가 하고 반문하기도 한다. 해석학의 경우 자기 근거 문제는 "해석학적 순환"이란 테제를 통해 공공연히 피하게 되는 것처럼 보인다. 하지만 해석학의 해석학적 순환론 자체는, 마치 상대주자들의 주장이 그 주장 자체의 상대화를 함의하지 말아야 하는 것처럼, 해석학적 순환 고리로부터 떨어져 있을 경우에나 그 타당성을 갖는 것으로 보인다. 사실 해석학적 이론들은 인간의 이해 혹은 해석 과정에 대한 하나의 객관적 이론이고자 한다. 그렇다고 한다면 그러한 해석학적 진술들에서 주장되고 있는 사실들 자체는 자기 근거를 갖는 것인가? 이러한 종류의 시원적 근거 추적 시도들과 연관해 한스 알베르트가 주장하는 테제는, 하나의 주장을 다른 주장을 통해 최종적으로 근거지우려는 시도들은 모두 실패할 수밖에 없다는 것이다. 사실, "주장적" 성격의 언술들을 근거짓는 작업과 관련해서는 이 테제는 타당한 것으로 보인다. 이는 철학 자체에도 해당된다. 철학이 이렇게 자기 집안 단속도 제대로 하지 못하는 상황에서 철학은 과학에 과연 토대를 제공할 수 있단 말인가? 요약하자면, 과학 토대화 작업과 관련해, 현상학이나 해석학에서의 작업들은 과학과 아주 느슨한 관계를 맺을 수밖에 없는 것으로 보인다. 그런데 방법적 구성주의는, 상황이 이러한데도, 여전히 과학을 토대화하겠다는 프로그램을 갖는다. 가능한 일인가? 그러나 독자들이 알아두어야 할 사항 하나는, 방법적 구성주의의 경우 과학 토대화 개념은 현상학 및 해석학의 그것과 서로 다르다는 사실이다. 이 철학 사상은 과학과의 관계에서 그리고 자기 자신과의 관계에서 위와 같은 류의 절대적 자기 토대화를 시도하지 않는다. 그것은 오히려 방법적 토대화다. 이러한 류의 토대화는 (마치 빵을 구워내기 위해서는 제빵 과정을 수행하면 되는 것처럼) 목적 수행을 위한 수단이 강구됨으로써 그 임무가 완수되는 것으로 이해된다. 예를 들어 과학이 추구하는 (철학적 시각에서의) 목적이 완수될 수 있는 수단들이 과학철학적 재구성 작업에 의해 강구될 수 있으면, 과학의 (철학적) 토대화 작업은 완수될 수 있다(이에 대한 구체적 내용은 본문, 특히 제Ⅱ부 단원 6을 참조하기 바람). 이러한 과학 재구성 작업은 과학과 (외적 관계가 아닌) 내적인 관계를 갖는다. 그리고 이때 과학 재구성 작업이 행위론적 시각에서 수행된다고 해서 행위 이론 자체가 절대적 위상을 가질 필요는 없다. 방법적 구성주의자들이 행위 이론을 굳이 따로 논할 때 그것은 그들이 과학 행위에 대해 (과학-내적으로 관계된 사태 관계들을) 재구성적으로 언급할 때 쓰일 언어 및 구분들을 구성해내기 위함이다. 즉, 그것들은 과학에 대한 철학적 논의에 쓰일 도구들이지 그 자체로 독립된 이론이 아니며 행위가 세계의 근간이 되는 사실이라 여기지 않는다. 방법적 구성주의는 이렇게 토대화 개념을 사실 관계에서가 아니라 목적과 수단 관계, 즉 방법적 시각에서 이해한다. 이는 방법적 구성주의가 현상학이나 해석학적 전통의 과학철학과 갖는 작지 않은 차이점이다(방법적 구성주의자들에게 방법론적 시각은 존재론적 혹은 사실론적 시각과 서로 대조된다).

4) 위의 진술에 의하면, 구성주의 과학철학은 영·미 계통의 실증주의적 그리고 대륙 철학 전통의 반실증주의적 과학철학들과 구분되며 또한 급진적 구성주의와도 구분된다. 이때 방법적 구성주의의 입장은 반객관주의, 반(절대적)토대주의, 반사실관계적 시각 혹은 반인지주의적 시각들이다. 반면, 방법적 구성주의 철학은 영·미 철학 전통의 간주관성 혹은 초주관적 테스트 가능성을 강조하는 반형이상학적 입장을 공유하며, 현상학 혹은 해석학적 전통의 실천성 테제 혹은 문화주의적 시각을 공유하며, 또한 구성주의와 같이 인식 성취에서의 인간의 능동성에 시선을 준다. 그리고 이 모든 입장들을 끌어안는 핵심 테제는 행위론적 시각 및 방법론적 시각이다. 이와 함께 방법적 구성주의는 또 합리주의적 입장도 취한다(게다가 방법적 구성주의에서는 지식의 초주관성이 강조되고 있다). 방법적 구성주의의 이러한 입장들은 현대 철학에서 강한 영향력을 행사하고 있는 사상 중의 하나인 포스트모더니즘적 사고와 적절한 우호 및 긴장 관계를 이룬다. 우선 "모더니즘"이란 것이 합리주의, 이성주의, 객관주의, 보편주의, 토대주의, 인간중심주의, 수렴적 사고 등을 지지하는 사고 내지 문화를 칭하는 말이라고 한다면 그리고 포스트모더니즘이 다원주의, 다중성, 상대주의, 관계주의, 지역성(반보편주의), 반전통주의, 해체주의(특히 모더니즘 전통의 해체), 반영원주의 혹은 순간주의, 반인간중심주의, 분산적

사고 등을 지지하는 사고 내지 문화를 일컫는 말이라고 한다면, 방법적 구성주의는 우선 다음과 같은 의미에서 이 두 입장의 틈새에 위치한다고 할 수 있다 : 방법적 구성주의는 인간의 본질에 대해 논하지도 않으며 또한 인간의 본질이 이성이라고 하지도 않는다. 인간은 이성적일 수도 있고 그렇지 않을 수도 있다. 그것은 인간의 노력 여하에 달린 문제다. 이 모든 것은 인간이 자연 존재가 아니라 행위하는 존재이기에 가능한 얘기들이다. 즉, 인간이 이미 어떤 본질을 가지고 있어 이러저러한 방식으로 행위를 하는 것이 아니라, 인간은 행위를 통해 그들 스스로를 규정한다는 것이 방법적 구성주의의 입장이다. 그리고 행위를 제한하는 요소들 또한 다양할 수 있다. 인간들은 완벽한 조건이 갖추어진 인큐베이터에서 자라나는 존재가 아니기 때문이다. 하지만 이러한 인간 환경들은 (항상은 아니지만) 때때로 인간들 스스로에 의해 통제 혹은 구성되기도 한다. 이는 인간 행위들이 인간의 본질과 인간의 환경 요소의 그 어느 중간에 위치하고 있음을 말한다. 즉, 방법적 구성주의는 모더니즘의 주체 철학과 포스트모더니즘의 반주체 철학의 중간에 위치한다. 다른 한편, 방법적 구성주의는 조건적 진리관을 견지한다. 이는 다음과 같은 의미에서다 : 어떤 목적이 주어지고 그에 대한 수단이 강구될 때, 이 수단들의 적절성 혹은 옳고 그름은 언제라도 결정될 수 있다. 그리고 경우에 따라서는 하나의 목적에 다수의 수단들이 동일한 기능을 발휘할 수도 있고, 하나의 수단이 경우에 따라서는 서로 다른 목적들에 기여할 수도 있다. 게다가 이때의 수단들이 보여주는 기능 자체는 개인적 차원에서만이 아니라 간주관적 혹은 초주관적으로 검증되고 또한 인정될 수 있다. 이러한 진리관은 주장과 사고 및 견해들의 수렴과 분산을 적절한 수준에서 조정해준다. 달리 말해, 위와 같은 조건적 진리관 하에서는, 한편으로는 합리성, 이성, 보편성 개념 그리고 다른 한편으로는 (사상 내지 문화의) 상대성 혹은 다양성은 서로 배제하는 것이 아니라 적절한 수준에서 서로 조화될 수 있다. 이러한 의미에서 방법적 구성주의는 다시 모더니즘의 진리 절대주의와 포스트모더니즘의 진리 상대주의 사이에 위치한다.

5) 방법적 구성주의의 철학적 아이디어는 이 학파가 구성되기 이전에 이미 후고 딩글러(Hugo Dingler)라는 철학자에 의해 제시되었다. 그는 의지주의적 입장(Voluntarismus)에서 물리학의 토대화 작업을 시도한 바 있다(이와 아울러 그는 상대성 이론을 비판한 바 있다). 그의 아이디어를 이어받은 사람은 우선 수학자이자 논리학자 철학자인 파울 로렌첸(Paul Lorenzen)이었다. 그러나 그는 이 과학 재구성 작업을 의지주의적 입장이 아닌 행위론적 시각에서 수행했으며 이를 또한 논리학 및 수학 분야로 그리고 또 사회과학 및 윤리학 분야로까지 확대해갔다. 이 와중에 그는 현상학 계통의 철학자 빌헬름 캄라(Wilhelm Kamlah)와 함께 에어랑엔-뉘른베르크대학에서 철학적 동업 관계를 맺게 된다. 이 과정에서 추종 세력들이 생겨났고 이를 계기로 하나의 학파가 형성된다(그들이 활동했던 대학교 소재지명을 따서 이 철학자 집단을 "에어랑엔학파"라 칭하기도 하는데, 이 명칭은 내적으로가 아닌 외적으로 규정되었다). 이후 로렌첸의 1세대 제자들이 콘스탄츠대학 및 그 외의 독일 대학들에서 교수직을 맡으면서 이 학파의 외연은 더욱 확대되기에 이른다(방법적 구성주의는 에어랑엔 이후 콘스탄츠에서 그 영향력을 행사했기에 또한 "콘스탄츠학파"라 칭해지기도 한다). 그러나 방법적 구성주의의 선구자들에서 제자 세대로 가면서 방법적 구성주의의 철학 이념은 좀더 분기 및 구체화되고 경우에

따라 학파 내적으로 상이한 입장들이 전개되면서 학파 구성원들의 사상적 정체성은 매우 느슨해지는 경향을 보이기도 했다. 이 과정에서 몇몇 구성원들은 방법적 구성주의의 아이디어를 전적으로 따르기도 했지만, 몇몇 구성원들은 다소 그와는 거리가 있는 철학적 사상들을 자체 내에 흡수하기도 하는 가운데, 더러는 사상적 전회를 하는 사람들도 있었다. 그리고 경우에 따라서는 외부에서 이 철학 진영으로 들어오는 철학자들도 있었다. 이들 중 한 사람이 이 책의 저자 페터 야니히다. 그는 로렌첸의 1세대 제자 중의 한 사람으로, 방법적 구성주의 태동 초기부터 그 사상의 형성에 참여했던 사람이고 또한 이 사상의 전폭적 지지자며 추종자 그리고 선도자였다. 그는 처음에 에어랑엔대학에서 학파의 일원으로 활동하다가 콘스탄츠대학을 거쳐 마부르크대학으로 자리를 옮기면서 자신의 제자들을 길러냈다. 그는 이 과정에서 (특히 1990년대 이후) 이전의 방법적 구성주의가 안고 있던 몇몇 문제들을 제기 및 수정하는 작업들을 했다. 이 과정에서 그가 자신의 철학적 동료이자 제자들과 함께 발전시킨 방법철학은 이제 "방법적 문화주의(Methodischer Kulturalismus)"라 불리게 된다. 이 철학은 현재 야니히 및 그의 제자들이 (이들 또한 독일의 몇몇 대학에서 활동중이다) 계속 발전시켜나가고 있는 중이다. 방법철학은 이렇게 딩글러의 의지주의, 로렌첸의 행위주의 그리고 야니히에 와서는 문화주의로 변모해나가고 있는 중이다. 이 번역서는 그가 방법적 구성주의 철학의 행위론적 시각을 이어받아 그것을 문화주의적 시각을 가미해 각색하기 시작했던 시기의 저작이다.

말이 좀 길었다싶은 생각이 든다. 하지만, 이 철학 사상이 한국에 체계적 형태로는 처음 소개되는 일이어서 그랬고 또한 독자들이 이 철학 사상을 이 책 내용 이외의 다른 시각에서도 접해볼 기회를 만들고자 그랬다. 그리고 다른 철학 사상들에 이미 물들어 선입견과 편견에 빠져 있는 사람들에게 이 철학 사상은 그 핵심이 잘 와닿지 않을 수도 있다는 걱정 아닌 걱정이 앞섰기 때문이기도 하다. 아무튼 본문을 해독하는 데에 독자들에게 작지만 그래도 부디 도움이 되었으면 하는 바람이다(본문에서는 또한 [역자 주]가 여러 차례에 걸쳐 삽입되어 있다. 원문의 내용을 풀어쓰거나 보충하기 위한 차원에서 삽입했다. 이 역시 방해보다는 도움이 되었으면 하는 바람이다). 그리고 좀더 욕심을 낸다면, 이 책을 통해 기존의 과학철학들에 대한 반성 및 성찰의 기회도 생겼으면 하는 바람이다.

☐ 지은이 / 페터 아니히(Peter Janich) ─────────────

1942년에 태어나 에어랑엔과 함부르크에서 물리학·철학·심리학을 공부하였으며, 철학 박사 학위 후, 콘스탄츠대를 거쳐 1980년 이후 줄곧 마부르크대 교수로 있다. 그 밖에 미국·노르웨이·오지리·이탈리아 등에서 초빙 교수를 지내기도 했다. 주요 연구 분야는 자연과학의 철학·심리학의 철학·기술철학·언어철학·행위론·인식론 등이며, 저서로는 『시간의 원물리학』(1969), 『과학 비판으로서의 과학철학』(공저, 1974)』, 『시간의 원물리학, 구성주의적 기초와 시간 측정의 역사(1980)』, 『유클리드의 유산 ― 공간은 3차원인가?』(1989), 『자연과학의 한계 ― 행위로서의 인식』(1992) 등 다수의 저서와 편역서, 논문들이 있다. 그의 홈페이지를 방문하면 더 자세한 정보들을 많이 얻을 수 있다.[http://staff-www.uni-marburg.de/~janich/janich.html]

☐ 옮긴이 / 이기흥 ─────────────

한국외국어대 독일어과를 졸업한 뒤 독일 뷔르츠부르크대와 프랑크푸르트대, 마부르크대에서 수학하였으며, 마부르크대 철학과 졸업 후 철학 석사 및 박사 학위를 받았다. 주요 논문으로는 "Zur Methode der Kognitionswissenschaften : ein handlungstheoretischer bzw. kulturalistischer Vorschlag"(박사 논문), 「'마음' 이론의 변천 논리 고찰」(『대동철학』 제23집, 2003, 12) 등이 있으며, 현재 청주대와 한남대에 출강하고 있다.

구성주의 과학철학

초판 1쇄 인쇄 / 2004년 2월 15일
초판 1쇄 발행 / 2004년 2월 20일

■

지은이 / 페 터 야 니 히
옮긴이 / 이 기 흥
펴낸이 / 전 춘 호
펴낸곳 / 철학과현실사
서울특별시 서초구 양재동 338의 10호
전화 579-5908~9

■

등록일자 / 1987년 12월 15일(등록번호 / 제1-583호)

■

ISBN 89-7775-475-5 03160

*잘못된 책은 바꾸어 드립니다.

값 12,000원